Wolfgang Schneider

Grammatik des Biblischen Hebräisch

Wolfgang Schneider

GRAMMATIK DES BIBLISCHEN HEBRÄISCH

EIN LEHRBUCH

Claudius

Die Deutsche Bibliothek – CIP-Einheitsaufnahme

Schneider, Wolfgang:
Grammatik des biblischen Hebräisch: ein Lehrbuch / Wolfgang Schneider. –
München: Claudius 2001
ISBN 3-532-71151-6

Druck: Jos. C. Huber KG, Dießen

ISBN 3-532-71151-6

VORWORT

Hebräisch

ist nichts Besonderes. Es ist - wenngleich erstaunliche und wunderbare Geschichten in ihr erzählt werden - eine normale Sprache **normaler Menschen**. Ihre Grammatik zu studieren und zu beschreiben bedeutet, den Regelmäßigkeiten auf die Spur zu kommen, die Menschen da gesetzt haben, wo sie miteinander in ihren Muttersprachen kommunizieren. Und die sind im Hebräischen kaum anders als in anderen Sprachen.

Dies habe ich in vielen Jahren als Hebräischlehrer gelernt, und ich habe versucht, mein Lehrbuch von 1973 daraufhin konsequenter auszurichten.

Die Formenlehre ist also um alles bereinigt worden, was nur der Anleitung zur selbständigen Bildung von Formen diente. Im Vordergrund stehen die formalen und syntaktischen Merkmale, die zur **Analyse** helfen. Die Grammatik enthält nun zwar auch wieder mehr ausführliche Formentabellen, aber nicht zum Auswendiglernen, sondern als Anschauungs- und Vergleichsmaterial. Manche „Ausnahmen“ konnten unerwähnt bleiben oder (in Fußnoten) als Seltenheiten markiert werden.

Den textgrammatischen Ansatz in der Syntax habe ich beibehalten. Er ist der **Polemik** nicht zum Opfer gefallen. Ich bin vielmehr durch eine ernsthafte **Diskussion**, die etwa 10 Jahre nach Erscheinen der Grammatik einsetzte, nur bestärkt worden. Vor allem Alviero Niccacci sowie Eep Talstra und Mitglieder der Societas Hebraica Amstelodamensis haben meine Anregungen aufgenommen und weitergeführt, so dass ich heute manches besser, einfacher und klarer darstellen kann.

An **Aufbau** und Paragraphenzählung wurde grundsätzlich (von Kleinigkeiten abgesehen) nichts geändert, damit man das Buch weiterhin mit dem Übungsbuch „Debarim“ zusammen benutzen kann.

Mönchengladbach, im Februar 2001

Wolfgang Schneider

Aus dem Vorwort zur 1. Auflage

Diese Grammatik ist ein Lehrbuch. Das bedeutet nicht, daß man sie von § 1 bis § 54 fortlaufend dem **Hebräischunterricht** zugrunde legen könnte oder daß sie überhaupt als Ganze Gegenstand des Unterrichts sein sollte. Es bedeutet zunächst nur, daß die Darstellung keine Vollständigkeit anstrebt, dagegen auf größtmögliche Verständlichkeit und Übersichtlichkeit bedacht ist. ...

Als Lehrbuch ist die Grammatik an dem orientiert, was der Lernende an grammatischer Einsicht braucht, um hebräische Texte verstehen zu können. ... Wer eine Wortform oder eine syntaktische Fügung **in einem Text** verstehen will, fragt nicht nach den Regelmäßigkeiten der sprachhistorischen Lautentwicklung. Er muß die verhältnismäßig wenigen formalen und syntaktischen **Merkmale** kennen, die zum Verständnis verhelfen, und er wird die Grammatik nach ihnen befragen. Dieser Fragerichtung versucht die Grammatik in ihrer Anlage zu entsprechen. Sprachgeschichtliche Erörterungen sind weitgehend vermieden bzw. in die Fußnoten verwiesen.

Weil das Ziel des Hebräischunterrichts **nicht** die **aktive** Beherrschung, der hebräischen Sprache ist, konnten alle Regeln entfallen, die nur für eine Hin-Übersetzung aus dem Deutschen ins Hebräische nötig wären, also vor allem Anleitungen zur selbständigen Bildung von Verb- und Nomenformen. Darum enthält diese Grammatik auch keine kompletten Konjugations-Tabellen; denn für die **Analyse** von Verbformen genügen die Angaben im Text und die speziellen Tabellen in den einzelnen Paragraphen der Grammatik.

Selbstverständlich stützt sich die Darstellung auf verläßliche, ausführliche wissenschaftliche Grammatiken wie z.B. ... die von Gesenius/Kautzsch. Eigene Wege bin ich da gegangen, wo mir Analogien zur lateinischen Schulgrammatik die Eigenart des Hebräischen eher zu verdunkeln als zu erklären schienen. In der Syntax habe ich ... Anregungen der neueren **Linguistik** aufgenommen und versucht, die hebräischen Tempora nach einer einfachen und kohärenten Theorie darzustellen (§ 48) und die Regelmäßigkeiten in der Konstitution von Texten zu erfassen (§§ 52 und 54).

Wuppertal, im September 1973 — Wolfgang Schneider

Inhaltsverzeichnis

Teil drei **TEXTE**

44 - 51 **Sätze** und **Satzteile**

52 - 54 **Textsyntax**

Anhang **REGISTER**

teil eins **ELEMENTE**

1 - 10 sprechen - schreiben - lesen

01 Konsonanten

01.1 Allgemeines

Grundsätzlich werden nur die Konsonanten geschrieben. Vokalzeichen sind erst verhältnismäßig spät erfunden worden (➔ § 03).

In Drucken, vor allem in der Bibel, gebräuchlich ist die sogenannte **Quadratschrift** (➔Tabelle § 01.2). Im heutigen Hebräisch, dem "Ivrit", wird daneben auch eine **Kursivschrift** (Schreibschrift) benutzt (➔ Tabelle § 01.2).

Ziffern

Hebräische Konsonantenzeichen als Ziffern-Zeichen (➔ Tabelle) kommen im Text der Biblia Hebraica nicht vor, nur in der Masora (➔ § 07.3). **Zusammengesetzte Zahlen** haben die Reihenfolge Hunderter - Zehner - Einer von rechts nach links, z.B.: יא = 11; קיא = 111. Hunderter von 500 - 900 werden durch die Schlusskonsonanten ך bis ץ oder durch die Kombination mit ת = 400 bezeichnet.

Um die Buchstabengruppe יה zu vermeiden (Abkürzung des Gottesnamens יהוה), schreibt man für die Zahl 15: טו (9 + 6).

01.2 Schrift

Man schreibt von rechts nach links. In der Quadratschrift sind die einzelnen Buchstaben unverbunden. Zwischen zwei Wörtern bleibt ein Zwischenraum von der Größe eines quadratischen Buchstabenfeldes. Silbentrennung gibt es nicht.

Übersicht über die Konsonantenzeichen

Alef-Bet

Name	Quadratschrift (final)	Quadratschrift	Kursive	Umschrift	Anmerkungen zur Aussprache	Zahlenwert
Álef		א	א	’	Leichter Stimmansatz wie in: „’an’ordnen“, „’er’erben“	1
Bet		ב	ב	b	b oder v wie in „bravo“ (BeGaDKeFaT ➔ § 01.3)	2
Gímel		ג	ג	g	g	3
Dálet		ד	ד	d	d	4
He		ה	ה	h	h	5
Waw		ו	ו	w	wie in englisch: „way“, im heutigen Hebräisch wie in deutsch: „Weg“	6
Sájin		ז	ז	z	stimmhaftes s: „sausen“	7
Chet		ח	ח	ḥ	Kehllaut, zwischen h („Hof“) und ch („ach“), heute von Kaf wie ch in „Koch“ nicht mehr unterschieden	8
Tet		ט	ט	ṭ	nicht mehr von t (Taw) unterschieden	9
Jod		י	י	j	j wie in „ja“	10
Kaf	ך	כ	ך כ	k	k oder ch wie in Koch (BeGaDKeFaT ➔ § 01.3)	20 (500)

Name	Quadratschrift final	Quadratschrift	Kursive	Umschrift	Anmerkungen zur Aussprache	Zahlenwert
Lámed		ל	ל	l	l	30
Mem	ם	מ	ם מ	m	m	40 (600)
Nun	ן	נ	ן נ	n	n	50 (700)
Sámech		ס	ס	s	stimmloses s wie engl. „Sir", nicht mehr unterschieden von Sin (ś)	60
Ájin		ע	ע	ʻ	sehr harter Kehlkopflaut, in westlichen Sprachen ohne Beispiel (heute meist wie Alef)	70
Pe	ף	פ	ף פ	p	p oder f wie in „Potifar" (BeGaDKeFaT - ➔ § 01.3)	80 (800)
Sadé	ץ	צ	ץ צ	ṣ	wie z in „Zion"	90 (900)
Qof		ק	ק	q	k	100
Resch		ר	ר	r	r	200
Sin		שׂ	שׂ	ś	stimmloses s, = Sámech	300
Schin		שׁ	שׁ	š	sch wie in „schön"	
Taw		ת	ת	t	t	400

01.3 Lautgruppen

Verschluss- und Reibelaute (Merkwort: "BeGaDKeFaT“ : בְּגַדְכְּפַת):

Die Konsonanten Bet, Gímel, Dálet, Kaf, Pe und Taw werden **hart** (als Verschlusslaute) ausgesprochen, wenn sie einen diakritischen Punkt (**Dagesch** ➔ § 05.2) tragen:

BeGaDKeFaT

תּ	פּ	כּ	דּ	גּ	בּ[1]
t	p	k	d	g	b

Sie werden **weich** (als Reibelaute) ausgesprochen, wenn sie **keinen solchen Punkt** tragen. Es ist heute meist üblich, diese Unterscheidung nur noch bei Bet, Kaf und Pe mitzumachen:

	פ	כ			ב
	f	ch			v

Bumaf

Lippenlaute (Merkwort: "Bumaf" בּוּמַף) :

פ	מ	ו	ב

Gutturale

Die **Kehllaute** (Gutturale[2]) haben bestimmte Vokalisationsbesonderheiten (➔ § 09):

ע	ח	ה	א
ר			

Einige Besonderheiten hat ר mit den Gutturalen gemeinsam.

---

[1] Tabellen, in denen die Reihenfolge hebräischer Sprachzeichen eine Rolle spielt, sind von rechts nach links ausgerichtet.

[2] Die Kehllaute heißen in dieser Grammatik immer „Gutturale“, wenn das auch sprachwissenschaftlich nicht ganz korrekt ist. Andere Grammatiken nennen sie auch: „Laryngale“.

02 Vokale

02.1 Bestand

Es gibt Vollvokale und Murmelvokale.

Vollvokale

Im masoretischen Hebräisch sind sieben **Vollvokale** unterschieden worden. Jeder hat ein eigenes Zeichen (➔ § 03.2).

kurz	i		ä	a	å		u
lang	i	e	ä	a		o	u

å wird gesprochen wie kurzes offenes o in englisch: "not".

e und o gelten immer als lang (➔ § 03.2).

Murmelvokale

Murmelvokale entstehen unter sich ändernden Betonungsverhältnissen[1]. Sie können im Hebräischen nur in Silben vor einem vollen Vokal (Vorschlagsilben) auftreten. Im biblischen Hebräisch werden zwei Arten von Murmelvokalen durch Schriftzeichen unterschieden:

Murmelvokale mit deutlichem Anklang an die Vokale a, ä und å (➔ **Chatéf-Vokale** § 04)

und ein ganz verflüchtigter Laut wie z.B. *e* in englisch: „the“ (➔ **Schwa** § 04).

Doppellaute

Doppellaute (Diphthonge) hat das Hebräische wahrscheinlich gekannt: **au**, **ai** und **oi**.

Die Punktatoren haben die Doppellaute aber nicht anerkannt und so punktiert, dass immer **Vokal + Konsonant**, also aw, aj, oj zu lesen sein sollte. Wir folgen dieser Regel mit zwei Ausnahmen: aj = ai (אֲדֹנָי ʾ^{a}donai); und ajw (ָיו) in bestimmten Suffixformen (➔ § 17.2) lesen wir als aw.

[1] Vgl. z.B. im Deutschen den Vokal e in der Silbe „ge“ bei „**gé**ben“ und bei „**Ge**bét“.

02.2 Vokalveränderungen

Sprachgeschichtliche Vorgänge werden in dieser Grammatik im allgemeinen nicht zur Erklärung herangezogen, weil sie kompliziert sind und ihre Erforschung nicht unumstritten ist. Für bestimmte Regelmäßigkeiten der Formenbildung bei Verb und Nomen können sprachgeschichtliche Erwägungen aber hilfreich sein. Darum wird hier auf einige Vokalveränderungen hingewiesen:

Aus dem „ursemitischen“ Vokalbestand: **i - a - u (kurz)** und **î - â - û (lang)** entstanden neue Vokale durch Lautwandel, Kontraktion, Dehnung und Kürzung.

Lautwandel

Beispiele für **Lautwandel**:

â > ô		רָאשִׁים	râšim	רֹאשׁ	rôš
i > ä	z.B. bei Gutturalen:	tiḥkam > täḥkam:	תֶּחְכַּם		
u > å		huqtal > håqtal:	הָקְטַל		

Kontraktion

Beispiele für **Kontraktion**:

aj > ê	bajtu > bajt > bêt	בֵּית
aw > ô	mawtu > mawt > môt	מוֹת
ij > î	tijṭab > tîṭab	תִּיטַב
uw > û	huwšab > hûšab	הוּשַׁב

Durch Kontraktion entstandene lange Vokale sind im allgemeinen unveränderlich.

Dehnung

Beispiele für **Dehnung**:

i > ê,	kabid > kâbêd	כָּבֵד
a > â	jammím > jâm	יָם
u > ô	qatun > qâtôn	קָטוֹן

Durch Dehnung entstandene Vokale sind veränderlich.

Kürzung

Beispiele für **Kürzung**: ê > ä, â > a, ô > å. In unbetonter geschlossener Silbe a > i.

03 Vokalzeichen

Es sind mehrere Systeme entwickelt worden, die auch die Vokale darstellen und damit die Aussprache der heiligen Texte festlegen konnten. Alt (9. Jhdt. v.Ch.) ist das System der Vokalbuchstaben: Einzelne Konsonantenzeichen stehen für Vokale. Später (5. - 9. Jhdt. n.Ch.) wurden Punktationssysteme erfunden, die die Aussprache genauer bestimmen konnten.

03.1 Vokalbuchstaben

Jod und Waw

Die Halbvokale **Jod** (י) und **Waw** (ו) konnten nach Vokalen als Konsonanten **verstummt** sein. In der Schrift beibehalten, schienen sie nun den dort stehenden Vokal zu bezeichnen.

Z.B.: תיטב *tijṭab (j verstummt) > tîṭab : תיטב (Jod für i)

הושב *huwšab (w verstummt) > hûšab : הושב (Waw für u)

Alef und He

Die Schlußlaute Alef (א) und He (ה) konnten als Konsonanten ausgefallen sein und schienen nun den **auslautenden Vokal** zu bezeichnen.

Schließlich hat man auch Vokalbuchstaben geschrieben in Fällen, wo kein Konsonant ausgefallen war.

Die einzelnen Vokalbuchstaben

Waw (ו) steht für die **dunklen** Vokale o oder u.	לוט רות	lot rut
Jod (י) steht für die **hellen** Vokale i, e oder ä.	דויד היטיב אלהיך	dawid hetib '$^{\ddot{a}}$lohäka
He (ה) steht im **Wortauslaut** für **alle** langen Vokale außer i.	עשה פה	‘aśa - ‘^{a}śe - ‘ośä po

Soll He (ה) am Ende des Wortes als Konsonant gesprochen werden, dann hat es einen diakritischen Punkt, ein Mappíq : הּ (➔ § 05.1).

Alef (א) steht im **Silbenauslaut** für **jeden** langen Vokal.	עזרא äz ra̱ לֹא lo̱

Fachausdrücke

Mater lectionis	= (lat.: „Lesemutter") Vokalbuchstabe
ein Konsonant **quiesziert**	= (lat.: „ruht") er steht für einen Vokal
plene Schreibung	= (lat.: „voll") ein Vokal wird mit Vokalbuchstaben geschrieben
defektive Schreibung	= (lat.: „mangelhaft") ein Vokal wird ohne Vokalbuchstaben geschrieben
homogene Vokale	= Vokale, für die ein Vokalbuchstabe jeweils stehen kann Zum Beispiel sind u und o dem Waw homogen, andere Vokale nicht.

Vokalbuchstaben sind im Konsonantentext, der den Masoreten vorlag und den sie nicht geändert haben, **nicht nach konsequenten Regeln** gesetzt. Zwischen plene und defektiv geschriebenen Vokalen besteht kein Unterschied in Lautbild oder Bedeutung. Viele Wörter sind sowohl in der Plene- als auch in der Defektiv-Schreibung überliefert. Dies zu wissen, ist z.B. wichtig bei der Benutzung eines **Lexikons**.

03.2 Die tiberische Punktation

Vom 5. Jahrhundert n.Chr. an sind mehrere Systeme zusätzlicher Zeichen entwickelt worden, durch die man die kanonische Aussprache des Bibeltextes festzulegen suchte. Durchgesetzt hat sich schließlich das System der Masoretenschule[1] von Tiberias, das im 8. bis 10. Jahrhundert n.Chr. erarbeitet worden ist.

---

[1] „Masoreten" nennt man die Schriftgelehrten, weil sie die Überlieferung sicherten (von hebräisch: מָסוֹרָה „Überlieferung").

Im tiberischen Punktationssystem wird jeder der sieben Vokallaute (➔ § 02.1.) durch je ein Zeichen dargestellt. Länge oder Kürze des Vokals ist dabei grundsätzlich nicht berücksichtigt.

Doppeldeutiges Qámes

Die Tiberienser sprachen den **langen a-Laut als langes å** aus (wie in dänisch: „Århus").[1] Sie setzten also für kurzes und langes å dasselbe Zeichen. Dagegen folgt man in der Bibelwissenschaft einer anderen Tradition[2] und liest dasselbe Zeichen (Qámes: ָ s.u.) entweder als langes a oder als kurzes å.

Übersicht

i	ê	ä	a	â	å	ô	u
לִ	לֵ	לֶ	לַ	לָ	לָ	לֹ	לֻ
kurz und lang	lang	kurz und lang	kurz	lang	kurz	lang	kurz und lang
Chíreq[3]	Seré	Segól	Pátach	Qámes	Qámes chatúf	Chólem	Qibbús

Seré und Chólem lang

Seré und **Chólem** gelten in der grammatischen Tradition als **immer lang**, **Pátach als kurz**. Wenn das auch von einigen Forschern angezweifelt wird, behält diese Grammatik jene Festlegung doch der Einfachheit halber bei.

Pátach kurz

Länge und Kürze der anderen Vokale ergeben sich aus den Gesetzen des Wort- und Silbenbaus (➔ § 08).

Außer dem Chólem-Punkt stehen die Vokalzeichen **unter** dem Zeichen des Konsonanten, nach dem der Vokal gesprochen wird.

לִ	li
לֻ	lu

---

[1] Diese „askenasische" (= deutsche) Aussprache war in Deutschland und Osteuropa üblich.

[2] Dies ist die sephardische (= spanische) Aussprache, in Babylonien und auf der iberischen Halbinsel und seit Johannes Reuchlin (1455 - 1522) in der europäischen Bibelwissenschaft üblich, Grundlage der Aussprache im modernen Hebräisch.

[3] Aus technischen Gründen werden in diesem Buch hebräische grammatische Begriffe nicht in korrekter Umschrift geschrieben, also z.B. חִירֶק nicht ḥîräq sondern „Chíreq".

Chólem steht **oben** auf dem Konsonantenzeichen:

In **Schluß-Kaf und Schluß-Nun** wird das Qámes-Zeichen eingeschrieben:

Pátach furtivum

Nur das Pátach furtivum (➔ § 09.4) wird vor dem Konsonanten gesprochen, unter dem - leicht versetzt - das Zeichen steht:

חֹשֶׁךְ	ḥóšäk
ךָ	-ka
ןָ	-na
מִזְבֵּחַ	miz be^{a}ḥ

Die Vokalzeichen wurden auch da gesetzt, wo bereits **Vokalbuchstaben** standen. In diesen Fällen steht das Vokalzeichen bei dem Konsonanten, der dem Vokal vorausgeht.

Kombinationen - Vokalbuchstaben und Punktation

z.B.: **plene** (mit Seré magnum):

neben **defektiv** (mit Seré parvum):

חֵיל	ḥêl
חֵל	ḥêl

Vokal u, kombiniert mit Waw, ergibt וּ (**Schúreq**):

Die Vokalbuchstaben **Alef (א) und Waw (ו)** ziehen den Chólem-Punkt auf sich:

מוּת	mût
צֹאן	ṣôn
מוֹת	môt

Bei **Sin (שׂ) und Schin (שׁ)** sind in dieser Grammatik, wie in der Biblia Hebraica, immer sowohl der Chólem-Punkt als auch der diakritische Punkt des ש gesetzt:

In anderen Drucken können Chólem-Punkt und diakritischer Punkt zusammenfallen:

מֹשֶׁה	môšä
שֹׂכֹה	śôkô
מֹשֶׁה	
שֹׂכֹה	

Durch die **Punktation** kann man erkennen, ob Alef (א), He (ה), Waw (ו) und Jod (י) als **Konsonanten** oder als **Vokalbuchstaben** gebraucht sind.

Waw und Jod

ו und י sind Vokalbuchstaben, wenn ihnen ein homogener Vokal vorausgeht und unter ihnen selbst kein weiteres Vokalzeichen (oder Schwa ➔ § 04) steht.

He und Alef

ה ist am Ende eines Wortes immer Vokalbuchstabe, wenn es ohne jedes Zeichen steht (also auch nicht durch ein Mappíq - ➔ § 05.1 - als Konsonant gekennzeichnet ist.).

א ist Vokalbuchstabe, wenn kein Vokalzeichen oder Schwa unmittelbar folgt.

Beispiele

סוּסִי	susi	Jod ist Vokalbuchstabe.
סוּסַי	susaj	Jod ist Konsonant.
לַיְלָה	lajla	Jod ist Konsonant, He Vokalbuchstabe.
עָוֹן	‘awón	Waw ist Konsonant.[1]
עוֹד	‘od	Waw ist Vokalbuchstabe.[2]
מַלְכָּה	malká	He ist Vokalbuchstabe.
מַלְכָּהּ	malkáh	He ist Konsonant.
סוּסֶיהָ	sus´äha	He ist Konsonant, Waw und Jod sind Vokalbuchstaben.
יָבֹא	jabó	Alef ist Vokalbuchstabe.
יָבֹאוּ	jabó’u	Alef ist Konsonant, Waw Vokalbuchstabe.

1 Der Chólem-Punkt steht außerdem etwas links vom Waw.

2 Der Chólem-Punkt steht außerdem über dem Schaft des Waw.

04 Die Schwa-Zeichen

04.1 Zeichen für Murmelvokale

Schwa mobile

Das Zeichen „Schwa"[1], ein **Doppelpunkt** unter dem vorausgehenden Konsonantenzeichen, bezeichnet den am stärksten reduzierten Vokal.

z.B.:

לְ	l^{e}

Im Unterschied zum Schwa quiescens („ruhendes Schwa"[2] → unten § 04.2) heißt das Schwa-Zeichen in dieser Funktion Schwa mobile („bewegliches Schwa"[3]),

Im Unterschied zum Schwa compositum (→ unten) heißt es „Schwa simplex" (einfaches Schwa).

Chatéf-Vokale

Das Schwa-Zeichen, kombiniert mit einem Vokalzeichen für a, ä oder å, bezeichnet einen Murmelvokal, der deutlich an a, ä oder å anklingt; man nennt diese Vokale Chatéf-Vokale (→ § 09.1).

z.B.:

אֲנִי	ʼ^{a}ní	Chatéf-Pátach
אֱלֹהִים	ʼ^{ä}lohim	Chatéf-Segól
חֳלִי	ḥ^{å}lí	Chatéf-Qámes

Im Unterschied zum Schwa simplex (→ oben) heißen die Zeichen für die Chatéf-Vokale „Schwa compositum" (zusammengesetztes Schwa).

---

1 Aramäisch: שְׁוָא „nichts".

2 Hebräisch: שְׁוָא נָח.

3 Hebräisch: שְׁוָא נָע.

04.2 Zeichen für Vokallosigkeit

Schwa quiescens

Das Schwa-Zeichen hat auch noch eine andere Funktion: Es steht innerhalb des Wortes bei Konsonanten, auf die kein Vokal folgt. Man nennt das Schwa in dieser Funktion „Schwa quiescens“ (ruhendes Schwa).

z.B.:

אַבְרָהָם	’ab ra ham

Einzelheiten

Vokalbuchstaben erhalten kein Schwa quiescens.

Am Ende eines Wortes steht Schwa quiescens nur im **Schluß-Kaf**: ךְ , um es besser vom Schluß-Nun unterscheiden zu können. Wenn ein Wort auf zwei Konsonanten schließt, so erhalten beide ein Schwa (z.B.: כָּתַבְתְּ katabt), wenn nicht der letzte der beiden Konsonanten Alef (א) ist (z.B.: וַיַּרְא wajjar).

04.3 Unterscheidung von Schwa mobile und Schwa quiescens

Grundsätzlich gelten folgende Regeln, die sich aus den Gesetzen des Silbenaufbaus (➔ § 08) ergeben. Ein Schwa ist mobile:

Schwa mobile

1. am **Anfang** des Wortes (weil jede Silbe mit einem Konsonanten anfängt[1]):	יְהִי je hí
2. von zweien das **zweite** (wenn im Wort zwei Schwa nebeneinander stehen, ist das zweite Schwa mobile, das erste quiescens):	יִרְמְיָהוּ jir m^e já hu
3. bei einem Konsonanten mit **Dagesch**[2] (➔ § 05):	עַל־פְּנֵי ‘al - p^e né הַגְּדֹלִים hagg^e do lím
4. nach **langem Vokal**:	שֹׁמְרוֹן šo m^e rón

[1] Einzige Ausnahme: שְׁתַּיִם štajim (= zwei) fängt mit Doppelkonsonant an.

[2] Ausnahmen nur am Wortende bei wenigen Verbformen mit doppeltem Silbenschluß.

Bei den Vokalzeichen Chíreq oder Qámes bezeichnet ein Méteg (➔ § 06.1), ob der Vokal lang ist.

חָכְמָה	ḥåk má
חָֽכְמָה	ḥâ k^{e} má
יִרְאוּ	jir ʼu
יִֽרְאוּ	jî r^{e} ʼu

Das Méteg ist in der Biblia Hebraica[1] nicht in allen Fällen gesetzt. Fehlt es, so muss man das Wort und seine Formenbildung kennen, um das Schwa richtig zu lesen.[2]

Wenn (selten) die Silbe vor dem Schwa-Zeichen betont ist, kann auch nach langem Vokal ein Schwa quiescens stehen:

לָ֫יְלָה	l`âj lâ

Zu Méteg nach kurzem Vokal vor Schwa quiescens ➔ § 06.1.

[1] Eigentlich ist „Biblia Hebraica“ ein Plural, eine griech.- lat. Mischform: „die hebräischen Bücher“. Es hat sich aber eingebürgert, den Buchtitel als einen Singular zu gebrauchen.

[2] In der von Kittel herausgegebenen Biblia Hebraica (BHK) ist ein fehlendes Méteg vom Herausgeber hinzugefügt und steht rechts vom Vokalzeichen. In der Biblia Hebraica Stuttgartensia (BHS) wird die Schreibweise der Handschrift genau wiedergegeben. Hier ist öfters damit zu rechnen, dass ein Méteg fehlt.

05 Artikulationszeichen

05.1 Mappíq

Mappíq (מַפִּיק „hervorhebend“) steht im He (הּ), wenn es am Ende eines Wortes Konsonant und nicht Vokalbuchstabe sein soll.

05.2 Dagesch

In allen Konsonantenzeichen außer Alef (א), Chet (ח), Ajin (ע) und Resch (ר) kann ein diakritischer Punkt stehen. Er wird **Dagesch** (דָּגֵשׁ „schärfend“) genannt und zeigt eine Verstärkung des betreffenden Konsonanten an. **Zwei Funktionen** hat das Dagesch:

Dagesch lene

Dagesch lene[1] bezeichnet die **harte Aussprache** der sechs Konsonanten „BeGaDKeFaT“: Bet (בּ), Gimel (גּ), Dalet (דּ), Kaf (כּ), Pe (פּ) und Taw (תּ). Diese Konsonanten haben die harte Aussprache (mit Dagesch lene), wenn ihnen kein Vokal oder Murmelvokal unmittelbar vorausgeht.

Oft fehlt nach **konsonantischem Silbenschluß** das Dagesch lene im folgenden „BeGaDKeFaT“-Konsonanten. Dies wird meist so erklärt, dass die **Vokallosigkeit** an dieser Stelle nicht ursprünglich, also ein Vokal ausgefallen ist[2].

Ein „BeGaDKeFaT“-Konsonant im Silbenanlaut hat Dagesch lene nach einer **Sprechpause** oder nach einem auslautenden Konsonanten.

Ein „BeGaDKeFaT“-Konsonant am **Wortende** hat Dagesch lene, wenn er der zweite Konsonant eines **doppelten Silbenschlusses** ist (➔ § 08.3, Beispiele in der Tabelle zu § 27.3).

Die Präpositionen בְּ und כְּ haben **oft** auch dann ein Dagesch lene, wenn das vorausgehende Wort auf einen **Vokal** auslautet.

---

[1] hebr.: דָּגֵשׁ קַל „leichtes Dagesch“.

[2] Z.B. מַלְכֵי von מְלָכִים neben מַלְכֵּי ➔ § 18.2. Manche Grammatiken erklären ein solches Schwa als „Schwa medium“, also sozusagen halb hörbar.

Dagesch forte

Dagesch forte[1] zeigt an, dass ein Konsonant **verdoppelt** ist[2]: Ein solcher Konsonant **schließt eine Silbe** und **beginnt gleichzeitig die nächste** (➔ § 08.3). Darum steht Dagesch forte nicht am Wortende[3]. Bei „BeGaDKeFaT"-Konsonanten bezeichnen beide Dageschs die **harte Aussprache.**

fällt aus

Ein Dagesch forte kann **ausfallen**, wenn der Konsonant, in dem es stehen sollte, nicht zur Gruppe „BeGaDKeFaT" gehört und ein **Schwa** bei sich hat.

euphonicum

Dagesch forte kann aus grammatischen Gründen (D. f. necessarium, lat. „notwendig") oder **aus Klang-Gründen** (D. f. euphonicum, lat. „wohlklingend") gesetzt sein. Ziemlich häufig ist das Dagesch forte **coniunctivum**[4] (lat.: „verbindend"), das nach auslautendem a oder ä, gelegentlich auch nach u, im ersten Buchstaben des folgenden Wortes steht, um die beiden Wörter klanglich eng zusammenzuziehen.

Dagesch forte und Dagesch lene sind dadurch leicht zu unterscheiden, dass einem Konsonanten mit **Dagesch forte immer ein Vokal voraus**gehen muß.

Darum kann man z.B. ein Waw mit Dagesch forte (וּ) nicht mit dem Vokalzeichen Schureq (וּ) verwechseln: z.B. עִוֵּר ‘iwwer, עוּר ‘ur.

Rafé

Das Rafé (רָפֶה „weich"), ein waagerechter Strich über dem Konsonanten, das im Gegensatz zum Dagesch die **weiche Aussprache** der „BeGaDKeFaT" bezeichnet, **kommt** in den neuen Textausgaben der Biblia Hebraica **nicht vor**.

---

1 hebr.: דָּגֵשׁ חָזָק oder דָּגֵשׁ כָּבֵד „starkes" oder „schweres Dagesch".

2 Die Verdoppelung eines Konsonanten wird auch „Dehnung" oder „Schärfung" oder „Gemination" genannt.

3 Zwei Ausnahmen: אַתְּ „du" (f) ➔ § 11.1 und נָתַתְּ „du (f) hast gegeben" ➔ § 36.4.

4 Beispiel für ein Dagesch forte coniunctivum in § 51.4, Textbeispiel j: אֶל־מֹשֶׁה לֵּאמֹר.

06 Betonungszeichen

06.1 Méteg

Drei- und mehrsilbige Wörter haben häufig **Nebentonsilben**, die durch ein Méteg (מֶֽתֶג „Zaum“) gekennzeichnet sein können.

Méteg ist ein kurzer senkrechter Strich unter dem Konsonanten, der die Nebentonsilbe beginnt. Wenn dort ein **Vokalzeichen** steht, so steht Méteg **links** davon.

In den Handschriften, auf die die Biblia Hebraica zurückgeht, sind **keine konsequenten Regeln** für die Méteg-Setzung angewendet. Im allgemeinen wechseln betonte und unbetonte Silben ab.

Ein Méteg, das in einer offenen Silbe mit langem Vokal vor **Schwa mobile** steht, hilft oft, zwischen langem Qámes (â) und Qámes chatuf (å) zu unterscheiden.

Méteg nach kurzem Vokal

Umgekehrt kann ein Méteg aber auch neben einem kurzen Vokal vor **Schwa quiescens** stehen.

Beispiele:

a)		הַֽמְדַבְּרִים	hàm dab b^{e} rím
b)		וַֽיְהִי־אוֹר	wàj hi - ‘ór
c)		הַֽלְלוּ יָהּ	hàl lu jáh
d)		יִֽהְיֶה	jìh jä

Beispiele a) bis c): Silben, die hätten geschärft werden sollen, bei denen aber das Dagesch forte (➔ § 05.2.) ausgefallen ist.

a) Artikel הַ mit folgendem Dagesch forte (➔ § 12.1),

b) Tempuszeichen וַ mit folgendem Dagesch forte (➔ § 25.4.),

c) Pi‘el mit Dagesch forte im II. Radikal (➔ § 31.2).

d) In einigen **Verbformen** von היה und חיה (➔ § 39.6) steht ein Méteg in der geschlossenen Präformativsilbe.

06.2 Maqqéf

Verbinder

Durch den Maqqéf (מַקֵּף „Verbinder"), einen waagerechten Strich an der oberen Schriftgrenze, werden zwei Wörter zu einer **Betonungseinheit** zusammengefasst.

Maqqéf steht häufig bei einsilbigen Partikeln, z.B.: עַל־הָאָרֶץ,
oft auch zwischen Gliedern einer **Constructus-Verbindung**, z.B.: בֶּן־אָדָם.

enttont

Die Silbe vor dem Maqqéf wird **enttont**, veränderliche lange Vokale in geschlossener Silbe werden oft **gekürzt**. Soll der Vokal vor dem Maqqéf lang bleiben, erhält er durch ein Méteg oder durch einen schwachen Akzent einen **Nebenton**.

06.3 Akzente

Aufgaben

Die Masoreten haben **jedes Wort** des Bibeltextes mit Akzenten versehen.[1] Diese Zeichen haben **drei Aufgaben**: Sie dienen als eine Art Noten dem gottesdienstlichen Vortrag, sie geben Anhaltspunkte für die **Gliederung des Bibelverses**, und sie zeigen meist die **Haupttonsilbe** eines Wortes an. Nur Wörter, die durch Maqqéf enttont sind, haben keinen Akzent.

Position

Der Akzent steht grundsätzlich über oder unter dem **Konsonanten**, der die betonte **Silbe beginnt.** Unten stehen die Akzente links von einem eventuellen **Vokalzeichen**, oben rechts von einem eventuellen **Chólem-Punkt**.

Einige wenige Akzente stehen immer am Anfang des Wortes („praepositivi"), einige immer am Ende („postpositivi"), bezeichnen also nicht die **Tonsilbe**.

Gliederung

Anstelle einer **Interpunktion** dienen trennende („domini" oder „distinctivi") und verbindende („servi" oder „coniunctivi") Akzente der **Gliederung** des Verses.

Trennende Akzente markieren zuerst das Versende, dann die Versmitte und teilen dann die einzelnen Versteile immer weiter auf.

Demgegenüber sind innerhalb der Versteile eng zusammengehörende Wörter durch **verbindende** Akzente zusammengefasst.

---

[1] Das Zeichen ˂, das in dieser Grammatik als Betonungszeichen verwendet wird, ist kein masoretischer Akzent.

Zwei Systeme

In der Hebräischen Bibel finden wir **zwei** verschiedene **Akzentsysteme**: das **poetische** in den Büchern Psalmen, Ijob und Proverbia (Sprüche) und das **prosaische** System für die anderen Bücher. Eine Zusammenstellung aller Akzente liegt der Biblia Hebraica bei. Hier soll nur auf einige wichtige Zeichen hingewiesen werden.

Trenner

Die wichtigsten **trennenden** Akzente des prosaischen Systems:

	z.B.:
Sillúq (סִלּוּק) steht vor dem **Versschluß** (sof pasúq סוֹף פָּסוּק), der seinerseits durch einen dicken Doppelpunkt bezeichnet ist.	דָּבָֽר׃
Atnách (אֶתְנָח) halbiert den Vers.	דָּבָ֑ר
Zaqéf qatón (זָקֵף קָטֹן) zeigt oft das Versviertel an.	דָּבָ֔ר
Paštá (פַּשְׁטָה), ein postpositivus, hat vor sich einen „**Zwilling**" auf der Tonsilbe, wenn das Wort auf der vorletzten Silbe betont ist.	מֶ֙לֶךְ֙

Verbinder

Die wichtigsten **verbindenden** Akzente beider Systeme:

Munách (מוּנַח) steht oft in Constructus-Verbindungen	דָּבָ֣ר
Mehuppák (מְהֻפָּךְ)	דָּבָ֤ר
Mereká (מֵירְכָא)	דָּבָ֥ר

Zitieren

Wenn man Teile von Bibelversen zitiert, wird die Vershälfte vor dem Atnách mit „a", die nach dem Atnách mit „b" bezeichnet. Die Viertel heißen „α" und „β". Zum Beispiel bedeutet „Gen 1,2 b β" den Teil des Verses vom letzten Zaqéf qatón bis zum Sof pasúq: מְרַחֶ֖פֶת עַל־פְּנֵ֥י הַמָּֽיִם׃.

Eine andere Möglichkeit ist, die einzelnen Sätze eines Verses mit „a, b, c" usw. durchzuzählen; dann wäre der obige Beispielsatz nur ein Teil des Satzes „Gen 1,2 c".

07 Masoretische Anmerkungen zum Bibeltext

07.1 Ketíb und Qeré

Lesarten

Schon die älteren Schriftgelehrten, die Soferim (סֹפְרִים „Schreiber", eigentlich „Zähler"), die um 100 n.Chr. für einen einheitlichen Konsonantentext sorgten, schlugen an vielen Stellen neben dem von ihnen festgelegten Konsonantentext eine **andere Lesart** vor. Sie unterschieden dort das „**Geschriebene**" (aramäisch כְּתִיב), von dem „**zu Lesenden**" (aramäisch קְרֵי), das sie selbst vorschlugen. Im Lauf der Zeit wuchs die Zahl solcher Stellen auf 1314 an.

Die Masoreten, die im 8.-10. Jahrhundert n.Chr. die Aussprache des Bibeltextes festlegten, übernahmen die überlieferten Änderungen, die zum Teil bewusst verschiedene Lesarten zur Wahl stellten, und vermerkten sie **am Rand** (Masora, ➔ § 07.3). In den kanonischen Konsonantentext griffen sie nicht ein.

Im masoretischen Text, wie er heute in der Biblia Hebraica steht, finden wir im laufenden Text die **Konsonanten des „Ketib"** (also der von den Masoreten abgelehnten Lesart) mit den **Vokalen des „Qeré"** (also der von den Masoreten vorgeschlagenen Lesart). Ein kleiner Kreis über dem Wort verweist auf die Randnotizen.

Randnotizen

Am Rand stehen, neben dem Hinweis קרי oder ק, die Konsonanten des Qeré.

z.B.: (Gen 39,20)

מְקוֹם אֲשֶׁר־אֲסֿוּרֵי הַמֶּלֶךְ אֲסוּרִים	אסירי ק

Das bedeutet: Qeré fordert אֲסִירֵי ('ªsiré) statt des Ketíb: אֲסוּרֵי ('ªsuré).

Wo ein Wort gelesen werden soll, das **nicht im Text** steht, finden sich im Text nur die Vokalzeichen und am Rand die Konsonanten mit der Notiz: קרי ולא כתיב (aramäisch: qeré welâ ketib): „zu lesen, obwohl nicht geschrieben".

Wo ein Wort **nicht gelesen** werden soll, das im Text steht, bleibt es unpunktiert, und am Rand steht nur die Notiz: כתיב ולא קרי (ketib welâ qeré): „geschrieben, aber nicht zu lesen".

07.2 Qeré perpetuum

ständiges Qeré

Bei einigen häufig vorkommenden Wörtern, die **immer anders** gelesen werden sollten, haben die Masoreten zwar die Vokalzeichen des Qeré zum Ketib gesetzt, das Qeré aber **nicht am Rand vermerkt** (Qeré perpetuum, „ständiges“ Qeré).

Gottesname

Der Gottesname (vermutlich **„Jahwe“** : יַהְוֶה) wurde vermieden und stattdessen אֲדֹנָי : **„Adonai“** = „Herr“ gelesen[1]. Diese Lesung galt als Qeré perpetuum. Das Ketib יהוה[2] bekam die Vokalzeichen von אֲדֹנָי, etwas vereinfacht, und so steht im Text יְהֹוָה[3], in der Biblia Hebraica seit der 3. Auflage meist: יְהוָה. Wenn der Gottesname יהוה neben dem Wort אֲדֹנָי steht, ist er nach dem Qeré אֱלֹהִים vokalisiert: אֲדֹנָי יְהוִה[4].

Es gibt auch die Annahme, das Qeré für יהוה sei nach dem aramäischen Wort שְׁמָא **„der Name“** vokalisiert, und man liest hebräisch: הַשֵּׁם, deutsch: „der Name“.

Die anderen drei Fälle von Qeré perpetuum sind:

er / sie

a) הִוא (Qeré הִיא) für das feminine statt des maskulinen Pronomens der 3. Person, singular: הוא in den 5 Büchern Mose (Pentateuch),

Jerusalem

b) יְרוּשָׁלַםִ (Qeré יְרוּשָׁלַיִם : **Jeruschalajim**) für den Namen יְרוּשָׁלֵם Jerusalem,

Jissachar

c) יִשָּׂשכָר (Qeré יִשָּׂכָר) für den Namen **Jissachar**.

---

[1] Langes Qámes unterscheidet diese Form von אֲדֹנַי „meine Herren“. In älteren Ausgaben der Luther-Übersetzung steht „der HErr“.

[2] Das Zeichen יהוה wird auch „Tetragramm“ (Vierer-Zeichen) genannt.

[3] Seit dem Mittelalter hat man oft das Ketib mit den Vokalen des Qeré (in Unkenntnis des Sachverhalts) falsch „Jehowa“ gelesen.

[4] Lutherbibel: „der Herr HErr“.

07.3 Sonstige Anmerkungen

Von den übrigen masoretischen Anmerkungen, die in der Biblia Hebraica auftreten, werden hier nur die wichtigsten erwähnt[1]:

Tilgungspunkte

Tilgungspunkte (puncta extraordinaria) stehen über einigen Wörtern, z.B.: in Gen 33,4: וִּיִּשָּׁקֵהוּ („und er küsste ihn"), die die Soferim bereits getilgt wissen wollten und die auch die griechischen Übersetzer (Septuaginta) hier **nicht gelesen** haben.

Masora

Die Masora besteht aus ausführlichen **Randnotizen**, die nur zum Teil in der Biblia Hebraica abgedruckt sind. Dort haben die Masoreten Angaben über die Häufigkeit von Wörtern oder Wortgruppen gemacht. Diese Angaben sind zum Teil **aramäisch und meist abgekürzt** zitiert.

Abschnitte

Sinnabschnitte im Text sind durch Lücken und darin stehendes ס (סְתוּמָה **„geschlossen")** oder **פ** (פְּתוּחָה **„offen"**) markiert.

Großes ס (סֶ֫דֶר „**Seder**") oder פרשׁ (פָּרָשׁ „**Parasch**") am Rand bezeichnen Abschnitte für gottesdienstliche Lesungen.

---

[1] Im einzelnen sind ausführliche Darstellungen zu vergleichen, z.B. E. Würthwein, Der Text des Alten Testaments, Eine Einführung in die Biblia Hebraica, Stuttgart 1988, 5. Auflage oder: E. Tov, Der Text der Hebräischen Bibel. Handbuch der Textkritik, Stuttgart / Berlin / Köln 1997.

08 Charakter und Vokalisation von Silben

08.1 Grundregeln

Jede Silbe beginnt mit **einem einzigen Konsonanten**. Vokalischen Silbenbeginn gibt es nicht[1], ebenso wenig zwei Konsonanten am Beginn einer Silbe[2].

Innerhalb einer Silbe stehen **nicht zwei Vokale** unmittelbar nebeneinander[3].

08.2 Offene Silben

Offene Silben **enden auf einen Vokal**. Hierzu zählen auch die Silben, an deren Ende ein Vokalbuchstabe steht, z.B.: לֹא oder בָּרָא.

langer Vokal

Offene Silben haben in der Regel einen **langen Vokal**, z.B.: תֹהוּ וָבֹהוּ. Die zahlreichen offenen Silben mit kurzen Vokalen sind fast immer **ursprünglich geschlossene** Silben, die erst sekundär geöffnet worden sind und dabei ihren kurzen Vokal behalten haben (➔ z.B. § 06.1, § 09: Virtuelle Verdoppelung und Silbenaufsprengung, § 18: Segolata.).

Offene Silben mit Murmelvokal (Schwa mobile oder Chatéf-Vokal) sind **Vorschlagsilben**.

08.3. Geschlossene Silben

Geschlossene Silben **enden** auf einen **hörbaren Konsonanten**.

kurzer Vokal

Unbetonte geschlossene Silben haben einen **kurzen** Vokal. Betonte geschlossene Silben haben meist einen langen, seltener einen kurzen Vokal.

z.B.: מַלְאָ֫ךְ   st.c. מַלְאַ֫ךְ

---

[1] Einzige Ausnahme: Das Bindewort ו in der Form וּ (➔ § 13.1).

[2] Einzige Ausnahme: das Zahlwort für „zwei": שְׁתַּיִם štájim.

[3] Pátach furtivum (§ 09.4) ist nur scheinbar eine Ausnahme.

Doppelt geschlossene und geschärfte Silben

Doppelt geschlossene Silben, die also auf **zwei Konsonanten** enden (➔ § 04.2), sind selten und kommen fast nur am Ende einiger Verbformen vor.

Geschlossene Silben, die mit **demselben Konsonanten** schließen, mit dem die folgende Silbe beginnt (➔ oben § 05.2 Dagesch forte), nennt man auch **geschärfte** Silben.

08.4 Zur richtigen Lesung des Qámes

Qámes in offener oder in betont geschlossener Silbe bezeichnet langes â.

Qámes in **unbetonter geschlossener** Silbe bezeichnet **kurzes å** (Qámes chatúf).

å in unbetonter geschlossener Silbe

z.B.:

חָכָ֫ם	hâkâm
חָכְמָ֫ה	ḥåkmâ

09 Gutturale und Resch

Die Gutturale: Alef (א), He (ה), Chet (ח) und Ajin (ע) wurden zur Zeit der Masoreten kaum noch als Kehllaute ausgesprochen. Die Masoreten haben sich bemüht, sie als Konsonanten zu erhalten und darum bei ihnen und zum Teil auch bei Resch (ר) besondere Vokalisationsregeln angewendet.

09.1 Verflüchtigung von Vokalen

Statt Schwa mobile stehen bei Gutturalen die **Chatéf-Vokale**:

Chatéf-Vokale

z.B.:

אֲנִי	אֱלֹהִים	חֳלִי
’^{a}ni	’^{ä}lohim	h^{å} ɫi

09.2 Verdoppelung

Gutturale und Resch haben **kein Dagesch forte**[1]. Statt der Verdoppelung tritt **Ersatzdehnung** oder **virtuelle** Verdoppelung ein.

Ersatzdehnung

„Ersatzdehnung" bedeutet: Der ursprünglich kurze Vokal vor dem Guttural gerät in eine offene Silbe und wird gedehnt[2]. Dabei wird **i zu ê, a zu â, u zu ô.**

z.B. (➔ § 34.3) normal:	יְכֻתַּב	יְכַתֵּב	כִּתֵּב
mit Guttural (Resch)	יְבֹרַךְ	יְבָרֵךְ	בֵּרַךְ

---

[1] Von ganz wenigen Ausnahmen abgesehen, z.B. Hab 3,13 : רֹּאשׁ.

[2] Ersatzdehnung fast immer bei ר und א, häufig bei ע, selten bei ה und ח.

Virtuelle Verdoppelung

„Virtuelle Verdoppelung“ [1] bedeutet: Der kurze Vokal vor dem Guttural ist erhalten, obwohl er jetzt in einer (scheinbar) offenen Silbe steht. Die Silbe ist so gebildet, **als ob** der Guttural **verdoppelt** wäre.[2]

z.B. (➔ § 34.3):

יְכֻתַּב	יְכַתֵּב	כִּתֵּב
יְנֻחַל	יְנַחֵל	נִחַל

09.3 Silbenschluß

Silben-Aufsprengung

Gutturale können eine Silbe schließen, also Schwa quiescens bei sich haben. Oft ist dieser „**harte Silbenschluß**“ aber vermieden: die Silbe wird „**aufgesprengt**“, und zwar wird der kurze Vokal der geschlossenen Silbe nach dem Guttural **als Chatéf-Vokal wiederholt**. Bei dem ersten Vokal in der aufgesprengten Silbe kann ein Méteg stehen.

z.B. (➔ § 34.2):

harter Silbenschluß	aufgesprengte Silbe
יַעְבֹד	יַעֲבֹד
יֶחְזַק	יֶחֱזַק
יָעְבַד	יָעֳבַד

Wird in entsprechender Entfernung von der Haupttonsilbe (➔ § 10.2) der Vokal **verflüchtigt**, der einer aufgesprengten Silbe folgt, so beginnt der Guttural eine unbetonte geschlossene Silbe mit kurzem **vollem** Vokal **statt** des **Chatéf-Vokals**.

יַעַבְדוּ	←	*יַעֲבְדוּ	←	יַעֲבֹד
[3] יָעָבְדוּ	←	*יָעֳבְדוּ	←	יָעֳבַד

---

[1] Virtuelle Verdoppelung hauptsächlich bei ה und ח, seltener bei ע, kaum bei א und ר.

[2] Man spricht auch von einem „Dagesch forte implicitum“.

[3] Hier stehen zwei Qámes chatuf nebeneinander.

Präfixe vor Chatéf

Wenn vor einem Wort, das mit Chatéf-Vokal beginnt, eine der **Präpositionen** בּ, כּ und ל oder das Bindewort ו steht, dann ist statt einer geschlossenen Silbe immer eine **aufgesprengte** Silbe vokalisiert. Der kurze Vokal bei dem Präfix hat die Klangfarbe des Chatef-Vokals (➔ §§ 12.3 und 15.1).

אֲנָשִׁים	+ לְ >	לַאֲנָשִׁים
אֱמֶת	+ בְּ >	בֶּאֱמֶת

09.4 Weitere Besonderheiten

Bei Gutturalen steht **vorzugsweise** der Vokal **a**, bei Alef (א) oft **ä**.

Pátach furtivum

Am **Ende** eines Wortes muss einem Guttural (He mit Mappíq, Ḥet und Ajin) ein **a-Laut vorausgehen**. Ein anderer Vokal als a wird **ersetzt**; oder es wird nach ihm ein flüchtiger, unbetonter a-Laut eingeschoben, den man „**Pátach furtivum**"[1] nennt. Er wird durch ein etwas nach rechts verschobenes Pátach unter dem Guttural bezeichnet, aber vor ihm ausgesprochen.

z.B.:

רוּחַ	ru^{a}ḥ

[1] lat.: „verstohlenes Pátach".

10 Betonung und Vokalisation in Wörtern mit veränderlichen Vokalen

Die langen Vokale â, ê und ô können veränderlich sein. Wenn sie aus den kurzen Vokalen a, i oder u gedehnt worden sind, fällt die Dehnung oder gar der ganze Vokal unter bestimmten Betonungsbedingungen wieder weg.

10.1 Haupttonsilbe und Vortonsilbe

Haupttonsilbe

In der **Haupttonsilbe** eines Wortes stehen die **veränderlichen langen Vokale** â, ê und ô, die aus a, i und u gedehnt sind. Die Haupttonsilbe ist meist die letzte Silbe eines Wortes[1].

a		e		o	
Hauptton		Hauptton		Hauptton	
בָר	דָ < dabar	קֵן	זָ < zaqin	טֹל	תִּקְ < taqṭul
דָם	< dam	שֵׁם	< šim		

Vortonsilbe

Auch in der **Vortonsilbe** können die veränderlichen Vokale stehen. Die Vortonsilbe ist die offene Silbe **vor der Haupttonsilbe**. Ein veränderlicher langer Vokal in der Vortonsilbe wird **Vortonvokal** genannt.

Hauptton	Vor-ton	Hauptton	Vor-ton	Hauptton	Vor-ton	
בָר	דָ	בָב	לֵ	לוּן	טֹ	תִּקְ
מִים	דָ					

Statt langem ê und langem ô steht oft schon in der Silbe vor dem Hauptton ein **Schwa**.

		מוֹ	שְׁ	לוּ	טְ	תִּקְ

---

[1] Zu Betonungsverhältnissen in Wörtern mit Hilfsvokalen (Segolaten) → § 18.

10.2 Unbetonte Silben vor der Vortonsilbe

drittletzte Silbe

An drittletzter Stelle, also in Silben, die durch eine volle Silbe von der Haupttonsilbe getrennt sind, stehen die **veränderlichen** langen Vokale **grundsätzlich nicht**.[1]

Schwa oder Kurzvokal

Die drittletzte Silbe ist eine **Vorschlagsilbe**, mit Schwa (z.B. דְּ|בָ|רִים), wenn sie von *einem* Konsonanten gebildet wird, bei dem in anderen Formen desselben Wortes (z.B. דָּ|בָר) ein veränderlicher Vokal steht.

Die drittletzte Silbe ist eine **unbetonte geschlossene Silbe** mit kurzem Vokal, wenn sie von *zwei* Konsonanten gebildet wird (z.B. (דִּבְ|רֵי|הֶם). Der kurze Vokal ist **meist i** (bisweilen, vor allem bei Gutturalen, auch ä oder a).

Die unbetonte geschlossene Silbe an der drittletzten Stelle kann auch von dem ersten Konsonanten eines Wortes plus einer proklitischen **Präposition** gebildet sein (לִדְ|בָ|רִים ➔ § 12.3).

viertletzte Silbe

Vor solchen unbetonten geschlossenen Silben können an viertletzter Stelle wieder Vorschlagsilben oder volle Silben auftreten.

(a) Hauptton	Vorton	drittletzte Silbe	(e) Hauptton	Vorton	drittletzte Silbe
רִים	בָ	דְּ	בוֹ	בָ	לְ
הֶם	רֵי	דִּבְ			
רִים	בָ	לִדְ	בוֹ	בָ	בִּלְ
הֶם	רֵי	לְדִבְ			
			ךָ	שִׁמְ	

Wörter **mit langem ê** haben oft schon in der Silbe vor der Haupttonsilbe, also anstelle der Vortonsilbe, eine unbetonte geschlossene Silbe mit kurzem Vokal.

---

[1] Bei Verbformen und vor dem Suffix ךָ kann ausnahmsweise der lange Vokal in der drittletzten Silbe durch einen Nebenton (Méteg) festgehalten sein (➔ § 27.3).

10.3 Status constructus

keine Haupttonsilbe

Wenn ein Wort im status constructus steht, gilt seine **Tonsilbe nicht** als **Haupttonsilbe**. Der lange Vokal â kann in der Tonsilbe eines Nomens im status constructus zu a gekürzt sein; ê kann zu a abgelautet sein.

Die Silbe vor der Tonsilbe kann bei einem Nomen im status constructus **keine Vortonsilbe** sein. In ihr stehen die veränderlichen langen Vokale nicht. Vielmehr ist die vorletzte Silbe so gebildet **wie die drittletzte** in anderen Wörtern.

st abs	st c		st abs	st c	
Hauptton		drittletzte Silbe	Hauptton		drittletzte Silbe
הַבְּרִית	דַּם		הַבַּיִת	קַן	זְ
דָּוִד	בַר	דְּ	הָאִישׁ	בַב	לְ
דָּוִד	רֵי	דִּבְ			

10.4 Faustregeln

weiterrückender Ton

Man gehe aus von der lexikalischen Form eines Wortes; dann stelle man sich den Vorgang der Formenbildung so vor, als würde das Wort in einem kontinuierlichen Wachstumsprozess immer länger, und dabei würde die **Betonungsstelle** immer weiter **vom Wortanfang weg rücken** (was ja eigentlich nicht der Fall ist). Dann kann man das auch folgendermaßen ausdrücken:

Der lange Vokal in der Vortonsilbe wird **bei weiterrückendem Ton verflüchtigt:**

דְּבָרִים ← דָּבָר

zwei Vorschlagsilben

Wenn im Fortgang dieses Prozesses zwei Schwa am Wortanfang aufeinandertreffen, so **fällt** der **Vokal beim zweiten Konsonanten aus**, und beim **ersten** Konsonanten tritt der ursprüngliche **kurze Vokal**, meist zu i verdünnt, wieder ein:

דִּבְרֵיהֶם ← דְּבָרֵיהֶם* ← דְּבָרִים

In einer **Constructus-Verbindung** trägt das Nomen im status absolutus den Hauptton, und der Vorgang verläuft entsprechend:

דְּבַר דָּוִד	←	דָּבָר
דִּבְרֵי דָוִד	←	דְּבָרִים

Ursprüngliches **kurzes a** ist in unbetonter geschlossener Silbe meist **zu i verdünnt**.

10.5 Besondere Tonstellen

Pausa

In Pausa[1], das heißt: an Stellen mit besonders **starkem Satzakzent**, weichen Betonung und Vokalisation häufig von der Norm ab. Pausa-Formen finden sich regelmäßig vor dem **Sof pasúq** und beim **Atnách**, oft auch bei anderen starken Trennungsakzenten (➔ § 06.3.)

Der Vokal der Tonsilbe kann in Pausa **gedehnt** sein.

Statt der letzten kann die vorletzte Silbe **betont** sein und einen langen Vokal haben.

Statt anderer Vokale tritt in Pausa **oft langes a** auf, statt e auch kurzes a.

Maqqéf-Verbindung

In geschlossenen Silben, die durch Maqqéf (➔ § 06.2) enttont sind, stehen im allgemeinen statt der veränderlichen langen Vokale die entsprechenden **kurzen Vokale**:

für ê: ä,

für â: a,

für ô: å.

Nesiga

Damit nicht zwei Haupttonsilben aneinander stoßen, kann die **Betonung** beim vorletzten Wort von der Endsilbe **zurückgezogen** sein. Diesen Vorgang nennt man „Nesiga“[2]. Zum Beispiel steht statt נָתַ֫ן לֹ֫ו > נָ֫תַן לֹ֫ו . In den so entstandenen unbetonten geschlossenen Endsilben stehen statt der veränderlichen langen Vokale die **gekürzten Vokale**,

z.B.: לָתֵ֫ת לִ֫י > לָ֫תֶת לִ֫י.

[1] abgekürzt: „i.P.“ - Gegenteil: „im Kontext“ - „i.K.“.

[2] נְסִיגָה „Zurückweichen“.

teil zwei FORMEN

11 - 15 Partikeln
16 - 23 Nomina
24 - 43 Verben

11 Pronomina

11.1 Übersicht

Tabelle

	Pronomen	Suffix		Pronomen	Suffix
Sing. 1.: ich	אֲנִי oder אָנֹכִי	ִי [נִי]	Plur. 1.: wir	אֲנַ֫חְנוּ [1]	נוּ
2.: du (m)	אַתָּה	ךָ	2.: ihr (m)	אַתֶּם	כֶם
2.: du (f)	אַתְּ[2]	ךְ	2.: ihr (f)	אַתֵּן[3]	כֶן
3.: er	הוּא	[וֹ, ו] הוּ	3.: sie (m)	הֵ֫מָּה oder הֵם	[ם] הֶם
3.: sie	הִיא	[ָהּ] הָ	3.: sie (f)	הֵ֫נָּה oder הֵן	[ן] הֶן

11.2 Personalpronomen

Das selbständige Personalpronomen kommt meist als Subjekt oder als Apposition zum Subjekt vor (Einzelheiten ➔ §§ 44, 47 und 52).

Das Pronomen der 1. Person hat eine gemeinsame Form für beide Geschlechter. In der 2. und 3. Person werden maskuline und feminine Formen unterschieden. Neutrum-Formen gibt es nicht. In Fällen, wo wir im Deutschen ein Neutrum setzen würden, steht oft eine feminine Form (➔ § 11.4).

---

[1] oder - nur sechsmal - auch נַ֫חְנוּ .

[2] Die Form hat ursprünglich אַתִּי gelautet.

[3] nur einmal אַתֵּן ; 4 x אַתֵּ֫נָה .

11.3 Suffixe

Suffixe sind Personalpronomina, die, eng mit voraufgehenden Wörtern zusammengerückt, zu Endungen geworden sind. Sie kommen an Partikeln, Nomina und Verben vor. (Formen ➔ § 11.1)

Formen

Die Formen der Suffixe sind im Grunde überall gleich. Bei der Anfügung an Partikeln, Nomina und Verben ergeben sich aber einige Besonderheiten ➔ §§ 12.2 -12.5, 14.2, 17 und 33.

Gebrauch

Nomen

Suffixe am Nomen bezeichnen die Zugehörigkeit (deutsch: besitzanzeigendes Fürwort „mein / dein“ usw.) ➔ § 17.

סוּס	Pferd
סוּסִי	mein Pferd

Verb

Suffixe an Verbformen (➔ § 33) und am Akkusativzeichen אֵת (➔ §§ 12.4; 50.1) bezeichnen das (Akkusativ)-Objekt.

וַיִּקְרָא	da nannte er
וַיִּקְרָאֵהוּ	da nannte er ihn
oder: וַיִּקְרָא אֹתוֹ	

Übersetzung

Hebräischen Präpositionen mit Suffixen entsprechen im Deutschen Präpositionen mit Kasusformen des Personalpronomens oder Reflexivpronomens (für mich / bei mir / mit sich).

לָהֶם	für sie
בָּהֶם	mit ihnen

11.4 Demonstrativpronomen

Formen:

Das Demonstrativpronomen זֶה (זֹאת / אֵלֶּה) ist deiktisch[1], das heißt: es verweist auf die Sprechsituation („der / die hier Anwesende“).

Singular		Plural	
זֶה	dieser (m) hier	אֵלֶּה	diese (m u. f)
זֹאת	diese (f)		

adjektivisch

Das Pronomen זֶה kann als adjektivisches Attribut stehen: Dann folgt es dem Beziehungswort und erhält den Artikel (➔ § 46.3).

הָאִישׁ הַזֶּה	dieser Mann	הַדְּבָרִים הָאֵלֶּה	diese Dinge / Worte
הָאִשָּׁה הַזֹּאת	diese Frau		

nach st. c.

Das substantivische Pronomen זֶה kann nach einem status constructus stehen.

Akkusativ

Es kommt auch nach dem Akkusativzeichen אֶת vor

nach Präposition

und nach Präpositionen.

דְּבַר זֶה	das Wort von diesem
וַיַּרְא אֶת־זֶה	er sah diesen
וַיְהִי בָזֹאת קֶצֶף עַל־יִשְׂרָאֵל (1 Chr 27,24)	es entstand dadurch (= durch dies[2]) ein Zorn über Israel.

Zu זֶה im Fragesatz ➔ §§ 51.3 und 52.4.

---

[1] „deiktisch“ von griech.: δεικνυμι (zeigen) = auf die Sprechsituation verweisend ➔ § 52.

[2] Femininum für Neutrum (➔ oben § 11.2).

11.5 Das Personalpronomen als Demonstrativpronomen

Als Demonstrativpronomen verweist הוּא (הִיא / etc) innerhalb des Textes („der / die / das Besagte“).[1]

substantivisch

Es kann substantivisch gebraucht werden und ist dann meist Subjekt eines Nominalsatzes (➔ §§ 44.3 und 52.3).

adjektivisch

Adjektivisch kann das Pronomen einem Wort folgen. Dann bekommt es den Artikel (➔ § 46.3).

Singular		Plural	
הוּא	jener [2]/ der (von dem die Rede war)	הֵמָּה / הֵם	jene / sie / das
הִיא	jene / selbige		
הָאִישׁ הַהוּא	jener Mann	הַדְּבָרִים הָהֵמָּה	jene Dinge / Worte
הָאִשָּׁה הַהִיא	jene Frau		

[1] Fachausdruck: „anaphorisch“ von griech.: αναφερειν „hinauftragen“ ➔ § 52.

[2] Die Übersetzung „jener“ ist hier nur gewählt, um sie von der Übersetzung „dieser“ für זֶה abzuheben. In konkreten Texten hängt die richtige deutsche Übersetzung des Pronomens vom Zusammenhang ab (Näheres im § 52); „jener“ ist im Deutschen kaum gebräuchlich.

12 Nomen-Begleiter

12.1 Artikel

Der Artikel ist ***proklitisch****: Er verbindet sich mit dem folgenden Wort zu einer Einheit.*[1]

Normalform

Die Normalform des Artikels ist: He mit Patach und folgendem **Dagesch forte**: ·הַ.

הַשָּׁמַיִם

Bei Wörtern, die mit den Vorsilben יְ oder מְ beginnen, fehlt meist das Dagesch forte im ersten Konsonanten (➔ § 05.2.).

הַיְלָדִים

vor Gutturalen

Beginnt das Wort mit **Guttural** oder **Resch**, tritt statt der Verdoppelung des ersten Konsonanten Ersatzdehnung (zu הָ oder הֶ) oder virtuelle Verdoppelung (zu הַ) ein (➔ § 09).

הָ :
Ersatzdehnung vor Resch (ר) und Alef (א) und meist vor ʻAjin (ע):

הָרָקִיעַ
הָאָדָם
הָעֶרֶב

הֶ :
Ersatzdehnung vor ʻAjin (ע) und He (ה) mit unbetontem a und vor Chet (ח) mit Qámes oder Chatéf-Qámes

הֶעָרִים
הֶהָמוֹן
הֶחָזָק

הַ :
Virtuelle Verdoppelung vor He (ה)[2] und Chet (ח)

הַהוּא
הַחֹשֶׁךְ

He (ה) vor einem Wort am Satzanfang kann theoretisch auch He interrogativum (**Fragepartikel** ➔ § 13.3) sein. In der Praxis ist aber keine Verwechslung möglich.

---

[1] Zur Verbindung des Artikels mit anderen Präfixen ➔ §§ 12.3 und 13.1.

[2] Ausnahmen: הָהָר „der Berg“ und הָהֵמָּה „jene“.

12.2 / 12.3 Präpositionen - Übersicht zu 12.2 und 12.3

	נֶגֶד	אַחֲרֵי	בֵּין	ב	ל	כ
Singular 1.	נֶגְדִּי	אַחֲרַי	בֵּינִי	בִּי	לִי	כָּמוֹנִי
2.m.	נֶגְדְּךָ	אַחֲרֶיךָ	בֵּינְךָ (i.P. בֵּינֶךָ)	בְּךָ (i.P. בָּךְ)	לְךָ (לָךְ)	כָּמוֹךָ
2.f.	-	אַחֲרַיִךְ	בֵּינֵךְ	בָּךְ	לָךְ	-
3.m.	נֶגְדּוֹ	אַחֲרָיו	בֵּינוֹ בֵּינָיו	בּוֹ	לוֹ	כָּמוֹהוּ
3.f.	נֶגְדָּהּ	אַחֲרֶיהָ	-	בָּהּ	לָהּ	כָּמוֹהָ
Plural 1.	-	אַחֲרֵינוּ	בֵּינֵינוּ בֵּינוֹתֵינוּ	בָּנוּ	לָנוּ	כָּמוֹנוּ
2.m.	נֶגְדְּכֶם	אַחֲרֵיכֶם	בֵּינֵיכֶם	בָּכֶם	לָכֶם	כָּכֶם כְּמוֹכֶם
2.f.	-	-	-	בָּכֶן	-	-
3.m.	נֶגְדָּם	אַחֲרֵיהֶם	בֵּינֵיהֶם בֵּינֹתָם	בָּהֵמָּה בָּהֶם בָּם	לָהֵמָּה לָהֶם	כָּהֵמָּה כָּהֶם כְּמוֹהֶם
3.f.	-	אַחֲרֵיהֶן		בָּהֵנָּה בָּהֶן	לָהֵנָּה לָהֶן	כָּהֵנָּה

12.2 Präpositionen mit regelmäßigen Suffixformen

Manche Präpositionen sind **ursprüngliche Nomina** und bilden ihre Suffixformen regelmäßig nach dem Muster des **Nomens** im Singular oder im Plural (➔ §§ 17 und 18).

Singularformen

Singular-Formen haben z.B.:

נֶגֶד „vor / gegenüber“, בְּעַד „für / durch“, לְמַעַן „um ... willen“.

Pluralformen

Plural-Formen haben z.B.:

אַחַר „hinter“: אַחֲרֵי, סָבִיב „rings um“: סְבִיבוֹת, תַּחַת תַּחַת „unter / anstelle.

בֵּין „Zwischenraum / zwischen“ hat teils Singular-, teils Pluralformen, und zwar neben בֵּינֵי auch בֵּינוֹת.

Formenreihen siehe oben.

12.3 Die Präpositionen ב, ל und כ

Verbindung mit dem folgenden Wort

ב (Präposition des Kontakts: „in / an / bei / mit“), ל (Präposition der unspezifischen Zuwendung: „zu / für / in bezug auf“) und כ (Präposition des Vergleichs: „wie / gemäß / entsprechend“) sind **proklitische** Partikeln. Sie verbinden sich mit dem folgenden Wort zu einer Einheit.

Normalform: Vorschlagsilbe mit **Schwa mobile**:

Vor einem Wort, das mit Schwa mobile beginnt, haben diese Präpositionen kurzes i; das **Schwa wird quiescens** (➔ §§ 10.2, 10.4):

Vor einem Nomen mit Artikel hat die Präposition die **Vokalisation des Artikels** (mit oder ohne folgendem Dagesch forte ➔ § 12.1). Das He (ה) des Artikels fällt aus.

Vor anlautendem יְ entsteht durch Kontraktion **langes i**:

יִשְׂרָאֵל	+ ב >	בְּיִשְׂרָאֵל
דְּבָרִים	+ ל >	לִדְבָרִים
הַשָּׁמַיִם	+ ב >	בַּשָּׁמַיִם
הַחֹשֶׁךְ	+ ל >	לַחֹשֶׁךְ
יְהוּדָה	+ ל >	לִיהוּדָה

Vor **Chatéf-Vokal** hat die Präposition den entsprechenden **Vollvokal**:

אֱמֶת + ב < בֶּאֱמֶת

Vor אֱלֹהִים hat die Präposition langes e, das Alef ist stumm:

אֱלֹהִים + ל < לֵאלֹהִים

Ähnlich steht vor אֲדֹנָי kurzes a:

אֲדֹנָי + ל < לַאדֹנָי

Vor dem Tetragramm יהוה sind diese Präpositionen vokalisiert wie **vor dem Qeré** אֲדֹנָי:

בַּיהוָה
לַיהוָה

Wenn man allerdings den Gottesnamen aussprechen wollte, müsste man „**b^{e}jahwäh**" etc. lesen.

Vor Wörtern, die mit der Haupttonsilbe beginnen, sind diese Präpositionen häufig mit **Vorton-Qámes** (➔ § 10.1) vokalisiert:

בָּזֹאת
לָבוֹא

Suffixformen

Die beiden Präpositionen ב und ל haben gemeinsam, dass der Bindevokal a auch vor Suffixen der 1. und 2. Person auftritt. Die Suffixformen zu כ sind zum Teil von dem Stamm כָּמוֹ aus gebildet. Formenreihen ➔ oben (Übersichtstabelle).

12.4 Partikeln mit unregelmäßigen Suffixformen

Präfix מִן

מִן (Präposition der Trennung: „von / wegen / mehr als") steht in der **Normalform** מִן־ vor dem Artikel:

מִן־הַשָּׁמַיִם

Vor Nomen ohne Artikel ist meist das **Nun** (ן) dem folgenden Konsonanten **assimiliert (Dagesch forte)**:

מִבֹּקֶר עַד עֶרֶב

Vor Guttural oder Resch meist **Ersatzdehnung**: i > e (➔ § 09.2)[1].

מֵעֶרֶב עַד בֹּקֶר

---

[1] Virtuelle Verdoppelung kommt vor (מִחוּץ), auch Ersatzdehnung vor dem Artikel (מֵהָאֱלֹהִים).

Vor יְ wird ijj^e **kontrahiert** zu langem i:

Vor dem **Tetragramm** יהוה ist מִן wie vor dem Qeré אֲדֹנָי, also mit Ersatzdehnung, vokalisiert:

מִיהוּדָה < מִן + יְהוּדָה
מֵיְהוָה : מֵאֲדֹנָי

Wollte man den Gottesnamen aussprechen, müsste man lesen: "**mijjahwäh**".

Suffixformen

Vor den Suffixen des Singular und der 1. Plural ist das מִן **redupliziert** (steht zweimal), das Nun (ן) ist **assimiliert**. In den Formen mit Suffixen der **3. Sing**. ist das He (ה) der Endung dem Nun assimiliert (en + hu > ännu).

12.4 / 12.5 Übersicht zu 12.4 und 12.5

	מִן	עִם	אֵת Präp.	אֵת Akk.	אֶל־	עַל
Singular 1.	מִמֶּנִּי	עִמִּי עִמָּדִי	אִתִּי	אֹתִי	אֵלַי	עָלַי
2.m.	מִמְּךָ (i.P. מִמֶּךָּ)	עִמְּךָ	אִתְּךָ (אִתָּךְ)	אֹתְךָ (אֹתָךְ)	אֵלֶיךָ	עָלֶיךָ
2.f.	מִמֵּךְ	עִמָּךְ	אִתָּךְ	אֹתָךְ	אֵלַיִךְ	עָלַיִךְ
3.m.	מִמֶּנּוּ	עִמּוֹ	אִתּוֹ	אֹתוֹ	אֵלָיו	עָלָיו
3.f.	מִמֶּנָּה	עִמָּהּ	אִתָּהּ	אֹתָהּ	אֵלֶיהָ	עָלֶיהָ
Plural 1.	מִמֶּנּוּ	עִמָּנוּ	אִתָּנוּ	אֹתָנוּ	אֵלֵינוּ	עָלֵינוּ
2.m.	מִכֶּם	עִמָּכֶם	אִתְּכֶם	אֶתְכֶם	אֲלֵיכֶם	עֲלֵיכֶם
2.f.	מִכֶּן	-	-	-	אֲלֵיכֶן	עֲלֵיכֶן
3.m.	מֵהֶם	עִמָּם עִמָּהֶם	אִתָּם	אֹתָם אֶתְהֶם	אֲלֵיהֶם	עֲלֵיהֶם
3.f.	מֵהֵנָּה	-	-	אֹתָן אֶתְהֶן	אֲלֵיהֶן	עֲלֵיהֶן

Suffixformen von עִם und אֵת

עִם und אֵת, die Präpositionen der Gemeinsamkeit („mit / bei“), zeigen beide den **zweiten Konsonanten** vor Suffixen **verdoppelt**. Unregelmäßig erscheint der Bindevokal a, bei עִם auch vor einem Suffix der **2.m.pl**.

Die Nebenform עִמָּדִי ist vermutlich von der Wurzel עמד herzuleiten.

אֵת, das Akkusativzeichen, hat vor Suffixen die Form אֹת. Vor den betonten Suffixen der 2. und 3. pl. kann auch אֶת stehen. Unregelmäßig erscheint der Bindevokal a vor Suffixen der 1. und 2. Person.

12.5 Präpositionen mit scheinbaren Pluralformen

Die Präpositionen אֶל־ (Ziel: „zu / nach“), עַד (Grenze: „bis“)[1] und עַל („auf / über / wegen / gegen“)

Pluralzeichen

haben vor Suffixen **Formen, als wären sie** Nomina, die im **Plural** stehen[2] (➔ § 17.2).

12.6 Zusammengesetzte Präpositionen

Es kommen Wörter vor, die aus **zwei Präpositionen zusammengesetzt** sind. Häufig sind Zusammensetzungen bei Orts- und Richtungsangaben.

Bei Kombinationen mit מִן (מֵאֵת מֵעַל מִתַּחַת) überwiegt meist die Bedeutung „von“. Im einzelnen ist das Lexikon heranzuziehen.

---

[1] עַד mit Suffixen ist extrem selten: Das Wort kommt zwar ca. 1250 mal vor, davon aber nur 14 mal mit Suffix und nur in poetischen Texten.

[2] Es liegt bei עַל gewiss, bei אֶל־ und עַד vermutlich eine Wurzel Lamed-Jod zugrunde, ➔ § 39.1.

13 Satz-Einleiter

13.1 Das Bindewort ו (Waw copulativum)

Normalform als Präfix

Das Bindewort ו („und / aber / dass") ist mit dem folgenden Wort (**proklitisch**) zu einer Einheit verbunden. Normalform: **Vorschlagsilbe** mit **Schwa mobile**:

רוּחַ אֱלֹהִים	der Geist Gottes
וְרוּחַ אֱלֹהִים	und der Geist Gottes

Die Verbindung mit dem folgenden Wort ist teilweise die gleiche wie bei den Präpositionen בְּ, לְ und כְּ (➔ § 12.3).

Vor יְ Kontraktion zu langem i	יְהוּדָה + ו >	וִיהוּדָה
Vor Chatéf-Vokal der entsprechende Vollvokal	אֱמֶת + ו >	וֶאֱמֶת
Vor אֱלֹהִים langes e	אֱלֹהִים + ו >	וֵאלֹהִים
Vor אֲדֹנָי kurzes a	אֲדֹנָי + ו >	וַאדֹנָי
Vor יהוה wie vor אֲדֹנָי	יְהוָה + ו >	וַיהוָה
Vor der Haupttonsilbe mit Vorton-Qámes		תֹּהוּ וָבֹהוּ

Anders als bei בְּ, לְ, כְּ:

Vor Artikel unverändert	הָאָרֶץ + ו >	וְהָאָרֶץ
Vor den Konsonanten Bet (ב), Waw (ו), Mem (מ) und Pe (פ) (Merkwort: BUMAF) und	בֹּקֶר + ו >	וּבֹקֶר
vor Schwa mobile wird וְ zu וּ.	שְׁמוּאֵל + ו >	וּשְׁמוּאֵל

13.2 Relativpartikel שֶׁ (Schin präfixum)

Vor allem in Poesie und späterer Prosa kommt Schin präfixum vor, bedeutungsgleich mit אֲשֶׁר:

Im ersten Buchstaben des folgenden Wortes steht **Dagesch forte**.

(Eccl 4,10)	הָאֶחָד שֶׁיִּפֹּל	der eine, welcher fällt

Vor Gutturalen steht a oder ä:

(Ps 135,2)	שֶׁעֹמְדִים בְּבֵית יְהוָה	die ihr im Haus JHWHs steht
(Ri 6,13)	וְעָשִׂיתָ לִּי אוֹת שָׁאַתָּה מְדַבֵּר עִמִּי	.. so gib mir ein Zeichen, dass du (es bist), der mit mir redet.

13.3 Fragepartikel[1] הֲ (He interrogativum)

Normalform

Die proklitische Partikel הֲ vor dem ersten Wort leitet Fragesätze ein. Normalform: He mit Chatéf-Patach: הֲ

	שֹׁמֵר אָחִי אָנֹכִי	Ich bin der Hüter meines Bruders.
(Gen 4,9)	הֲשֹׁמֵר אָחִי אָנֹכִי	Bin ich der Hüter meines Bruders?

vor Schwa

Vor Nichtgutturalen mit Murmelvokal steht הַ, teils mit, teils ohne folgendem Dagesch forte.

(Gen 17,17)	הַלְּבֶן מֵאָה שָׁנָה יִוָּלֵד	Soll dem Hundertjährigen noch (ein Kind) geboren werden?
(Gen 29,5)	הַיְדַעְתֶּם אֶת־לָבָן	Kennt ihr Laban?

---

[1] Merkwörter für die proklitischen Partikeln: מֹשֶׁה וְכָלֵב „Mose und Kaleb", wobei מֹשֶׁה die Partikeln mit Vokal, וְכָלֵב die mit Schwa enthält.

vor Gutturalen

Vor Gutturalen steht הַ oder הֶ [1]:

(Ri 12,5)	הַאֶפְרָתִי אַתָּה	Bist du Ephraimit?
(Nu 13,18)	וּרְאִיתֶם ... אֶת־הָעָם ... הֶחָזָק הוּא	Erkundet das Volk, ob es stark ist.

13.4 Fragepronomina

מִי („wer?“)

Das substantivische Pronomen, das nach Personen fragt, hat nur die eine Form: מִי.

Es kommt nach einem **status constructus** vor: בֶּן־מִי wessen Sohn?

nach Präpositionen: לְמִי für wen?

und nach **dem Akkusativzeichen** אֵת אֶת־מִי: wen?

מַה־ („was?“)

Das substantivische Pronomen, das nach Sachen fragt, hat die Form מַה־ mit **Dagesch forte** im ersten Konsonanten des folgenden Wortes.

מַה־זֹּאת Was ist das?

Vor Gutturalen und Resch kommt **Ersatzdehnung** oder **virtuelle Verdoppelung** vor (nach denselben Regeln wie beim Artikel, aber nicht so konsequent angewendet):

מָה־אֱנוֹשׁ Was ist ein Mensch?

מֶה־עָשִׂיתָ Was hast du getan?

מַה־הַדָּבָר הַזֶּה Was ist dies für eine Sache?

In Verbindung mit לְ („für was? / warum?“) treten die Formen לָמָּה und לָ֫מָּה auf.

---

[1] Bei He mit folgendem Dagesch forte oder auch vor Gutturalen wäre theoretisch eine Verwechslung des He interrogativum mit dem Artikel möglich. Praktisch schließt der Textzusammenhang immer einen Irrtum aus.

14 Satzbildende Partikeln

14.1 Bestand

Einige Partikeln können als ursprüngliche Nomina **Suffixe** annehmen und so **Nominalsätze** bilden:

das Fragewort	אַיֵּה	„wo?“,
die Negation	אַיִן	„nicht vorhanden“,
die Position	יֵשׁ	„vorhanden“,
das Zeigewort	הִנֵּה	„siehe“,
das Adverb	עוֹד	„noch / dauernd“.

In diesen Nominalsätzen hat das **Suffix die Subjektrolle**, z.B.:

אַיֶּכָּה	„wo bist du?“
הִנֵּנִי	„hier bin ich“

14.2 Übersicht

mit Suffix	אֵין ich bin nicht ... etc.	יֵשׁ du bist da ... etc.	אַיֵּה wo bist du? ... etc.	הִנֵּה hier bin ich ... etc.	עוֹד ich bin noch ... etc.
1.sing	אֵינֶ֫נִּי			הִנְנִי הִנֶּ֫נִּי	עוֹדִי עוֹדֶ֫נִּי
2.m	אֵינְךָ	יֶשְׁךָ	אַיֶּ֫כָּה	הִנְּךָ	עוֹדְךָ
2.f	אֵינֵךְ			הִנָּךְ	עוֹדָךְ
3.m	אֵינֶ֫נּוּ	יֶשְׁנוֹ	אַיּוֹ	הִנּוֹ	עוֹדֶ֫נּוּ
3.f	אֵינֶ֫נָּה				עוֹדֶ֫נָּה עוֹדָהּ
1. pl				הִנְנוּ הִנֶּ֫נּוּ	
2.m.pl	אֵינְכֶם	יֶשְׁכֶם		הִנְּכֶם	
3.m.pl	אֵינָם		אַיָּם	הִנָּם	עוֹדָם

Femininformen im Plural sind nicht belegt

15 Übersicht über die proklitischen Partikeln

15.1 Präpositionen und ו

		כ, ל, ב	ו	מִן
vor Schwa mobile:	צְדָקָה	בִּצְדָקָה	וּצְדָקָה	מִצְּדָקָה
vor „je“:	יְהוּדָה	לִיהוּדָה	וִיהוּדָה	מִיהוּדָה
vor Chatéf-Vokal:	אֲנָשִׁים	כַּאֲנָשִׁים	וַאֲנָשִׁים	מֵאֲנָשִׁים
vor Artikel:	הַמֶּלֶךְ	לַמֶּלֶךְ	וְהַמֶּלֶךְ	מִן־הַמֶּלֶךְ מֵהַמֶּלֶךְ
bei „’Älohim“:	אֱלֹהִים	לֵאלֹהִים	וֵאלֹהִים	מֵאֱלֹהִים
bei „’Adonai“:	אֲדֹנָי	כַּאדֹנָי	וַאדֹנָי	מֵאֲדֹנָי
bei JHWH:	יהוה	בַּיהוָה	וַיהוָה	מֵיְהוָה

15.2 Artikel und He interrogativum

	Normalform	vor Schwa	vor Resch	vor Guttural
Artikel	הַמֶּלֶךְ	הַבְּרִית הַיְלָדִים	הָרֶכֶב הָרֲכָבִים	הָאִישׁ הַהוּא הֶחָזָק
He interrogativum	הֲמֶלֶךְ	הַבְּרִית הֲבְרִית	הֲרֶכֶב הַרֲכָבִים	הַאִישׁ הַהוּא הֶחָזָק

16 Formen des Nomens

Substantive, Adjektive und Zahlwörter werden in dieser Grammatik als Nomina bezeichnet. In deren Formen und Gebrauch gibt es grundsätzlich keine Unterschiede[1].

16.1 Status

Kein Kasus

Kasusendungen gibt es im alttestamentlichen Hebräisch nicht (➔ aber unten § 16.3). Keine Kasusform, sondern eine **Betonungsvariante** mit syntaktischer Funktion ist der status constructus:

Betonung

Zwei oder mehr Nomina werden so eng aneinander gerückt, dass sie eine Sprecheinheit bilden und damit auch eine **Sinneinheit** ausdrücken. Diese Wortverbindung wird „Constructus-Verbindung" genannt. Nur das letzte Nomen hat den vollen Ton, es steht im **„status absolutus"**[2], d.h. so, wie es auch allein stehen würde. Die voraufgehenden Nomina haben einen reduzierten Ton; sie stehen im **„status constructus"**[3], d.h. dem nächsten Wort zugeordnet.

דָּוִ֫ד	בֶּן	Sohn	Dàvids
status absolutus	status constructus	bestimmtes Wort	be-stimmendes Wort

Genitiv

Meist können wir eine solche Constructus-Verbindung ins Deutsche **übersetzen**, indem wir das letzte Nomen im **Genitiv** an das vorausgehende anschließen. Näheres zur Funktion und Übersetzung der Constructus-Verbindung ➔ § 45.

---

[1] Zum Gebrauch von Nomina, die wir im Deutschen mit Adjektiven wiedergeben, ➔ § 46.3.

[2] Lat.: „losgelöst, alleinstehend", hebr.: נִפְרָד „alleinstehend".

[3] Lat.: „zusammengefügt", hebr.: נִסְמָךְ „angelehnt". Eine solche Verbindung heißt auf Hebräisch סְמִיכוּת „Anlehnung".

Ein Nomen kann demnach in jedem Numerus und jedem Genus in **zwei Formen** erscheinen: der voll betonten Form, dem **status absolutus** (st a), und der an ein folgendes Wort angelehnten, schwach betonten Form, dem **status constructus** (st c).

דָּבָר		Wort	
דָּוִד	דְּבַר	Dávids	Wort
st a	st c	Bestimmungswort,	
betont	unbetont	betont	unbetont

Veränderliche Vokale ändern sich, wenn ein Nomen im status constructus schwächer betont wird. Über Art und Grad der **Vokalveränderungen** brauchen keine Regeln aufgestellt zu werden. Es gelten die in § 10 dargestellten Grundsätze.

16.2 Numerus und Genus

Numeri

Beim hebräischen Nomen werden drei Numeri unterschieden:

Singular für die Einzahl,

Dual für die Zweizahl,

Plural für die Mehrzahl.

Genera

Es werden beim Nomen wie beim Verb zwei Genera unterschieden:

maskulinum (männlich) und **femininum** (weiblich)[1]; ein Neutrum gibt es nicht.

---

[1] Die Differenzierung des Genus ist im Hebräischen das Ergebnis eines vielschichtigen Entwicklungsprozesses: Ursprünglich bezeichneten die Endungen a / t und ot vermutlich "Nomina unitatis", also Einzel-Dinge gegenüber Kollektivbegriffen (z.B. שֵׂעָר "Haar / Behaarung", שְׂעָרָה „einzelnes Haar"); diese Funktion ist bei einigen Zahlwörtern (➔ § 22, § 47.2) noch deutlich. Daneben findet sich ein System, das die Endungen zur Bezeichnung der Klasse: "Sachen / Kleines / Schwaches / Unbedeutendes" gegenüber der unbezeichneten Klasse: "Personen / Großes / Starkes / Wichtiges" verwendet. Von hier aus wurden die Endungen dann zur Kennzeichnung des natürlichen Geschlechts (Sexus) „weiblich" übernommen. (➔ Diethelm Michel, Grundlegung einer Hebräischen Syntax, S.25ff, Neukirchen 1977.)

Femininum Singular

Nur feminine Nomina haben im Singular eine **Endung**, maskuline Nomina nicht. Im status absolutus steht die **Endung** ָה .

Im status constructus und vor Suffixen ist die ursprüngliche Feminin-**Endung** ַת erhalten.

תּוֹרָה	Weisung
תּוֹרַת אֱלֹהִים	die Weisung Gottes
תּוֹרָתִי	meine Weisung

Besonderheiten

Das Femininzeichen ת kann ohne Vokal an ein konsonantisch endendes Wort angefügt sein. Dann ist die Doppelkonsonanz durch einen **Hilfsvokal** (a oder ä ➔ § 18) aufgehoben.

Bei so gebildeten Femininformen sind status **absolutus** und status **constructus** meist **gleich**.

אֹמֵר	ein Sprechender
אֹמֶרֶת	eine Sprechende
שֹׁלֵחַ	ein Sendender
שֹׁלַחַת	eine Sendende

Bei einigen Nomina wechselt die Feminin-Endung ָה (st a) mit konsonantischem ת (st c):

(st a) מֶמְשָׁלָה	Herrschaft
(st c) מֶמְשֶׁלֶת	

Seltenere Feminin-Endungen sind ִית und וּת.

שְׁבִית	Gefangenschaft
מַלְכוּת	Königtum

Dual

Dual-Formen werden im Biblischen Hebräisch nur noch bei **Zahl-** und **Maßbegriffen** und bei den Bezeichnungen für paarweise vorkommende Dinge, meist **Körperteile**, gebraucht. Sonst steht das Zahlwort für „zwei" mit dem Plural eines Nomens[1].

Die Dual-Endungen sind für beide Genera:

im st a ַיִם

und im st c ֵי

יוֹם	ein Tag
יוֹמַיִם	zwei Tage
*יוֹמֵי	2 Tage von ...

[1] ➔ § 47.2. Zu den Nomina מַיִם „Wasser" und שָׁמַיִם „Himmel" ➔ § 21.4.

Bei Nomina mit Feminin-Endung ist vor der Dual-Endung ein ת erhalten.

שָׂפָה	Lippe
שְׂפָתַיִם	Lippen
סוּס	ein Pferd
סוּסִים	Pferde
סוּסֵי	Pferde von ...
סוּסָה	Stute
סוּסוֹת	Stuten
שָׁנָה שָׁנִים	Jahr / Jahre
מָאוֹר מְאֹרוֹת	Lampe / Lampen

Plural

Maskuline Pluralendungen sind:

im status absolutus ִים und

im status constructus ֵי .

Die **feminine** Pluralendung ist in beiden Status וֹת.

Oft haben Nomina, die im **Singular** als **Femininum** gekennzeichnet sind, im **Plural** eine **maskuline** Endung und umgekehrt.

Übersicht

	maskulinum		femininum	
	st a	st c	st a	st c
Singular	-	-	ָה	ַת
			ֶ ֶת ַ ַת	
Dual	ַיִם	ֵי	ָתַיִם	ְתֵי
Plural	ִים	ֵי	וֹת	

16.3 He locale und Verwandtes

Von Kasusendungen haben sich im Biblischen Hebräisch nur Reste erhalten. Außer dem He locale haben diese Endungen **keine Bedeutung** mehr. Zur Syntax → § 50.2.

He locale

Auf eine alte **Akkusativ-**Endung geht das He locale zurück. Es bezeichnet Umstandsbestimmungen, vor allem des **Ortes**, und besteht aus einem unbetont angefügten langen a.

Bei **Segolaten** (→ § 18) ist das He locale an die **Grundform** angefügt.

Bei Nomina mit **Feminin**zeichen steht vor dem He locale ein ת.

צָפוֹן	Norden
צָפֹ֫ונָה	nach / im Norden
אֶ֫רֶץ	Erde
אַ֫רְצָה	zur Erde
רָמָה	Rama
רָמָ֫תָה	in / nach Rama

Chíreq compaginis

Eine alte **Genitiv**-Endung ist wahrscheinlich das „Chíreq compaginis“ oder „Chíreq paragogicum“, ein in der Regel betont angefügtes **langes i (ִי)**, das zuweilen an den status constructus eines Nomens angefügt ist.

בְּנִי אֲתֹנוֹ (Gen 49,11) — das Fohlen seiner Eselin

Chólem paragogicum

Auf eine alte Nominativendung geht wahrscheinlich das „Chólem paragogicum“ zurück, ein betont angefügtes **langes o (וֹ).**

חַיְתוֹ־אֶ֫רֶץ (Gen 1,24) — Das Getier der Erde

17 Suffixe am Nomen

Suffixe *am Nomen bezeichnen meist die Zugehörigkeit (deutsch: besitzanzeigendes Fürwort „mein / dein / sein“ usw.). Ihre Formen sind grundsätzlich die in § 11 aufgeführten. Unterschiede ergeben sich aus den Formen der Nomina, an die die Suffixe angefügt sind.*

17.1 Suffixe am Singular

Übersicht

	סוּס	סוּסָה	דָּבָר	שֵׁם	צְדָקָה
Suffix im Sing.	Pferd	Stute	Wort	Name	Gerechtigkeit
1.	סוּסִי	סוּסָתִי	דְּבָרִי	שְׁמִי	צִדְקָתִי
2.m	סוּסְךָ	סוּסָתְךָ	דְּבָרְךָ	שִׁמְךָ	צִדְקָתְךָ
2.m.in Pausa	סוּסֶךָ	סוּסָתֶךָ	דְּבָרֶךָ	שְׁמֶךָ	צִדְקָתֶךָ
2.f	סוּסֵךְ	סוּסָתֵךְ	דְּבָרֵךְ	שְׁמֵךְ	צִדְקָתֵךְ
3.m	סוּסוֹ	סוּסָתוֹ	דְּבָרוֹ	שְׁמוֹ	צִדְקָתוֹ
3.f	סוּסָהּ	סוּסָתָהּ	דְּבָרָהּ	שְׁמָהּ	צִדְקָתָהּ
Suffix im Plural					
1.	סוּסֵנוּ	סוּסָתֵנוּ	דְּבָרֵנוּ	שְׁמֵנוּ	צִדְקָתֵנוּ
2.m	סוּסְכֶם	סוּסַתְכֶם	דְּבַרְכֶם	שִׁמְכֶם	צִדְקַתְכֶם
2.f	סוּסְכֶן	סוּסַתְכֶן	דְּבַרְכֶן	שִׁמְכֶן	צִדְקַתְכֶן
3.m	סוּסָם	סוּסָתָם	דְּבָרָם	שְׁמָם	צִדְקָתָם
3.f	סוּסָן	סוּסָתָן	דְּבָרָן	שְׁמָן	צִדְקָתָן

Suffixe an Nomina mit **unveränderlichen** Vokalen und ohne Femininzeichen:

Beispiel: סוּס „Pferd“

Bindevokale

Vor konsonantisch anlautenden Suffixen stehen **Bindevokale**, und zwar e bzw. ä und (nur vor Suffixen der 3. Person) a.

Betonung

Grundsätzlich ist der Vokal **vor** dem **Suffix** betont, außer bei כֶם und כֶן, die immer betont sind (schwere Suffixe), und bei ךָ, das i.K. betont ist. Vor diesen drei Suffixen ist der **Bindevokal elidiert oder verflüchtigt** (Schwa).

Kontraktionen

Die Suffixe der 3. Person, Singular, הוּ und הָ, sind i.K. mit dem voraufgehenden Bindevokal **kontrahiert** zu וֹ bzw. הּ ָ.

Selten kommt in **poetischen** Texten ein Suffix מוֹ für die 3. Person maskulinum Plural vor.

Suffixe an Nomina mit **unveränderlichen** Vokalen und einem **Femininzeichen:**

Beispiel: סוּסָה „Stute“

Femininzeichen Taw

Das Femininzeichen ת ist vor Suffixen **erhalten**. Im übrigen sind die Formen so gebildet wie die Formen der Wörter ohne Femininzeichen.

Suffixe an Nomina mit **veränderlichen** Vokalen:

Beispiele: דָּבָר „Wort“
שֵׁם „Name“
צְדָקָה „Gerechtigkeit“

Durch unterschiedliche **Betonungen** verändern sich die Vokale a und e. Für die Veränderungen gelten die in **§ 10** dargestellten Grundsätze.

Zu Nomina mit Hilfsvokalen (**Segolata**) ➔ § 18.

17.2 Suffixe an Dual und Plural

Mehrzahl-Zeichen Jod

Vor Suffixen, die an den Dual oder Plural eines Nomens angefügt sind, steht ein Jod (י)[1]. Nomina mit Femininzeichen zeigen vor dem Jod ein Taw (ת). Durch die Verbindung der Bindevokale mit dem Halbvokal Jod entstehen **charakteristische** Suffix-Formen, die von denen des **Singular unterschieden** sind.

Übersicht

	סוּס Pferd	סוּסָה Stute	צְדָקָה Gerechtigkeit	דָּבָר Wort	יָד Hand	שָׂפָה Lippe
Plural	סוּסִים	סוּסוֹת	צְדָקוֹת	דְּבָרִים		
Dual					יָדַיִם	שְׂפָתַיִם
st c	סוּסֵי	סוּסוֹת	צִדְקוֹת	דִּבְרֵי	יְדֵי	שִׂפְתֵי
m. Suffix						
1.sing	סוּסַי	סוּסוֹתַי	צִדְקוֹתַי	דְּבָרַי	יָדַי	שְׂפָתַי
2.m	סוּסֶיךָ	סוּסוֹתֶיךָ	צִדְקוֹתֶיךָ	דְּבָרֶיךָ	יָדֶיךָ	שְׂפָתֶיךָ
2.f	סוּסַיִךְ	סוּסוֹתַיִךְ	צִדְקוֹתַיִךְ	דְּבָרַיִךְ	יָדַיִךְ	שְׂפָתַיִךְ
3.m	סוּסָיו	סוּסוֹתָיו	צִדְקוֹתָיו	דְּבָרָיו	יָדָיו	שְׂפָתָיו
3.f	סוּסֶיהָ	סוּסוֹתֶיהָ	צִדְקוֹתֶיהָ	דְּבָרֶיהָ	יָדֶיהָ	שְׂפָתֶיהָ
1.pl	סוּסֵינוּ	סוּסוֹתֵינוּ	צִדְקוֹתֵינוּ	דְּבָרֵינוּ	יָדֵינוּ	שְׂפָתֵינוּ
2.m	סוּסֵיכֶם	סוּסוֹתֵיכֶם	צִדְקוֹתֵיכֶם	דִּבְרֵיכֶם	יְדֵיכֶם	שִׂפְתֵיכֶם
2.f	סוּסֵיכֶן	סוּסוֹתֵיכֶן	צִדְקוֹתֵיכֶן	דִּבְרֵיכֶן	יְדֵיכֶן	שִׂפְתֵיכֶן
3.m	סוּסֵיהֶם	סוּסוֹתֵיהֶם oder סוּסוֹתָם	צִדְקוֹתֵיהֶם	דִּבְרֵיהֶם	יְדֵיהֶם	שִׂפְתֵיהֶם
3.f	סוּסֵיהֶן	סוּסוֹתֵיהֶן oder סוּסוֹתָן	צִדְקוֹתֵיהֶן	דִּבְרֵיהֶן	יְדֵיהֶן	שִׂפְתֵיהֶן

[1] Gelegentlich kommen Suffix-Formen ohne Jod vor, z.B. אֲנָשָׁו „seine Männer" (1 Sam 23,5).

Auffällig sind besonders: die Form ַי (gesprochen ai) im Suffix der **1.** Person Singular, die Form ַיִךְ im Suffix der **2.** Person **femininum** Singular und die Form ָיו (gesprochen aw) im Suffix der **3.** Person **maskulinum** Singular.

Im **Dual** haben nur Nomina mit Feminizeichen (und einige Segolata ➔ § 18.2) vom Plural unterschiedene Suffix-Formen. (➔ Tabelle, Spalten יָד und שָׂפָה)

Nomina mit veränderlichen Vokalen:

Suffixe am Plural von Nomina mit **veränderlichen** Vokalen:

Veränderliche Vokale verhalten sich, je nach Entfernung von der Tonsilbe, **wie in § 10** dargestellt (➔ auch § 23.2).

Beispiele: דָּבָר „Wort“
יָד „Hand“
צְדָקָה „Gerechtigkeit“

Im **Dual** und bei Pluralen auf **„-im“** (ִים) haben die Formen mit leichten Suffixen die gleiche Vokalisation wie der status **absolutus** Plural, die Formen mit den schweren Suffixen כֶם, כֶן, הֶם und הֶן die gleiche Vokalisation wie der status constructus Plural. Bei Pluralen auf **„-ot“** (וֹת) haben alle Suffix-Formen die gleiche Vokalisation wie der status **constructus** Plural.

18 Nomina mit Hilfsvokalen (Segolata)

Als „Segolata“ bezeichnet man eine große Gruppe von Nomina, die im Singular (status absolutus und status constructus) wie מֶ֫לֶךְ *auf der vorletzten Silbe betont werden und in der letzten Silbe ein kurzes ä*[1]*, manchmal auch a (wie* נַ֫עַר*), zeigen.*

18.1 Grundform und Hilfsvokale

Übersicht

Wenn solche Segolata **Endungen** tragen, und zwar vor allem Suffixe, wird eine Form sichtbar, die man **Grundform** nennt: Streicht man die Endung ab, bleibt ein Wort mit **doppeltem Silbenschluss** übrig.

In der endungslosen Form ist zwischen die beiden Schlusskonsonanten ein ganz kurzer **Hilfsvokal**, bezeichnet mit Segol oder Patach, eingefügt.[2]

Die durch Hilfsvokal erweiterte Form bleibt auf der **ersten**, nun geöffneten **Silbe betont**.

Sing. mit Suffix	מַלְכּוֹ	סִפְרוֹ	בָּקְרוֹ
Grundform	* malk	* sipr	* bugr
Hilfsvokal	ä	ä	ä
Sing. ohne Endg.	מֶ֫לֶךְ	סֵ֫פֶר	בֹּ֫קֶר

Vokale der 1. Silbe

Die kurzen Vokale in der ersten Silbe erscheinen sehr oft **gedehnt**: i zu langem **e** (סֵ֫פֶר), u oder å zu langem **o** (בֹּ֫קֶר), a (i.P.) zu langem **a** (מָ֫לֶךְ). In der ersten Silbe tritt auch sehr oft **ä** auf (מֶ֫לֶךְ), das heutzutage meist **kurz** ausgesprochen wird, obwohl es in offener Silbe steht (➔ § 08.2).

---

[1] Zeichen „Segol“, daher die latinisierende Bildung „segolatum“ = mit Segol versehen.

[2] Sprachgeschichtlich kann man sich den Vorgang so vorstellen, dass eine ursprüngliche Nominativendung „u“ ausgefallen und dadurch die einsilbige Form entstanden ist.

18.2 Formenbildung

Grundform und Endungen

Von der Grundform aus sind in der Regel gebildet:

Die Singularform mit angefügten **Suffixen**,

die Singularform mit angefügtem **He locale** und

die **Dual**-Formen.

Vor und nach **Gutturalen** ist der Hilfsvokal meist a. In diesen Fällen kann das kurze a auch in der ersten Silbe erhalten sein.

Suffix	אַרְצוֹ	נַעֲרוֹ	לַחְמוֹ	אַלְפּוֹ
He loc	אַ֫רְצָה			
Dual				אַלְפַּ֫יִם
Grund-form	'arṣ	na'r	laḥm	*'alp
Hilfs-vokal	ä	a	ä	ä
Sing	אֶ֫רֶץ	נַ֫עַר	לֶ֫חֶם	אֶ֫לֶף

Pluralformen

Die Pluralformen gleichen den Pluralformen von Nomina mit zwei veränderlichen Vokalen **(Muster דָּבָר).** Die einsilbige Grundform ist durch den **Vokal a erweitert** (*malk - *malak - *malakim):

	* dabar דָּבָר	* malk * malak	* sipr * sipar	* buqr * buqar
st a	דְּבָרִים	מְלָכִים	סְפָרִים	בְּקָרִים
st c	דִּבְרֵי	[1] מַלְכֵי	סִפְרֵי	בָּקְרֵי

---

[1] Ohne Dagesch lene, weil die Vokallosigkeit nicht ursprünglich, sondern ein Vokal ausgefallen ist.

Plural mit Suffixen

Entsprechend gleichen sich die Suffixformen:

דְּבָרָיו	מְלָכָיו	סְפָרָיו	בְּקָרָיו
דִּבְרֵיהֶם	מַלְכֵיהֶם	סִפְרֵיהֶם	בָּקְרֵיהֶם

Der **status constructus des Dual** unterscheidet sich von dem des Plural nur, wenn der II. Radikal zur Gruppe „BeGaDKeFaT" gehört. Im Plural ist ein Vokal ausgefallen, also steht **kein Dagesch lene** (➔ § 05.2):

	אֶלֶף	tausend
אַלְפֵּי	אַלְפַּ֫יִם	zweitausend
אַלְפֵי	אֲלָפִים	Tausende
	אַלְפֵיהֶם	ihre Tausende

Besonderheiten

Die Beziehungen zwischen den **Vokalen** in der **Grundform** und den Vokalen in der **ersten Silbe** des Segolatums sind nicht immer ganz fest. Es können vom gleichen Wort Formen mit **verschiedenen Grundvokalen** vorkommen.

z.B.: נֵ֫דֶר „Gelübde" neben נֶ֫דֶר, בֶּ֫רֶךְ „Knie", Dual: בִּרְכַּ֫יִם .

Anstelle des Grundvokals **i** kann auch **ä** auftreten.

z.B. נֶ֫גֶד „vor", Suffixform נֶגְדִּי, חֵ֫פֶץ „Wohlgefallen", mit Suffix חֶפְצִי (wegen des Gutturals).

Bei **Gutturalen** als II. Radikal kommt **Silbenaufsprengung** vor (➔ § 09.3):

z.B.: נַ֫עַר - נַעֲרוֹ „sein Knecht", אֹ֫הֶל - אָהֳלִי „mein Zelt"

Unregelmäßige Pluralformen

Bei einigen Segolaten mit dem Grundvokal u kommen unregelmäßige **Pluralformen** vor:

אֹ֫הֶל	„Zelt":	אֹהָלִים	o nicht verflüchtigt
קֹ֫דֶשׁ	„Heiligtum":	קֳדָשִׁים	mit Qames Chatuf in der 1., offenen Silbe
שֹׁ֫רֶשׁ	„Wurzel":	שָׁרָשִׁים	

Feminin-Endung

Eine Feminin-Endung ist im Singular an die Grundform angefügt: מַלְכָּה < מֶלֶךְ

Feminin-Plural hat **Stammerweiterung** wie Maskulinum: מְלָכוֹת, st.c.: מַלְכוֹת

18.3 Segolata mit Waw oder Jod als II. Radikal

Als Segolata gelten auch einige Wörter mit **Waw** oder **Jod** als Radikalen[1], bei denen die Masoreten mit **Hilfsvokalen** gearbeitet haben. Die Segolata mit Waw oder Jod als II. Radikal sind (im Status absolutus Singular) an ihrer **Betonung** zu erkennen.

Segolata im st a Singular

Segolata vom Typ מָ֫וֶת oder בַּ֫יִת hatten vormasoretisch einen Doppelvokal. Die Masoreten erkannten keine Doppelvokale an, lasen also jeweils einen **doppelten Silbenschluß**.

Dieser wurde durch **Hilfsvokale** aufgehoben. Die neu gebildeten Segolat-Formen wurden für den **status absolutus Singular** festgelegt.

Kontrahierte Formen

In den anderen Formen sind aw bzw. aj zu langen Vokalen **zusammengezogen (kontrahiert)**.

*maut	*bait
*mawt	*bajt
Hilfsvokal ä:	Hilfsvokal i:
מָ֫וֶת	בַּ֫יִת
aw > o : מוֹת	aj > e : בֵּית

Beispiele[2]:	st c	m. Suffix	Dual	Plural	st c mit He loc.
עַ֫יִן (Auge)	עֵין	עֵינוֹ	עֵינַ֫יִם		
אָ֫וֶן (Unrecht)	אוֹן			אוֹנִים	
בַּ֫יִת (Haus)	בֵּית				בֵּ֫יתָה

Übrigens sind **nicht alle** Nomina mit Waw in der Mitte Segolata, קוֹל (Stimme) und יוֹם (Tag) sind z.B. keine. Einigermaßen häufig sind nur מָ֫וֶת (Tod) und תָּ֫וֶךְ (Mitte).

---

[1] Zum Begriff „Radikal“ ➔ § 24.1.

[2] Es gibt mancherlei „Ausnahmen“, meist sekundäre Bildungen, z.B. Pl. עֲיָנוֹת „Quellen“, בַּ֫יִת Pl. בָּתִּים ➔ § 21.5, He locale häufig an der Grundform, z.B. הַבַּ֫יְתָה, הָעַ֫יְנָה.

18.4. Segolata mit Waw oder Jod als III. Radikal

Einige „Segolata“ haben Waw oder Jod[2] als III. Radikal, was Auswirkungen hat auf die verwendeten Hilfsvokale: Vor Waw ist u, vor Jod i als Hilfsvokal verwendet:

ij ist zu langem i, uw zu langem u **kontrahiert**:

langes i betont

Das lange i hat den Ton auf sich gezogen,

das auslautende u ist unbetont, der Stammvokal zu o gedehnt.

Suffixe

Suffixe sind wie bei anderen Segolaten an die **Grundform** angefügt.

Allerdings haben sowohl Plural als auch Dual ein stammerweiterndes, unveränderliches langes â.

* pirj (Frucht)	* tuhw (Öde)
* pir^{i}j	* tuh^{u}w
* píri	* túhu
פְּרִ֫י	
	תֹּ֫הוּ [1]
z.B.: פִּרְיוֹ	
פְּרָיִים	
פְּרָיֵי	

---

[1] Das Beispiel ist nur wegen „Tohu wa Bohu“ aufgenommen, die 20 bzw. 3 mal vorkommen.

[2] Auch „Segolata Lamed-Waw-Jod (ל״וי)“ → § 24.3.

19 Nomina mit auslautendem ä

מִקְנֶה	Viehbesitz
שָׂדֶה	Feld

Wurzeln

Nomina, die im status **absolutus** Singular auf **-ä (הֶ)** und im status **constructus** auf **-e (הֵ)** ausgehen, lassen sich auf Wurzeln zurückführen, deren ursprünglicher III. Radikal **Waw oder Jod ausgefallen ist** (wie Verben Lamed-He (ל״ה) ➔ § 39.1).

Das **He ist Vokalbuchstabe** für den langen Auslautvokal und fehlt vor Endungen.

שָׂדִים	Felder
שָׂדְךָ	dein Feld

Jod vor Suffix

In den **Singularformen** mit Suffixen kann das ursprüngliche **Jod** auftauchen. Dann entstehen Formen, die denen des Plural gleichen:

1. s	מִקְנַי	neben	שָׂדַי
2. m s	מִקְנֶיךָ		
oder	מִקְנֶךָ	neben	שָׂדְךָ
3. m s	מִקְנָיו	neben	שָׂדוֹ
oder	מִקְנֵיהוּ		
2. m pl	מִקְנֵיכֶם	neben	שְׂדֵיכֶם

Bei Femininformen steht die **Endung** הָ anstelle des auslautenden הֶ.

יָפָה	schön
יָפָה / יְפַת	eine Schöne

20 Nomina mit verdoppeltem Endkonsonanten

Beispiele:

עַם	עֵת	חֹק
(Volk)	(Zeit)	(Satzung)

Dagesch forte

Bei **einsilbigen Nomina** mit meist langem Vokal kann der II. Radikal **verdoppelt** erscheinen[1]. Die Verdoppelung tritt vor Endungen als **Dagesch forte** auf. Vor dem verdoppelten Konsonanten steht der entsprechende kurze Vokal.

עַמִּים   עִתּוֹ   חֻקּוֹת

Gutturale

Wörter mit Gutturalen oder Resch als letztem Konsonanten haben **Ersatzdehnung**, bei Chet (ח) oft **virtuelle Verdoppelung**.

פַּח - פַּחִים   שָׂר - שָׂרִים   רַע - רָעִים

Vereinzelt wird der II. Radikal wiederholt:

לְבָב	neben	לֵב
לְבָבוֹ		לִבּוֹ

---

[1] Das sind meist Wurzeln Ajin-Ajin ➔ § 42.1. Es gibt auch Wurzeln mit assimiliertem Nun, z.B.: עֵז „Ziege“ von ענז .

21 Nomina eigentümlicher Bildung

21.1 Verwandtschaft

	st c Sing.	Sing. + Suffix	st a st c Plural	Plural + Suffix
אָב Vater	אֲבִי	אָבִי אָבִיו אֲבִיהֶם	אָבוֹת אֲבוֹת	אֲבוֹתֵ֫ינוּ
אָח Bruder	Singular wie אָב		אַחִים אֲחֵי	אַחַי אֶחָ֑י אֶחָיו אֲחֵיכֶם
אָחוֹת Schwester	אֲחוֹת	אֲחוֹתִי		אֲחוֹתַ֫יִךְ אַחְיוֹתָיו
בֵּן Sohn	בֶּן־ בִּן	בְּנִי בִּנְךָ	בָּנִים בְּנֵי	
בַּת Tochter		בִּתִּי	בָּנוֹת בְּנוֹת	

אָב „Vater": Im Singular tritt das Element ִי auf, vermutlich eine alte Genitiv-Endung; das Jod ist also hier **kein Pluralzeichen**; das Suffix (הוּ) der 3 ms ist mit dem vorausgehenden i zu ִיו kontrahiert; Pluralendung ist וֹת[1].

---

[1] Das ist offensichtlich kein Femininzeichen ➔ § 16.2, Anm.

אָח **„Bruder“:** Die **Singularformen** sind gebildet **wie bei אָב.** Im Plural ist zum Teil die erste Silbe virtuell verdoppelt. Vor Chet (ח) mit Qames Ersatzdehnung zu Segol.

אָחוֹת **„Schwester“:** וֹת ist hier kein Pluralzeichen, vom Plural gibt es nur Suffixformen, in 5 Fällen von der erweiterten Form אֲחָיוֹת*.

בֵּן **„Sohn“:** Im Plural steht **langes a** als Vortonvokal (also veränderlich ➔ § 10).

בַּת **„Tochter“:** mit Endung ת das **Femininum zu** בֵּן. Das Nun erscheint assimiliert in den verdoppelten Suffixformen des Singular (*bin > *bint > *binti > *bitti).

21.2 Mann und Frau

	st c Singular	Sing. + Suffix	st a st c Plural
אִישׁ Mann			אֲנָשִׁים אַנְשֵׁי
אִשָּׁה Frau	אֵשֶׁת	אִשְׁתִּי	נָשִׁים נְשֵׁי

אִישׁ **„Mann“**: Regelmäßige Singularformen, **Plural** von der Wurzel אנשׁ* (➔ אֱנוֹשׁ „Mensch“).

אִשָּׁה **„Frau“**: In den Singularformen (außer st abs) steht als Femininzeichen ein konsonantisch (mit Hilfsvokal ➔ § 18) angefügtes ת. Der **Plural** zeigt die Endung ִים.

21.3 Eigentümliche Singular-Bildungen

	st c Singular	Sing. + Suffix	Plural
פֶּה Mund	פִּי	פִּי פִּיו	פִּיּוֹת
שֶׂה Schaf	שֵׂה	שֵׂיו	

פֶּה „Mund“: Einradikaliger Stamm **auf i;** die st.a.-Form hat sich den Nomina auf ä (ה ֶ) angeglichen; i-hu (3 ms) ist zu יו ִ kontrahiert.

שֶׂה „Schaf“: Suffixformen mit konsonantischem Jod (י) folgen nicht dem Beispiel der Nomina auf -ä (ה ֶ).

21.4 Scheinbare Dual-Formen

	st c	+ Suffix	
מַ֫יִם Wasser	מֵי מֵימֵי	מֵימָיו	
שָׁמַ֫יִם Himmel	שְׁמֵי	שָׁמֶ֫יךָ	

מַ֫יִם „Wasser“ und שָׁמַ֫יִם „Himmel“ sind wie **Segolata** gebildet (➔ בַּ֫יִת), hören sich aber an **wie Duale** (ַ֫יִם). Dem entsprechen Formenbildung und Konstruktion. Der st.c. מֵימֵי ist durch Reduplikation entstanden.

21.5. Eigentümliche Plural-Bildungen

	st c Singular	Sing. + Suffix	st a st c Plural	Plural + Suffix
בַּ֫יִת Haus			בָּתִּים בָּתֵּי	בָּתָּיו
כְּלִי Gerät			כֵּלִים כְּלֵי	כֵּלָיו
יוֹם Tag	יוֹם	יוֹמוֹ	יָמִים יְמֵי	
עִיר Stadt			עָרִים עָרֵי	עָרָיו עָרֵיהֶם
רֹאשׁ Kopf			רָאשִׁים רָאשֵׁי	רָאשָׁיו

בַּ֫יִת „Haus“: Der **Plural** hat ein unveränderliches **langes a**. Das Dagesch im Taw (תּ) zeigt die unregelmäßige feste Aussprache des Taw an.

כְּלִי „Gerät“: Eigentlich ein **Segolatum** (➔ § 18.4), Singular mit Suffix z.B. כֶּלְיְךָ, bildet den **Plural** anders als andere Segolata nicht mit Stammerweiterung, sondern so, als ob es im Singular כֵּל lautete.

יוֹם „Tag“: Hat im Singular und Dual unveränderliches **o**, im **Plural** veränderliches **a** (Vorton-Qames).

רֹאשׁ „Kopf“: Im Singular ist o aus a abgelautet; das **a des Plural** ist ursprünglich und unveränderlich.

Die (einmalige) Pluralform רֹאשִׁים (Jos 15,2) ist nach dem Muster des Singular neu gebildet.

22 Zahlwörter

22.1 Grundzahlen von 1 bis 20

1 bis 10	maskuline Form[1]	st c[2]	feminine Form	st c	11-20	mask	fem
1	אֶחָד	אַחַד	אַחַת		11	אַחַד עָשָׂר עַשְׁתֵּי עָשָׂר	אַחַת עֶשְׂרֵה עַשְׁתֵּי עֶשְׂרֵה
2	שְׁנַיִם	שְׁנֵי	שְׁתַּיִם	שְׁתֵּי	12	שְׁנֵי עָשָׂר שְׁנֵים עָשָׂר	שְׁתֵּי עֶשְׂרֵה שְׁתֵּים עֶשְׂרֵה
3	שָׁלֹשׁ	שְׁלֹשׁ	שְׁלֹשָׁה	שְׁלֹשֶׁת	13	שְׁלֹשׁ עֶשְׂרֵה	שְׁלֹשָׁה עָשָׂר
4	אַרְבַּע		אַרְבָּעָה	אַרְבַּעַת	14	אַרְבַּע עֶשְׂרֵה	אַרְבָּעָה עָשָׂר
5	חָמֵשׁ	חֲמֵשׁ	חֲמִשָּׁה	חֲמֵשֶׁת	15	חֲמֵשׁ עֶשְׂרֵה	usw.
6	שֵׁשׁ		שִׁשָּׁה	שֵׁשֶׁת	16	שֵׁשׁ עֶשְׂרֵה	
7	שֶׁבַע	שְׁבַע	שִׁבְעָה		17	שְׁבַע עֶשְׂרֵה	
8	שְׁמֹנֶה		שְׁמֹנָה		18	שְׁמֹנֶה עֶשְׂרֵה	
9	תֵּשַׁע	תְּשַׁע	תִּשְׁעָה		19	תְּשַׁע עֶשְׂרֵה	
10	עֶשֶׂר		עֲשָׂרָה	עֲשֶׂרֶת	20	עֶשְׂרִים	

[1] Zum Genus der Zahlwörter in Verbindung mit dem Gezählten → § 47.2.

[2] Zahlwörter, deren st c gleich dem st a ist, werden nicht zweimal aufgeführt, auch nicht die üblichen femininen st c - Formen auf „at“.

22.2 Zehner, Hunderter, Tausender

10 bis 90		Hunderter		Tausender	
10	עֶשֶׂר	100	מֵאָה (st c מְאַת)	1000	אֶלֶף
20	עֶשְׂרִים	200	מָאתַיִם	2000	אַלְפַּיִם
30	שְׁלֹשִׁים	300	שְׁלֹשׁ מֵאוֹת	3000	שְׁלֹשֶׁת אֲלָפִים
40	אַרְבָּעִים	400	אַרְבַּע מֵאוֹת	4000	אַרְבַּעַת אֲלָפִים
50	חֲמִשִּׁים		usw.		usw.
60	שִׁשִּׁים				
70	שִׁבְעִים				
80	שְׁמֹנִים				
90	תִּשְׁעִים			10000	רְבָבָה, Plural רְבָבוֹת

22.3 Ordnungszahlen von 1 bis 10

1.	רִאשׁוֹן	6.	שִׁשִּׁי
2.	שֵׁנִי	7.	שְׁבִיעִי
3.	שְׁלִשִׁי	8.	שְׁמִינִי
4.	רְבִיעִי	9.	תְּשִׁיעִי
5.	חֲמִישִׁי	10.	עֲשִׂירִי

Feminine Ordnungszahlen haben die Endung ִית : שְׁלִישִׁית usw.

23 Analyseregeln für Nomen-Formen

23.1 Merkmale

Feminin-Zeichen

Das **Taw** (ת) ist im status constructus, vor Suffixen und vor dem He locale erhalten.

Dual und Plural

Gemeinsames Merkmal aller Suffixformen an Dual und Plural ist ein **Jod** (י) unmittelbar vor dem Suffix (➔ aber §§ 19 und 21).

Segolata

Wenn nach Abstreichen eines Suffixes oder des He locale eine Form mit **doppeltem Silbenschluß** (z.B. „malk“) übrig bleibt, handelt es sich um ein Segolatum.

23.2 Die Vokale der lexikalischen Form

veränderte Vokale

Wenn in Nomen-Formen die Stammvokale in entsprechender Entfernung von der Hauptton-silbe (➔ § 10) verändert sind, ist **meistens a**, seltener e wieder einzusetzen. z.B.:

דִּבְרֵיהֶם (דבר) von דָּבָר

זִקְנֵיהֶם (זקן) von זָקֵן

שִׁמְךָ (שם) von שֵׁם

Plurale

Plural-Formen vom Typ דְּבָרִים können grundsätzlich von Nomina mit **veränderlichen** Vokalen a oder e (דָּבָר) oder von **Segolaten** (דֶּבֶר) kommen.

Dagesch forte

Wenn in Formen mit Endungen der letzte Konsonant des Nomens **verdoppelt** erscheint (Dagesch forte ➔ § 20), steht in der endungslosen Form oft ein langer Vokal. Dabei wird i zu langem e, a zu langem a, u zu langem o,

z.B.: אִמּוֹתֵינוּ von אֵם : „unsere Mütter“

Einsilbige Nomina mit unveränderlichem langem a können **Partizipien** von Verben ‘Ajin-Waw (➔ § 41) sein.

z.B.: קָמֵיהֶם (קָם) von קום

24 Verben Allgemeines zur Formenbildung

24.1 Begriffe

Die **Wurzel** (hebr.: שֹׁרֶשׁ) ist die Einheit von (meist) **drei Konsonanten**, auf die man alle Wortformen gleicher oder ähnlicher **Bedeutung** reduzieren kann[1].

Der **Radikal** ist der **einzelne Konsonant** einer Wurzel (lat.: „radix").

Stamm nennt man eine Gruppe von Verbformen gleicher Bildungsweise, in der die **Grundbedeutung** einer Wurzel in bestimmter regelmäßiger Weise abgewandelt ist (➔ § 29)[2].

„Konjugationen", **„Stammesmodifikationen"** oder **„Binjanim"** (בִּנְיָנִים, Singular: בִּנְיָן) sind andere Fachwörter für die „Stämme" eines Verbs.

Der Grundstamm eines Verbs ist der, der die **einfache,** unmodifizierte **aktive** Bedeutung trägt, und wird „Qal" (hebr. קַל = „einfach") genannt.

---

[1] Wie alle botanischen Metaphern in der Sprachwissenschaft darf man auch den Begriff „Wurzel" nicht wörtlich verstehen: Es ist nicht so, dass alle konkreten Formen aus dieser Wurzel herausgewachsen sind. Vielmehr ist die Wurzel eine theoretisch erschlossene Größe, die in der sprachlichen Wirklichkeit nicht vorkommt.

[2] Der Begriff „Stamm" bezeichnet also in der hebräischen Grammatik etwas anderes als in der deutschen oder lateinischen Grammatik.

24.2 Formenbestand

Übersicht

	Perfektklasse		Imperfektklasse			
Personal-Formen	Afformativkonjugation (Perfekt)		Präformativkonjugation (Imperfekt)		Imperativ	
	sing	pl	sing	pl	sing	pl
	3 m[1] 3 f	3	3 m 3 f	3 m 3 f		
	2 m 2 f	2 m 2 f	2 m 2 f	2 m 2 f	2 m 2 f	2 m 2 f
	1	1	1	1		
Nominal-Formen	Partizipien Infinitive					

In jedem Stamm kommen Personalformen (finite Formen) und Nominalformen (infinite Formen) vor.

Personalformen

Die Personalformen sind unterschieden nach **Person,** Zahl (Numerus) und Geschlecht (Genus):

1. Person (Sprecher/in und sein/ihr Kreis): „ich / wir"
2. Person (der/die Angeredete/n): „du / ihr"
3. Person (wovon die Rede ist): „er / sie"[2]

Zahl (Numerus): Einzahl (Singular) und Mehrzahl (Plural)[3].

Geschlecht (Genus): männlich (maskulinum) oder weiblich (femininum)[4]

---

[1] In den Tabellen der Grammatik werden die Verbformen traditionell in der Reihenfolge: 3. - 2. - 1. Person aufgeführt, weil die Form der 3. Person maskulinum Singular immer die einfachste ist.

[2] Formen für ein Neutrum („es") werden im Hebräischen nicht unterschieden.

[3] Beim Verb kommt kein Dual vor. Nomina im Dual haben Verbformen im Plural bei sich (➔ § 44.6).

[4] Nur in der 2. und 3. Person werden maskuline und feminine Formen unterschieden.

Imperativ

Befehlsformen (Imperative) kommen nur in der **2. Person** vor.

Tempora

Es gibt zwei Konjugationssysteme, aus denen **vier Tempora** gebildet sind: Mit Nachsilben (Afformativen) gebildet sind die Formen der **Afformativ-Konjugation** (**AK**) in den beiden Tempora „Perfekt" und „Perfectum consecutivum" (➔ § 27). Vorwiegend mit Vorsilben (Präformativen) gebildet sind die Formen der **Präformativ-Konjugation** (**PK**) mit den beiden Tempora „Imperfekt" und „Imperfectum consecutivum"[1] oder „Narrativ" (➔ § 25).

Nominalformen

Nominalformen sind die Partizipien und die Infinitive.

Formen-Klassen

Innerhalb eines Stammes sind oft die Perfekt-Formen auf der einen Seite und die Imperfekt-Formen auf der anderen unterschiedlich gebildet; dies betrifft besonders die Vokalisation. Man unterscheidet dann Formen der **Perfekt-Klasse** und Formen der **Imperfekt-Klasse.** Imperative gehören in der Regel zur Imperfekt-Klasse. Nominalformen gehören teils dieser, teils jener Klasse an.

24.3 Starke und schwache Verben

Bei starken Verben sind in allen Formen alle **drei Radikale** als Konsonanten da.

Bei schwachen Verben sind **nicht in allen Formen** alle drei Radikale als Konsonanten erhalten (➔ §§ 35 - 40), oder die Wurzel besteht nur aus **zwei** Radikalen (➔ §§ 41 und 42).

Es werden verschiedene Klassen schwacher Verben unterschieden, je nachdem, welcher Radikal die Unregelmäßigkeit aufweist.

Zur Klassifizierung benutzt man die Radikale des Verbs פָּעַל **„tun":**

---

[1] Der Begriff „Tempus" und die Bezeichnungen „Perfekt" und „Imperfekt" sind traditionell und treffen die Funktionen der Verbformen im Text nicht genau, weil die Begriffe „Zeit" (lat.: tempus) sowie „vollendet" (lat.: perfectum) und „unvollendet" (lat.: imperfectum) den Gebrauch der Verbformen im Text nur unvollkommen beschreiben. Trotzdem werden sie in dieser Grammatik beibehalten, allerdings unter der methodischen Voraussetzung, dass man aus dem Namen für ein sprachliches Phänomen grundsätzlich keine ausreichende Erklärung für den Gebrauch dieses Phänomens entnehmen darf.

In der Hebräischen Grammatik von Bauer und Leander werden die Tempora „Nominal" (Perfekt) und „Aorist" (Imperfekt) genannt. In neueren Veröffentlichungen zur Hebräischen Grammatik liest man auch die Termini „Yiqtol" für „Imperfekt" und „Qatal" für „Perfekt" (Das sind die jeweiligen Formen der 3 m s ➔ §§ 25.3 und 27.3).

Klassifizierung

פ bedeutet: I. Radikal ist schwach (also nicht immer erhalten),

ע bedeutet: II. Radikal ist schwach,

ל bedeutet: III. Radikal ist schwach.

Zum Beispiel benennt der Name „Verben פ״נ“ (Pe-Nun) die Klasse von Verben, deren I. Radikal Nun nicht in allen Formen als Konsonant erhalten ist.[1]

24.4 Zitierweise

Im Lexikon wird jedes Verb als **Wurzel** zitiert. Es stehen in der Regel nur die drei Konsonanten, **ohne Vokale**, beieinander. Dies liest man so, dass man nach dem I. Radikal langes a, nach dem II. kurzes a spricht:

Wurzel

כָּתַב : כתב „kâtab“

Das ist **eigentlich** die Form der 3. Person maskulinum Singular des Perfekts im Grundstamm (Qal): **„Er hat geschrieben“**.[2]

Die deutsche Bedeutung der Wurzel steht im **Lexikon** aber im **Infinitiv**:

כתב „schreiben“.

Auch Verben, die im Grundstamm gar nicht vorkommen, werden doch auf dieselbe Weise als Wurzeln zitiert.

---

[1] Zu den Namen ע״וי und ע״ע ➔ § 41.1 und § 42.1, Anm.

[2] Eine Ausnahme ➔ § 41.1

25 Die Formen der Präformativkonjugation

25.1 Gebrauch

Die Formen der Präformativ-Konjugation (PK) sind in den Texten der Hebräischen Bibel die häufigsten (Verhältnis PK zur AK 3:2). Aus den Formen der Präformativ-Konjugation sind das Imperfekt und das Erzähltempus Imperfectum consecutivum (Narrativ ➔ § 25.4) gebildet. Auf Deutsch können wir Imperfekt meist mit Präsens, Imperfectum consecutivum meist mit Präteritum wiedergeben (Näheres ➔ § 48).

25.2 Formenbildung

Übersicht

Die Personalformen sind durch **Vorsilben** (Präformative), einige zusätzlich durch **Nachsilben** (Afformative) unterschieden. Die Afformative und die Konsonanten der Präformative sind in allen Stämmen gleich.

Verbformen werden in der **Reihenfolge**: 3. - 2. - 1. Person aufgeführt, weil die Form der 3. Person die einfachere ist[1].

Präformative

Präformative sind die Konsonanten:
Jod (י) für die **3. Person**,
Alef (א) und Nun (נ) für die **1. Person,**
Taw (ת) für alle **übrigen** Formen.

Afformative

Afformative: vokalisch: **i** (ִי) für **2. f s**, **u** (וּ) für die **maskulinen** und konsonantisch: נָה für die **femininen** Pluralformen[2].

fem	mask	Singular
••• ת	••• י	3.
ִי ••• ת	••• ת	2.
	••• א	1.
		Plural
נָה ••• ת	וּ ••• י	3.
נָה ••• ת	וּ ••• ת	2.
	••• נ	1.

[1] In dieser Grammatik sind Tabellen zudem von rechts nach links ausgerichtet, wenn die Reihenfolge hebräischer Sprachzeichen eine Rolle spielt.

[2] Die Herkunft der Prä- und Afformative von Pronomina ist (außer bei Jod) deutlich.

25.3 Die Formen im Grundstamm (Qal)

קטל	töten[1]
כבד	schwer sein

Merkmale

Charakteristisch sind: nur **ein** Vokal beim II. Radikal und eine **geschlossene Präformativsilbe** mit kurzem i oder (seltener) a.

Der Vokal beim II. Radikal (Imperfektvokal) ist **langes o** (gedehnt aus u) oder kurzes a. Der **Imperfektvokal a** kommt vor bei intransitiven Verben und bei Verben mit Gutturalen. **Imperfektvokal e** (gedehnt aus i) nur bei wenigen schwachen Verben (➔ §§ 36 und 38).

Der Vokal in der **Präformativsilbe** ist meist i, neben Gutturalen auch a oder ä.

Übersicht

Imperfektvokal a		Imperfektvokal o		
f	m	f	m	
תִּכְבַּד	יִכְבַּד	תִּקְטֹל	יִקְטֹל	3 s
תִּכְבְּדִי	תִּכְבַּד	תִּקְטְלִי	תִּקְטֹל	2 s
	אֶכְבַּד		אֶקְטֹל	1 s
תִּכְבַּדְנָה	יִכְבְּדוּ	תִּקְטֹלְנָה	יִקְטְלוּ	3 pl
תִּכְבַּדְנָה	תִּכְבְּדוּ	תִּקְטֹלְנָה	תִּקְטְלוּ	2 pl
	נִכְבַּד		נִקְטֹל	1 pl

---

[1] קטל ist das traditionelle Beispielverb. Wir folgen dem aus praktischen Gründen: Im Gegensatz zu כתב (in früheren Auflagen dieser Grammatik) braucht man nicht auf die BeGaDKeFaT - Konsonanten und auf die Dageschs zu achten. קטל bedeutet „töten", kommt aber nur viermal in der Bibel vor; es ist also nicht mehr als eine Chiffre für „das Verb". Wenn die Formenbeispiele aber übersetzt werden, dann dient כתב „schreiben" als Beispielverb.

Betonung

Der **Imperfektvokal u** ist in der Tonsilbe zu o **gedehnt**; a ist kurz erhalten. Das **konsonantische** Afformativ נָה ist **unbetont** angefügt. Vor den betont angefügten **vokalischen** Afformativen ִי und וּ ist der Imperfektvokal verflüchtigt. Der **Präformativvokal** ist in der 1. Person Singular vor dem Guttural א zu ä abgelautet.

25.4 Imperfectum consecutivum oder Narrativ

Narrativ

In biblischer Prosa ist Imperfectum consecutivum das **Erzähltempus** („Narrativ" von lat. narrare: erzählen). In deutschen Erzählungen entspricht dem meist das Präteritum.

In der Form des hebräischen Imperfectum consecutivum repräsentiert das Präfix „wa-" die Erzählfolge, die man in die deutsche Übersetzung mit folgernden Partikeln wie „da", „dann", „und", „dass" einbringen kann (Näheres zum Gebrauch ➔ § 48).

Formen

Vor die Imperfektform tritt das proklitische Element ־ַּו (Waw mit Patach und folgendem Dagesch forte: „Waw consecutivum"). Dies ist meist der einzige Unterschied zu Imperfektformen:

יִכְתֹּב er schreibt

וַיִּכְתֹּב und er schrieb

Vor dem א der 1. Person **Ersatzdehnung** (➔ § 9) des ־ַּו zu וָ: וָאֶכְתֹּב

Ausfall des **Dagesch forte** (➔ § 05.2) vor יְ: וַיְדַבֵּר

In endungslosen Formen des Imperfectum consecutivum[1] kann statt der letzten die **vorletzte Silbe betont** sein. Voraussetzung ist, dass die vorletzte Silbe offen und die letzte geschlossen ist.

Ein langer Vokal in der letzten Silbe erscheint dann gekürzt.

z.B.: Impf. יֵלֵ֫ךְ Impf cons. וַיֵּ֫לֶךְ

[1] In der 1. Person Singular kommt diese „Tonzurücknahme" nicht vor.

26 Weitere Personalformen der Imperfektklasse

26.1 Imperativ

Imperativ-Formen kommen nur in der 2. Person vor und sind nach Numerus (sing / plur) und Genus (m / f) unterschieden.

Imperativ-Formen haben die **Vokalisation** und die Afformative der **Imperfekt-Formen**, aber nicht deren Präformative[1].

Formen

Die **vokalischen Afformative** i (ִי) und u (וּ) sind **betont**, davor ist der Vokal der Stammsilbe verflüchtigt.

Beim I. Radikal entsteht dann eine geschlossene Silbe mit **kurzem i** (➔ § 10.4).

כְּבַד	קְטֹל	m s
כִּבְדִי	קִטְלִי	f s
כִּבְדוּ	קִטְלוּ	m pl
כְּבַדְנָה	קְטֹלְנָה	f pl

26.2 Modi

Im Lauf der Sprachentwicklung sind selbständige Modus-Formen (für Aufforderung, Wunsch usw.) weitgehend verlorengegangen. Ihre Funktionen haben im Biblischen Hebräisch andere sprachliche Mittel übernommen. Einzelheiten ➔ im § 51.

Reste solcher alter Modi sind noch erhalten, sie haben aber ihre Funktionen zum Teil eingebüßt (➔ §§ 32.2, 39.3, 41.3).

Jussiv

Formen der 2. und 3. Person des Imperfekts, mit denen eine **Aufforderung** ausgesprochen wird, bezeichnen hebräische Grammatiken herkömmlich als „**Jussiv**" (von lat. iubeo / iussi : „befehlen"), auch wenn sie formal nicht von „normalen" Imperfektformen unterschieden sind.

---

[1] Faustregel: Ipt gleich PK minus P.

In **dieser Grammatik** wird der Begriff „Jussiv“ nur dann gebraucht, wenn es sich wirklich um **eigene Formen** handelt (➔ § 32.2), bzw. wenn in der Syntax die auffordernde Rede-Absicht eines konkreten Satzes in einem konkreten Text gemeint ist (➔ § 51.4).

He cohortativum (Kohortativ)

Formen der 1. Person des Imperfekts können durch das Afformativ ָה („**He cohortativum**“ von lat.: cohortari : „ermuntern“) erweitert sein und so **Wunsch**, Wollen bzw. Selbstaufforderung ausdrücken:

אֶכְתֹּב	ich schreibe	אֶכְתְּבָה	ich möchte / will schreiben
נִכְתֹּב	wir schreiben	נִכְתְּבָה	wir wollen/wünschen zu schreiben / lasst uns schreiben!

He cohortativum ist **betont**, der Imperfektvokal ist verflüchtigt. Vereinzelt begegnet He cohortativum auch als Jussiv-Endung der **3. Person**. An **Narrativformen** ist eine kohortative Funktion nicht mehr erkennbar.

Imperativ mit He cohortativum

Die endungslose Form des **Imperativs** kann durch He cohortativum **verstärkt** sein[1]. Form: Das Afformativ ist betont, der Imperfektvokal verflüchtigt, in der ersten Silbe tritt ein kurzer Vokal auf (➔ § 10.4): i oder å.

קְטֹל > קִטְלָה

כְּבַד > כִּבְדָה

Nun paragogicum

Reste alter Modusformen sind die (immer betonten) **Endungen** ִין (2 f s) und וּן (3/2 m pl), die gelegentlich statt der üblichen vokalischen Afformative ִי und וּ gebraucht werden (Nun paragogicum von griech. paragogé: „Endung“). Oft ist vor solchen Endungen der Imperfektvokal erhalten: Besondere Funktionen sind jedoch nicht mehr zu erkennen.

יִקְטֹלוּן, oder תִּקְטְלִין

auch תִּקְטֹלוּן

---

[1] In dieser Position nennt man das He auch „He adhortativum“.

27 Die Formen der Afformativ-Konjugation

27.1 Gebrauch

Aus den Formen der Afformativ-Konjugation (AK) sind zwei Tempora gebildet: Das Perfekt ist ein Vergangenheitstempus in Erzählungs- und anderen Texten, das Perfectum consecutivum ist kein Vergangenheits-Tempus und begegnet vor allem in besprechenden Texten. Deutsche Äquivalente kann man nicht pauschal angeben. Sie sind vom Kontext abhängig (➔ § 48).

27.2 Formenbildung

Die Personalformen sind durch angefügte Endungen (Afformative) unterschieden. Nur die Form der 3. Person, maskulinum, Singular (3 m s) bleibt ohne Endung. Die Afformative sind teils vom Personalpronomen[1], teils von Nomen-Endungen hergeleitet.

fem	mask	
ָה ••• ַת ••• [2]	•••	3 s
תְּ •••	תָּ •••	2
	תִּי •••	1
	וּ •••	3 pl
תֶּן •••	תֶּם •••	2
	נוּ •••	1

[1] Das ist überall deutlich zu erkennen; bei תִּי < אָנֹכִי liegt ein Lautwandel k > t vor.

[2] ַת vor Suffixen ➔ § 33.4 und bei schwachen Verben Lamed-He ➔ § 39.2.

27.3 Die Formen im Grundstamm (Qal)

קָטַל	töten
יָכֹל	können
זָקֵן	alt sein

Übersicht

Typ Qatel (mediae e)	Typ Qatol (mediae o) f	Typ Qatol (mediae o) m	Typ Qatal (mediae a) f	Typ Qatal (mediae a) m	
זָקֵן	יָֽכְלָה	יָכֹל	קָֽטְלָה[1]	קָטַל	3 s
usw.	יָכֹלְתְּ	יָכֹלְתָּ	קָטַלְתְּ	קָטַלְתָּ	2 s
wie		יָכֹלְתִּי		קָטַלְתִּי	1 s
קָטַל		יָֽכְלוּ		קָֽטְלוּ[2]	3 pl
	יְכָלְתֶּן	יְכָלְתֶּם	קְטַלְתֶּן	קְטַלְתֶּם	2 pl
		יָכֹלְנוּ		קָטַלְנוּ	1 pl

Vokale

Charakteristisch für das Qal ist das **lange a** (Vorton-Qámes ➔ § 10.1) **beim I. Radikal**, das in den meisten Formen auftritt.

Beim II. Radikal steht kurzes a (Verben mediae a: קָטַל), langes e (Verben mediae e: זָקֵן) oder langes o (Verben mediae o: יָכֹל)[3].

---

[1] und [2] Qámes und Meteg vor Qof kann das Computerprogramm nicht schreiben. Das Qámes hier und in der 3. Person Plural bezeichnet langes â (qâteláh - qâtelú).

[3] Es sind die kurzen Grundvokale (➔ § 02.2) a, i (gedehnt zu ê) und u (gedehnt zu ô).

Die Betonungsstelle beeinflusst die Vokalisation im einzelnen (➔ grundsätzlich § 10):

Betonung

Betont sind die konsonantischen **Afformative תֶּם und תֶּן;** dann ist das lange a in der ersten Silbe verflüchtigt. (Beispiele ➔ Tabelle § 27.3). Sonst ist es erhalten: Die anderen konsonantischen Afformative bleiben unbetont. Die **vokalischen Afformative** ָה und וּ sind zwar **betont**, doch wird das **lange a** beim I. Radikal durch ein Meteg **erhalten**, der zweite Vokal verflüchtigt. In Pausa-Formen kann der Vokal vor einem vokalischen Afformativ auch betont und gedehnt sein: z.B. קָטָ֫לָה.

Besonderheit der Verben **mediae e:** Das e tritt nur in der Form der **3. Person maskulinum** Singular und in Pausa-Formen auf, sonst gleichen die Formen denen von קָטַל.

Besonderheit der Verben **mediae o:** Vor einem betonten konsonantischen Afformativ (תֶּם und תֶּן) wird das **o** der zweiten Silbe **zu å** gekürzt.

27.4 Das Perfectum consecutivum

כָּתַב „er hat geschrieben“

וְכָתַב „und er schreibt“
„dann wird / soll er schreiben“

Gebrauch

Durch eine kleine **proklitische Vorsilbe,** וְ, wird aus dem (vorwiegend rückschauenden) Tempus „Perfekt“ ein **gegensätzlich gerichtetes**, vorwiegend vorausschauendes Tempus, das „Perfectum consecutivum“, auch „Konsekutivperfekt“ oder „Waw-AK“ genannt.

Form

Im Perfectum consecutivum sind die **Afformative** תִּי und תָּ oft **betont**, dann ist aber der lange Vokal in der ersten Silbe erhalten (Meteg):

וְכָֽתַבְתִּ֫י

וְכָֽתַבְתָּ֫

28 Nominalformen des Verbs

28.1 Infinitive

Das hebräische Verb hat in allen Stämmen zwei Infinitiv-Formen: den infinitivus absolutus (inf a) und den infinitivus constructus (inf c). Um die unhandlichen lateinischen Ausdrücke zu vermeiden, wird in dieser Grammatik der infinitivus constructus einfach als „Infinitiv“ bezeichnet, der infinitivus absolutus als „absoluter Infinitiv“[1].

Absoluter Infinitiv

Der absolute Infinitiv steht im Satz **isoliert** (lat. absolutus = losgelöst), kann nicht mit Suffixen und Präpositionen verbunden werden und bringt **nur die Verbbedeutung** in den Satz ein (Einzelheiten zum Gebrauch ➔ §§ 49.2 und 50.4).

Die Form gehört im Qal zur **Perfektklasse** (➔ § 24.2); Die Vokale sind unveränderlich.

קָטֹל

Infinitiv (infinitivus constructus)

Der Infinitiv (inf c) wird ähnlich gebraucht wie im Deutschen und Englischen. Einzelheiten ➔ in den §§ 12 und 33 (Präpositionen und Suffixe) sowie in § 49.3 und § 50.5 (Syntax).

Die Formen gehören im Qal zur **Imperfektklasse** (➔ § 24.2): Beim I. Radikal steht Schwa mobile, beim II. der Imperfektvokal o (gedehnt < u), auch bei Verben mit dem Imperfektvokal a[2]:

Zuweilen werden Infinitiv-Formen mit einer **Feminin-Endung** gebildet:

Bei einigen schwachen Verben kommt auch eine **Infinitiv-Endung** ת vor (➔ §§ 36, 38 und 39).

קְטֹל		יִקְטֹל
כְּבֹד		יִכְבַּד
יִרְאָה	ירא	„fürchten“
אַהֲבָה	אהב	„lieben“
לֶכֶת	הלך	„gehen“

---

[1] auch abgekürzt: „inf c“ und „inf a“.

[2] Gelegentlich kommen auch Infinitiv-Formen mit a vor. Vielfach sind also Infinitiv und Imperativ (m s) gleich.

28.2 Partizipien

Partizipien können die Funktionen aller nominalen Satzglieder wahrnehmen. Häufig kommen sie als Prädikate in Nominalsätzen vor (Einzelheiten ➔ § 49). Im Grundstamm (Qal) gibt es ein aktives und ein passives Partizip. Beide werden der Perfektklasse zugeordnet.

Formen - Übersicht

mediae e	mediae o	mediae a fem	mediae a mask	
זָקֵן	יָכֹל	קֹטְלָה	קֹטֵל	Ptz aktiv
		קֹטֶלֶת		
		קֹטְלוֹת	קֹטְלִים	
			קֹטְלֵי	
-	-	קְטוּלָה	קָטוּל	Ptz passiv[1]

Die Formen des Partizips Aktiv

Bei den Verben mediae a hat das Partizip **unveränderliches o** in der ersten und veränderliches e in der zweiten Silbe : קֹטֵל

Bei den Verben mediae **e** und **o** ist die Form des Partizips **gleich** der **3. Person** maskulinum Singular Perfekt Qal: Die anderen Formen sind so gebildet wie sonstige Nomina mit veränderlichen Vokalen (➔ § 17).

Neben der Feminin-Endung הָ / תַ (➔ § 16.2) kommt bei manchen Partizipien im Singular die **Feminin-Endung** ת vor, die ohne Vokal angefügt ist. Dabei ergeben sich **Segolat**-Formen (➔ § 18).

Die Formen des Partizips Passiv

Das Passiv-Partizip hat **Vorton-Qámes** in der ersten Silbe, unveränderliches **langes u** in der zweiten: קָטוּל

(Formenbildung wie sonstige Nomina ➔ § 17).

---

[1] Verben mediae e und o sind meist intransitiv, haben also kein Passiv.

29 Die abgeleiteten Stämme des Verbs

29.1 Funktion

Durch regelmäßige formale Veränderungen des Grundstamms kann die Bedeutung eines Verbs abgewandelt werden[1].

Sieben abgeleitete Stämme (Stammes-Modifikationen, **Binjanim**, Konjugationen) werden am häufigsten gebraucht. Auf Stämme, die nur vereinzelt vorkommen, wird von Fall zu Fall hingewiesen (➔ z.B. §§ 39.6, 41.8, 42.8).

Nicht von jeder Wurzel sind alle sieben Stämme zu belegen. Darüber gibt jeweils das **Lexikon** Auskunft. Grundsätzlich können in jedem Stamm **alle Verbformen** vorkommen. Die **Passiv-Stämme** Pu'al und Hof'al haben **keine Imperative**.

29.2 Übersicht

Namen	Grund-stamm	N-Stamm	Doppelungsstämme (Intensivstämme[2])			Kausativstämme (H-Stämme)	
	Qal	Nif'al	Pi'el	Pu'al	Hitpa'el	Hif'il	Hof'al
Formen	קַל	נִפְעַל	פִּעֵל	פֻּעַל	הִתְפַּעֵל	הִפְעִיל	הָפְעַל
	קָטַל	נִקְטַל	קִטֵּל	קֻטַּל	הִתְקַטֵּל	הִקְטִיל	הָקְטַל
	יִקְטֹל[3]	יִקָּטֵל	יְקַטֵּל	יְקֻטַּל	יִתְקַטֵּל	יַקְטִיל	יָקְטַל
Bedeutungen	aktiv	passiv, reflexiv	faktitiv, resultativ	passiv zu Pi'el	reflexiv zu Pi'el	kausativ	passiv zu Hif'il.

---

[1] Ähnlich im Deutschen: essen / fressen, schneiden / schnitzen, fahren / führen / gefährden.

[2] Alte Bezeichnung, als man die „intensive" Bedeutung für vorherrschend hielt.

[3] Imperfekt-Formen hier nur der Vollständigkeit halber; im einzelnen ➔ §§ 30 - 32.

29.3 Die Namen der Stämme

Der Grundstamm heißt Qal (hebr. קַל „einfach"). Die Namen der übrigen Stämme sind von dem Verb פעל „tun" hergeleitet: Als **Name** dient die Form von פעל in der **3 m s AK** des betreffenden Stammes.

Nif'al

Nif'al - נִפְעַל :

Das Präfix נִ (< na) bildet mit dem I. Radikal eine geschlossene Silbe.

נִקְטַל

Gemeinsames Merkmal der **Doppelungsstämme** ist die Verdoppelung des mittleren Radikals durch **Dagesch forte**[1].

Pi'el

Pi'el - פִּעֵל[2]

Im Perfekt Pi'el steht in der geschärften Silbe **i.** Der zweite Vokal e ist veränderlich.

קִטֵּל

Pu'al

Pu'al - פֻּעַל

hat in der geschärften Silbe das für Passivformen charakteristische **u**.

קֻטַּל

Hitpa'el

Hitpa'el - הִתְפַּעֵל

Merkmal ist die Vorsilbe הִתְ.

הִתְקַטֵּל

Gemeinsames Merkmal der **Kausativstämme** (H-Stämme) ist der **Präfix-Konsonant He (ה)**.

Hif'il

Hif'il - הִפְעִיל

Präformativvokal in AK i (< a), **langes i** beim II. Radikal, das aber nicht überall erhalten ist.

הִקְטִיל

---

[1] Vereinzelt werden Doppelungsstämme anders gebildet, z.B. als „Pilpel" (= Wiederholung beider Radikale) von dem Verb כּוּל : כִּלְכֵּל.

[2] Bei פעל ist die Verdoppelung wegen des Gutturals ע nicht zu erkennen.

Hof'al

Hof'al - הָפְעַל

Präformativvokal **u** oder å (**Passivzeichen**)

הָקְטַל oder הֻקְטַל

29.4 Die Bedeutungen der Stämme

Es können nur grobe Richtwerte angegeben werden. Im **Einzelfall gibt das Lexikon** Auskunft.

Im Grundstamm **Qal** hat das Verb seine **einfache**, unmodifizierte aktive Bedeutung[1].

Nif'al

Das **Nif'al** ist Reflexivum oder Passiv zum Qal:

Qal	שָׁמַר : hüten	Ni	נִשְׁמַר : sich hüten, behütet sein / werden

Pi'el

Von den Doppelungsstämmen hat das **Pi'el** die aktive Bedeutung. Es wird heute bestritten, dass die intensive Bedeutung die vorherrschende sei, z.B.:

Qal	קָבַר : begraben	Pi	קִבֵּר : viele begraben

Viel häufiger ist die **faktitive** Bedeutung (lat. facere : machen): etwas / jemanden zu etwas machen, z.B.:

Qal	גָּדַל : groß sein	Pi	גִּדֵּל : groß machen
	שָׁבַר : zerbrechen (etwas geht entzwei)		שִׁבֵּר : in Stücke schlagen

In dieser Bedeutung berührt sich das Pi'el mit dem Hif'il (s.u.). Faustregel: Bei intransitivem Qal ist **Pi'el etwa gleich Hif'il**; bei transitivem Qal ist **Pi'el etwa gleich Qal**. Anders als beim Hif'il kommt es beim Pi'el weniger auf den Handelnden als auf das **Resultat** der Handlung an.

[1] Reste eines Passiv Qal haben sich bei einigen wenigen Verben erhalten (➔ § 36.4).

Das **Pu‘al** ist Passiv zum Pi‘el:

Pi	גִּנֵּב : stehlen	Pu	גֻּנַּב : gestohlen werden

Das **Hitpa‘el** ist vorwiegend **Reflexiv** zum Pi‘el:

Pi	הִלֵּל : rühmen	Hitp	הִתְהַלֵּל : sich rühmen

Hif‘il

Von den Kausativstämmen bietet das **Hif‘il** die **aktive kausative** Bedeutung (jemanden zu einem Tun oder Werden veranlassen) z.B.:

Qal	אָבַד : untergehen	Hi	הֶאֱבִיד : zugrunde richten
Qal	לָבֵשׁ : anziehen	Hi	הִלְבִּישׁ : bekleiden mit (veranlassen, dass jemand etwas anzieht)

Das **Hof‘al** ist **Passiv** zum Hif‘il:

Hi	הִשְׁלִיךְ : hinwerfen	Ho	הָשְׁלַךְ : hingeworfen sein

30 Die Formen des Nif‘al

30.1 Übersicht

Nif‘al PK f	m	Nif‘al AK f	m	
תִּקָּטֵל	יִקָּטֵל	נִקְטְלָה	נִקְטַל	3 s
תִּקָּטְלִי	תִּקָּטֵל	נִקְטַלְתְּ	נִקְטַ֫לְתָּ	2 s
	אֶקָּטֵל		נִקְטַ֫לְתִּי	1 s
תִּקָּטַ֫לְנָה	יִקָּטְלוּ		נִקְטְלוּ	3 pl
תִּקָּטַ֫לְנָה	תִּקָּטְלוּ	נִקְטַלְתֶּן	נִקְטַלְתֶּם	2 pl
	נִקָּטֵל		נִקְטַ֫לְנוּ	1 pl
	וַיִּקָּטֵל [וַיִּלָּ֫חֶם]			Narrativ
	וָאֶקָּטֵל			Narr. 1 s
הִקָּטְלִי	הִקָּטֵל			Ipt s
הִקָּטַ֫לְנָה	הִקָּטְלוּ			pl
	הִקָּטֵל			inf c
[נִקְטֹל]	הִקָּטֹל			inf a
		נִקְטָלָה	נִקְטָל	Partizip

30.2 Afformativ-Konjugation

Präfix „ni"

Das Stammesmerkmal, das **Präfix** נִ (aus „na" ➔ § 10.4), bildet mit dem I. Radikal eine geschlossene Silbe. Es ist in allen Perfektformen unverändert.

Das a beim II. Radikal ist wie im Qal vor konsonantischem Afformativ erhalten, vor vokalischem Afformativ verflüchtigt.

30.3 Präformativ-Konjugation

In den Formen der Imperfektklasse ist das **Nun** des Präfixes dem I. Radikal **assimiliert**. Nach dem verdoppelten I. Radikal steht langes â.

Imperfekt

In den Imperfekt-Formen ist die **typische Vokalfolge**: i[1] - â - ê. Das e ist vor konsonantischem Afformativ zu a abgelautet, vor vokalischem Afformativ verflüchtigt. In endungslosen Formen des Narrativs (impf cons) kann bei einigen Verben die vorletzte Silbe betont sein (➔ § 25.4).

Imperativ

Im Imperativ steht ein Präfix הִ[2]; Vokalisation wie im Imperfekt.

30.4 Nominalformen

Partizip

Das Partizip Nif'al gehört zur **Perfektklasse**. Es ist ähnlich der Form der 3 ms Perf, nur dass das **a lang** ist (Vortonqames): נִקְטְלֵי נִקְטָלִים נִקְטָל.

Infinitive

Der Infinitiv (inf c) gehört zur **Imperfektklasse**. Er ist gleich dem Imperativ (m s): הִקָּטֵל.
Nach Präpositionen kann ה ausfallen: לְקָטֵל = הִקָּטֵל + לְ (ähnlich wie im Hif'il ➔ § 32).

Absoluter Infinitiv

Vom absoluten Infinitiv kommen **zwei Formen** vor, eine nach der AK, eine nach der PK gebildet: נִקְטֹל und הִקָּטֹל. Drittens wird auch der **Infinitiv als absoluter Infinitiv** gebraucht.

---

[1] Nach dem Alef (א) der 1. Person auch ä: אֶקָּטֵל ➔ § 25.3.

[2] Es könnte das Nif'al-Präfix ursprünglich הִן gelautet haben. Das He (ה) wäre dann nach Präformativ-Konsonanten ausgefallen (ähnlich wie beim Artikel oder im Hif'il ➔ § 32.2) , im Anlaut erhalten, das Nun (נ) immer assimiliert. Es könnte auch das He nur der besseren Aussprache der präformativlosen Form dienen.

31 Die Formen der Doppelungsstämme

31.1 Übersicht

	Hitpa‘el		Pu‘al		Pi‘el		
	f	m	f	m	f	m	
Afformativ-Konjugation	הִתְקַטְּלָה	הִתְקַטֵּל	קֻטְּלָה	קֻטַּל	קִטְּלָה	קִטֵּל	3 s AK
	הִתְקַטַּלְתְּ	הִתְקַטַּלְתָּ	קֻטַּלְתְּ	קֻטַּלְתָּ	קִטַּלְתְּ	קִטַּלְתָּ	2 s
		הִתְקַטַּלְתִּי		קֻטַּלְתִּי		קִטַּלְתִּי	1 s
		הִתְקַטְּלוּ		קֻטְּלוּ		קִטְּלוּ	3 pl
	הִתְקַטַּלְתֶּן	הִתְקַטַּלְתֶּם	קֻטַּלְתֶּן	קֻטַּלְתֶּם	קִטַּלְתֶּן	קִטַּלְתֶּם	2 pl
		הִתְקַטַּלְנוּ		קֻטַּלְנוּ		קִטַּלְנוּ	1 pl
Präformativ-Konjugation	תִּתְקַטֵּל	יִתְקַטֵּל	תְּקֻטַּל	יְקֻטַּל	תְּקַטֵּל	יְקַטֵּל	3 s PK
	תִּתְקַטְּלִי	תִּתְקַטֵּל	תְּקֻטְּלִי	תְּקֻטַּל	תְּקַטְּלִי	תְּקַטֵּל	2 s
		אֶתְקַטֵּל		אֲקֻטַּל		אֲקַטֵּל	1 s
	תִּתְקַטַּלְנָה	יִתְקַטְּלוּ	תְּקֻטַּלְנָה	יְקֻטְּלוּ	תְּקַטֵּלְנָה	יְקַטְּלוּ	3 pl
	תִּתְקַטַּלְנָה	תִּתְקַטְּלוּ	תְּקֻטַּלְנָה	תְּקֻטְּלוּ	תְּקַטֵּלְנָה	תְּקַטְּלוּ	2 pl
		נִתְקַטֵּל		נְקֻטַּל		נְקַטֵּל	1 pl
		וַיִּתְקַטֵּל		וַיְקֻטַּל		וַיְקַטֵּל	Narrativ
	(Fortsetzung nächste Seite)					וָאֲקַטֵּל	1 s

Imperativ

Nominalformen

Hitpa'el f	Hitpa'el m	Pu'al f	Pu'al m	Pi'el f	Pi'el m	
הִתְקַטְּלִי	הִתְקַטֵּל			קַטְּלִי	קַטֵּל	Ipt s
הִתְקַטֵּלְנָה	הִתְקַטְּלוּ			קַטֵּלְנָה	קַטְּלוּ	Ipt pl
	הִתְקַטֵּל				קַטֵּל	inf c
	הִתְקַטֵּל				קַטֹּל	inf a
מִתְקַטְּלָה	מִתְקַטֵּל	מְקֻטָּלָה	מְקֻטָּל	מְקַטְּלָה	מְקַטֵּל	Partizip
				מְקַטֶּלֶת		

31.2 Gemeinsame Merkmale

Dagesch forte

In allen Formen der Doppelungsstämme ist der **mittlere** Radikal **verdoppelt** (Dagesch forte). Die Vokale in den geschärften Silben (also vor dem verdoppelten Konsonanten) bleiben im Zuge der Formenbildung unverändert.

Die Verdoppelung unterbleibt, wenn der mittlere Radikal ein **Guttural** oder ein **Resch** ist (➔ §§ 9 und 34).

Das Dagesch forte kann **ausfallen**, wenn der mittlere Radikal nicht zur Gruppe der BeGaD-KeFaT gehört und ein Schwa bei sich hat (➔ § 05.2).

Der Vokal nach dem II. Radikal ist e oder a und vor vokalischen Afformativen verflüchtigt.

31.3 Pi'el

AK

Nur die **Perfektformen** gehören zur Perfektklasse. Sie sind gebildet nach dem Muster קִטֵּל: Der zweite Vokal ist nur in der 3. Person maskulinum, Singular ein e[1], sonst ein kurzes a. Der zweite Vokal ist vor vokalischen Afformativen verflüchtigt.

---

[1] Bei drei Verben erscheint in der 3.ms ä: דִּבֶּר „reden", כִּפֶּר „sühnen", כִּבֶּס „waschen".

PK

Die Präformativ-Formen haben die Vokalfolge: **Schwa - a - e**. Das e beim II. Radikal ist vor konsonantischen Afformativen erhalten, vor vokalischen Afformativen verflüchtigt. Im Präformativ der 1. Person Singular steht **Schwa compositum** (Chatéf-Pátach)[1]. Der Imperativ ist gleich der **PK ohne P**: קַטֵּל.

Nominalformen

Die **Partizipien** des Pi'el wie aller Doppelungsstämme gehören zur Imperfekt-Klasse und haben ein Mem (מְ) als Präformativ.

Der **Infinitiv** (inf c) lautet dem Imperativ (m s) gleich. Gelegentlich wird die Form des Inf c auch als absoluter Infinitiv (inf a) gebraucht. Es kommt auch die Form קַטֹּל als inf a vor.

31.4 Pu‘al

Perfekt- und Imperfektklasse sind in der Vokalisation nicht unterschieden. Alle Formen sind nach dem **Muster** קֻטַּל gebildet.

Das a beim II. Radikal ist vor vokalischen Afformativen verflüchtigt. Als Passiv-Stamm hat das Pu‘al **keinen Imperativ**. Das **Partizip** Pu‘al hat beim II. Radikal langes a, das bei weiterrückendem Ton als **Vorton-Qámes** behandelt ist: מְקֻטָּל - מְקֻטָּלִים - מְקֻטְּלֵי. Weitere Nominalformen kommen im Pu‘al nicht vor[2].

31.5 Hitpa‘el

Perfekt- und Imperfektklasse sind in der Vokalisation nicht unterschieden. Alle Formen sind nach dem Muster הִתְקַטֵּל gebildet.

Perfekt

Im Perfekt lautet das Präfix הִתְ. Der Vokal beim II. Radikal ist e oder a und wird vor vokalischen Afformativen verflüchtigt.

Ist der I. Radikal ein **Dental** (ד, ט, ת), wird das ת des Präfixes **assimiliert** (Dagesch forte).

דבר	הִדַּבֵּר

[1] Narrativ 1. s וָאֲקַטֵּל (Ersatzdehnung → § 09.2); Imperfekt mit einfachem (copulativem) Waw: וַאֲקַטֵּל (Silbenaufsprengung → § 09.3).

[2] außer einem inf a von גנב : גֻּנֹּב.

Wenn der I. Radikal ein **Zischlaut** ist (ז, ס, צ, שׁ), tritt das ת des Präfixes hinter den I. Radikal (Metathesis oder **transpositio** - gr./lat. „Umstellung").[1]

הִשְׁתַּמֵּר	שׁמר

Imperfekt-Klasse

Im Imperfekt und im Partizip bilden die Präformativ-Konsonanten mit dem ת des Präfixes zusammen die Präformative, das ה fällt weg, z.B.: יִתְקַטֵּל, מִתְקַטֵּל. Der Vokal nach dem II. Radikal, e oder a, ist vor vokalischen Afformativen verflüchtigt. Imperativ (m s) und beide Infinitive lauten gleich: הִתְקַטֵּל oder הִתְקַטַּל.

[1] Ein einziges Mal kommt eine solche Umstellung bei צ vor (Gen 44,16), und dabei wird auch noch das ת zu ט: צדק Hitp: נִצְטַדֵּק „wir rechtfertigen uns".

32 Die Formen der Kausativstämme

32.1 Übersicht

	Hof'al		Hif'il		
	f	m	f	m	
Afformativ-Konjugation	הָקְטְלָה	הָקְטַל [הֻקְטַל]	הִקְטִ֫ילָה	הִקְטִיל	3 s Perfekt
	הָקְטַ֫לְתְּ	הָקְטַ֫לְתָּ	הִקְטַלְתְּ	הִקְטַ֫לְתָּ	2 s
		הָקְטַ֫לְתִּי		הִקְטַ֫לְתִּי	1 s
		הָקְטְלוּ		הִקְטִ֫ילוּ	3 pl
	הָקְטַלְתֶּן	הָקְטַלְתֶּם	הִקְטַלְתֶּן	הִקְטַלְתֶּם	2 pl
		הָקְטַ֫לְנוּ		הִקְטַ֫לְנוּ	1 pl
Präformativ-Konjugation	תָּקְטַל	יָקְטַל	תַּקְטִיל	יַקְטִיל	3 s Imperfekt
	תָּקְטְלִי	תָּקְטַל	תַּקְטִ֫ילִי	תַּקְטִיל	2 s
		אָקְטַל		אַקְטִיל	1 s
	תָּקְטַ֫לְנָה	יָקְטְלוּ	תַּקְטֵ֫לְנָה	יַקְטִ֫ילוּ	3 pl
	תָּקְטַ֫לְנָה	תָּקְטְלוּ	תַּקְטֵ֫לְנָה	תַּקְטִ֫ילוּ	2 pl
		נָקְטַל		נַקְטִיל	1 pl

Fortsetzung der Tabelle auf der nächsten Seite

	Hof'al f	Hof'al m	Hif'il f	Hif'il m		
Kurzformen				יַקְטֵל	3 s	Kurzform (Jussiv)
		וַיָּקְטַל		וַיַּקְטֵל	3 s	Narrativ
Imperativ		-	הַקְטִ֫ילִי	הַקְטֵל		Ipt s
			הַקְטֵ֫לְנָה	הַקְטִ֫ילוּ		Ipt pl
Nominalformen		-		הַקְטִיל		Infinitiv
		הָקְטֵל		הַקְטֵל		inf a
	מָקְטָ֫לָה	מָקְטָל	מַקְטִ֫ילָה	מַקְטִיל		Partizip

Gemeinsame Merkmale

Die meisten Formen sind mit dem **Präfix** ה gebildet. Nach anderen Präformativ-Konsonanten (PK und Partizip) fällt das ה weg. Die **Partizipien** haben das **Präformativ** מַ.

32.2 Hif'il

Im Hif'il sind **vokalische** Afformative **überall unbetont** angefügt; darum ist das charakteristische lange i beim II. Radikal ist in sehr vielen Formen erhalten.

AK

Zur **Perfekt-Klasse** des Hif'il gehören nur die Perfektformen. In der Präformativsilbe der AK Hif'il steht kurzes i (< a). Als zweiter Stammvokal steht **langes î**, vor konsonantischen Afformativen gekürzt als kurzes a[1].

PK

In der **Präformativsilbe**[2] der **PK** Hif'il steht **kurzes a**, auch im Imperativ. Als zweiter Stammvokal steht langes i, vor dem konsonantischen Afformativ נָה auch langes e[1].

---

[1] Zur Perfektklasse gehören nur die Personalformen des Perfekts, nicht die Partizipien.

[2] Eigentlich müsste man zwischen „Präformativ" (für das Subjektsmerkmal) und „Präfix" (für das Stammesmerkmal) unterscheiden. Das geschieht auch, wo immer es problemlos möglich ist. Bei dem Begriff „Präformativsilbe" ist es praktischer, auf die Unterscheidung zu verzichten.

In endungslosen Imperfekt-Formen der 2. und 3. Person treten sogenannte **Kurzformen** oder

Kurzformen

Jussiv-Formen auf[2]. In ihnen ist der zweite Stammvokal **nicht i, sondern e**: יַקְטֵל - יַקְטִיל.

Auch in den entsprechenden Formen des **Imperfectum consecutivum** steht **e**, ebenso im **Imperativ** (m s).

Nominalformen

Das Partizip Hif'il hat das Präformativ מַ, Infinitive sind: הַקְטִיל (inf c)[3] und הַקְטֵל (inf a).

32.3 Hof'al

Alle Formen des Hof'al sind nach dem Muster הָקְטַל gebildet (mit Qámes chatuf å in der Präformativsilbe). Im Präformativ kann das **kurze u** erhalten sein (הֻקְטַל).

Im **Partizip Hof'al** steht wie bei den Partizipien des Nif'al und Pu'al langes a als **Vorton-Qámes** (➔ § 10.4).

Von den Infinitiven kommt beim starken Verb nur der absolute vor. Imperative hat der Passivstamm nicht.

---

[1] Das ursprünglich kurze i ist regelmäßig zu e gedehnt. Die im Hif'il vorherrschende Dehnung zu langem i ist sonst nicht üblich.

[2] Grundsätzlich und für alle Verben gilt: Wenn in endungslosen PK-Formen i oder u in der Tonsilbe steht, dann kann es daneben Kurzformen (oder Jussiv-Formen) mit e oder o geben (➔ § 41.3).

[3] Anlautendes He kann nach Präpositionen ausfallen: הַקְטִיל + לְ > לַקְטִיל (ähnlich wie beim Artikel (➔ § 12.3) oder beim inf Nif'al (➔ § 30.4).

32.4 Analysemerkmale aller Stämme

Tabelle

	Qal	Nif‘al	Pi‘el	Pu‘al	Hitpa‘el	Hif‘il	Hof‘al
AK	קָטַל	נִקְטַל	קִטֵּל	קֻטַּל	הִתְקַטֵּל	הִקְטִיל	הָקְטַל
PK	יִקְטֹל	יִקָּטֵל	יְקַטֵּל	יְקֻטַּל	יִתְקַטֵּל	יַקְטִיל	יָקְטַל

Merkmale

Die AK-Formen (außer Qal) lauten wie die **Namen** der Stämme.

PK-Qal-Formen sind unverwechselbar, ebenso alle Pu‘al-, Hitpa‘el-, Hof‘al-Formen.

Nur für **PK-Hif‘il**, **-Nif‘al** und **-Pi‘el** (in dieser alphabetischen Reihenfolge) muss man sich merken:

1.	Hif‘il	**1 Merkmal:**	Geschlossene Präformativsilbe mit **kurzem a**.
2.	Nif‘al	**2 Merkmale:**	I. Radikal **verdoppelt**,
			danach **langes a**,
3.	Pi‘el	**3 Merkmale:**	Präformativ **Schwa**,
			I. Radikal mit **kurzem a**,
			II. Radikal **verdoppelt**.

33 Verbformen mit Suffixen

33.1 Gebrauch

Suffixe an finiten Verbformen bezeichnen das (Akkusativ-) Objekt. Darum kommen sie nur bei transitiven Verben vor, also auch nur in den transitiven Stämmen Qal, Pi'el und Hif'il [1].

Suffixe am Verb können sich nicht auf das Subjekt desselben Satzes zurückbeziehen (reflexiv). Darum kommen Suffixe der 1. und 2. Person nicht an Verbformen der 1. bzw. 2. Person vor. Reflexive Beziehungen werden durch die reflexiven Stämme Nif'al und Hitpa'el ausgedrückt.

33.2 Formen

Die Formen der Suffixe sind grundsätzlich an Nomen, Partikel und Verb **dieselben** (§ ➔ 11).

Übersicht

Singular	1.	2. m	2. f	3. m[2]	3. f
	נִי	ךָ	ךְ	הוּ oder וֹ oder יו	הָ oder הּ
Plural	נוּ	כֶם	-	ם	ן

Bindevokale

Zwischen einer auf einen Konsonanten endenden Verbform und einem mit einem Konsonanten beginnenden Suffix wird ein **Bindevokal** eingefügt. Bindevokale sind: **im Perfekt a**, in den Formen der **Imperfekt-Klasse** e oder ä.

---

[1] (Seltene) Ausnahmen z.B.: גְּדֵלַנִי „er ist mir aufgewachsen" (Ij 31,18), וְהִתְנַחֲלוּם - Hitp „und sie werden sie als Erbe zugeteilt bekommen" (Jes 14,2), וַיִּלָּחֲמוּנִי - Nif'al: „und sie bekämpften mich" (Ps 109,3)

[2] Die Formen וֹ und יו sind aus „a-hu" bzw. „i-hu", die Form הּ aus „a-ha" kontrahiert.

Betonung

Betont ist grundsätzlich der **Vokal vor dem Suffix**. Endbetont sind nur כֶם und ךָ und die kontrahierten Formen וֹ, יו und ָה.

alte Formen

Durch unterschiedliche Betonung **verändern sich** die veränderlichen **Vokale** in den Verbformen (➔ § 10). Die Merkmale der Stämme Pi'el und Hif'il sind immer erhalten. **Qal-Formen** können größere Unterschiede zu den suffixlosen Formen aufweisen. Bemerkenswert ist die Suffixform des Imperativs Qal (m s): קָטְלֵנִי mit å in der ersten Silbe[1].

Vor Suffixen sind z.T. **alte** Formen von **Afformativen** erhalten:

Das Afformativ der 3 f s wird durch ַת vertreten. Das bewirkt Formen mit Hilfsvokal wie: קְטָלָתֶךְ oder mit Assimilation wie קְטָלַתּוּ (aus קְטָלַת und הוּ). Ein kurzes a ist vor נִי erhalten. Statt 2 f s תְּ steht vor Suffixen תִּי.[2]

statt	ָנִי	:	ַנִי	קָטַל	קְטָלַנִי
				קָטַלְתָּ	קְטַלְתַּנִי
statt	ָה	:	ַת	קָטְלָה	קְטָלַתְנוּ
statt	תְּ	:	תִּי	קָטַלְתְּ	קְטַלְתִּינוּ
statt	תֶּם	:	תּוּ	קְטַלְתֶּם	קְטַלְתּוּנוּ
statt	נָה	:	וּ	תִּקְטֹלְנָה	תִּקְטְלוּנוּ

Nun energicum

Reste einer Modus-Endung liegen vor in Suffixformen, denen ein **Nun assimiliert** ist. Ein Bedeutungsunterschied zu anderen Suffixformen ist nicht zu erkennen: Solche Suffixformen mit „Nun energicum" kommen nur bei **endungslosen** Imperfektformen vor, dort oft in **Pausa**.

---

[1] Auch der Infinitiv hat vor Suffixen diese Form (➔ auch Imperativ mit He cohortativum § 26.2.).

[2] Außerordentlich selten: 2 m pl תּוּ statt תֶּם und 3/2 f pl וּ statt נָה.

Suffixe mit Nun energicum:				Beispiel: an יִקְטֹל
Suffix 1 s	נִי	mit Nun energicum	ֶנִּי	יִקְטְלֶנִּי
Suffix 2 m s	ךָ	mit Nun energicum	ֶךָּ	יִקְטְלֶךָּ
Suffix 3 m s	הוּ	mit Nun energicum	ֶנּוּ	יִקְטְלֶנּוּ
Suffix 3 f s	הָ	mit Nun energicum	ֶנָּה	יִקְטְלֶנָּה

33.3 Suffixe an Nominalformen

Am Partizip

	שֹׁפֵט	einer, der richtet
Suffixe am **Partizip** bezeichnen das **Objekt** der Handlung.	שֹׁפְטוֹ	einer, der <u>ihn</u> richtet / sein Richter

Am Infinitiv

	לִשְׁפֹּט	zum Richten
Suffixe am **Infinitiv** bezeichnen **teils**, wie bei Personalformen des Verbs, das **Objekt** der Handlung,	לְשָׁפְטוֹ	zu seinem Richten / um ihn zu richten
teils das **Subjekt** der Handlung:	בְּשָׁפְטוֹ	bei seinem Richten / als er richtete / weil er richtete

Die Formen der Suffixe sind an **Nominalformen** des Verbs grundsätzlich **dieselben** wie bei allen **Nomina** (➔ § 17). Nur beim Infinitiv kommt das Suffix der 1 s in **zwei Formen** vor:

נִי für das Objekt (לְשָׁפְטֵנִי „um mich zu richten") und

ִי für das Subjekt (לְשָׁפְטִי „damit ich richte").

34 Starke Verben mit Gutturalen

34.1 Allgemeines

Da die Masoreten bei den Gutturalen (oder Laryngalen) besondere Vokalisationsregeln angewandt haben, klingen Formen starker Verben mit Gutturalen zum Teil anders als die „normalen“ Formen (➔ § 09).

Je nachdem, welcher Radikal ein Guttural ist, werden diese Verben eingeteilt in Verben „primae Gutturalis“ (I. Radikal), „mediae gutturalis“ (II. Radikal) und „tertiae gutturalis“ (III. Radikal).

Besonderheiten

Die **Besonderheiten der** Verben mit Gutturalen sind (➔ § 09):

Die Vorliebe für den **Vokal a** (bei Alef auch ä),

Schwa compositum (Chatef-Vokal) statt Schwa mobile (Schwa simplex),

Aufsprengung von geschlossenen Silben,

kein Dagesch forte, sondern Ersatzdehnung oder virtuelle Verdoppelung,

einem Guttural **am Ende des Wortes geht a voraus**.

34.2 Verben mit Guttural als I. Radikal (Verben primae gutturalis)

Silbenaufsprengung

Im Imperfekt Qal, im Perfekt Nif'al und im ganzen Hif'il und Hof'al schließt der Guttural eine Präformativsilbe. Dann steht statt eines kurzen i ein **kurzes a**[2] oder, vor allem bei א, ein **kurzes ä**. Die geschlossene Silbe erscheint meistens aufgesprengt (➔ § 09.3).

Wenn **„der Ton weiterrückt"**, also der zweite Vokal in entsprechender Entfernung von der Haupttonsilbe verflüchtigt ist, entsteht bei dem Guttural wieder ein kurzer voller Vokal mit folgendem Schwa quiescens (➔ § 09.3).

Nif'al Ersatzdehnung

In der Imperfekt-Klasse des Nif'al wird statt der Verdoppelung des I. Radikals das **i zu ê gedehnt** (➔ § 09.2).

I. gutturalis: weiterrückender Ton	I. gutturalis: Aufsprengung	I. gutturalis	starkes Verb	
יַֽעַבְדוּ	יַֽעֲבֹד	יַעְבֹּד	יִקְטֹל	Qal Impf (o)
	אֶֽעֱבֹד	אֶעְבֹּד	אֶקְטֹל	mit Alef
יֶֽאֶסְרוּ	יֶֽאֱסֹר	יֶאְסֹר		
יֶֽחֶכְמוּ	יֶֽחֱכַם	יֶחְכַּם	יִזְקַן	Qal Impf (a)
				Nif'al
נֶֽעֶבְדוּ	נֶֽעֱבַד	נֶעְבַּד	נִקְטַל	Perf
		יֵעָבֵד	יִקָּטֵל	Impf
		הֵעָבֵד	הִקָּטֵל	inf c
				Hif'il
	הֶֽעֱבִיד	הֶעְבִּיד	הִקְטִיל	Perf
	יַֽעֲבִיד	יַעְבִּיד	יַקְטִיל	Impf
				Hof'al
הָֽעָבְדוּ[1]	הָֽעֳבַד	הָעְבַּד	הָקְטַל	Perf
יָֽעָבְדוּ	יָֽעֳבַד	יָעְבַּד	יָקְטַל	Impf

[1] Im Hof'al ist, trotz Meteg, Qámes Chatúf (å) zu lesen.

[2] Qal-Formen kann man dann immer noch von Hif'il-Formen unterscheiden, weil im Hif'il der zweite Vokal i erhalten bleibt.

34.3 Verben mit Guttural als II. Radikal (Verben mediae gutturalis)

In den **Doppelungsstämmen** kommt **virtuelle** Verdoppelung (bei ה, ח, ע) oder **Ersatzdehnung** (bei א und ר) vor: i > ê, a > â, u > ô (➔ Tabelle).

II. gutturalis		st.Verb	
Ersatzdehnung	virt. Verd.		Pi‘el
בֵּרַךְ	נִחַל	קִטֵּל	Perf
יְבָרֵךְ	יְנַחֵל	יְקַטֵּל	Impf
וַיְבָ֫רֶךְ			narr
בֹּרַךְ	נֻחַל	קֻטַּל	Pu‘al

34.4 Verben mit Guttural als III. Radikal (Verben tertiae gutturalis)

Zu den Verben tertiae gutturalis zählt man **nur** die Verben mit ʻ**Ajin** (ע), **Chet** (ח) und **konsonantischem He** (הּ). Alef (א) und He (ה) sind sonst am Ende des Wortes stumm (Schwache Verben, ➔ §§ 39 und 40).

Patach furtivum

Einem Guttural am **Ende** des Wortes muss **a** vorausgehen. Den Vokalen i, o, u folgt **Patach furtivum**.

Der **Vokal e** wird durch a **verdrängt** in den finiten Formen des Verbs und in den constructus-Formen von Infinitiv und Partizip. Er ist in Pausa-Formen und in den absolutus-Formen des Infinitivs und Partizips **erhalten** (Patach furtivum).

III. gutturalis	starkes Verb	
		Qal
שֹׁלֵחַ	קֹטֵל	Ptz st a
שֹׁלַח	קֹטֵל	Ptz st c
שָׁלוּחַ		Ptz Passiv
		Nif'al
הִשָּׁלַח	הִקָּטֵל	inf c
הִשָּׁלֵחַ	הִקָּטֵל	inf a
		Pi'el
שִׁלַּח	קִטֵּל	Perf
שִׁלֵּ֑חַ	קִטֵּ֑ל	i.P.
יְשַׁלַּח	יְקַטֵּל	Impf
יְשַׁלֵּ֑חַ	יְקַטֵּ֑ל	i.P.
		Hif'il
הִשְׁלִ֫יחַ	הִקְטִיל	Perf
יַשְׁלִ֫יחַ	יַקְטִיל	Impf

Femininformen

Bei femininen AK- und Partizip-Formen können Segolat-Formen auftreten:

2fs AK Qal קָטַ֫לְתְּ: שָׁלַ֫חַתְּ; Ptz f s Qal קֹטֶ֫לֶת: שֹׁלַ֫חַת .

Gesamtübersicht über 34.2 - 4

III. gutturalis	II. gutturalis		I. gutturalis			starkes Verb	
			יַעַבְדוּ	יַעֲבֹד	יַעְבֹד	יִקְטֹל	Qal Impf (o)
				אֶעֱבֹד	אֶעְבֹד	אֶקְטֹל	mit Alef
			יֶאֶסְרוּ	יֶאֱסֹר	יֶאְסֹר		
			יֶחֶכְמוּ	יֶחֱכַם	יֶחְכַּם	יִזְקַן	a
שֹׁלֵחַ						קֹטֵל	Ptz st a
שֹׁלַח						קֹטֵל	Ptz st c
שָׁלוּחַ							
			נֶעֶבְדוּ	נֶעֱבַד	נֶעְבַּד	נִקְטַל	Nif'al Perf
					יֵעָבֵד	יִקָּטֵל	Impf
הִשָּׁלַח						הִקָּטֵל	inf c
הִשָּׁלֵחַ						הִקָּטֵל	inf a
שִׁלַּח	בֵּרַךְ	נִחַל				קִטֵּל	Pi'el Perf
i.P. שִׁלֵּֽחַ							
יְשַׁלַּח	יְבָרֵךְ	יְנַחֵל				יְקַטֵּל	Impf
i.P יְשַׁלֵּֽחַ	וַיְבָרֶךְ						
	בֹּרַךְ	נֻחַל				קֻטַּל	Pu'al
הִשְׁלִיחַ				הֶעֱבִיד	הֶעְבִּיד	הִקְטִיל	Hif'il Perf
יַשְׁלִיחַ				יַעֲבִיד	יַעְבִּיד	יַקְטִיל	Impf
			הָעָבְדוּ[1]	הָעֳבַד	הָעְבַּד	הָקְטַל	Hof'al Perf
			יָעָבְדוּ	יָעֳבַד	יָעְבַּד	יָקְטַל	Impf

[1] Im Hof'al ist, trotz Meteg, Qámes chatuf (å) zu lesen.

35 Schwache Verben mit Alef als I. Radikal (Verben פ״א)

35.1 Bestand

Nur 8 Verben mit Alef (א) als I. Radikal haben schwache Formen: אבד „zugrunde gehen", אבה „wollen", אכל „essen", אמר „sagen", אפה „backen", אהב „lieben"[1], אחז „fassen", אסף „sammeln". Die letzten drei bilden starke und schwache Formen.

35.2 Formen

Nur im Imperfekt Qal kommen schwache Formen פ״א vor, bei אמר auch im Infinitiv. Die Analyse der schwachen Formen ist nicht schwierig: das Alef wird fast immer[2] geschrieben.

Übersicht PK Qal

	Plural		Singular		Imperfekt
i.P.	f	m	f	m	
	תֹּאמַ֫רְנָה	יֹאמְרוּ	תֹּאמַר	יֹאמַר	3
	תֹּאמַ֫רְנָה	תֹּאמְרוּ	תֹּאמְרִי	תֹּאמַר	2
		נֹאמַר		אֹמַר	1
וַיֹּאכֵ֫לוּ					
וַיֹּאמַ֫ר				וַיֹּ֫אמֶר	Narrativ
	אֱמֹר + לְ > לֵאמֹר				Infinitiv

[1] Bei אהב ist nur die 1. Person Singular schwach.

[2] אסף „sammeln" hat zwei schwache Formen ohne Alef: וַיֹּ֫סֶף 2 Sam 6,1 und תֹּסֵף Ps 104,29.

Imperfekt

Der **I. Radikal א quiesziert** (ist stumm). In der nun offenen Präformativsilbe steht **langes o**[1]. Der Imperfektvokal o (< u) ist durch einen der anderen Imperfektvokale (a oder e) ersetzt. In der Form der **1. Person Singular** wird nach dem Präformativ-Konsonanten א das א der Wurzel nicht noch einmal geschrieben.

Infinitiv

Von אמר hat der Infinitiv (inf c) nur in der Verbindung mit ל die Form לֵאמֹר.

[1] aus dem ursprünglichen Präformativvokal a gedehnt zu â und abgelautet zu ô.

36 Schwache Verben mit Nun als I. Radikal (Verben פ״נ)

Bei schwachen Formen der Verben פ״נ ist der I. Radikal entweder assimiliert oder ausgefallen.

נפל	fallen
נגשׁ	herzutreten
נגע	berühren

36.1 Formen mit Assimilation

Merkmal

Ein נ (Nun) am Ende einer Silbe wird dem folgenden Konsonanten **assimiliert**, der also verdoppelt erscheint (Dagesch forte). Darum finden sich bei Verben Pe-Nun schwache Formen überall dort, wo der **I. Radikal eine Präformativsilbe schließt**. Und das ist der Fall im Imperfekt Qal, im Perfekt Nif‘al und im ganzen Hif‘il und Hof‘al. **Merkmal** der schwachen Formen ist ein **Dagesch forte** im ersten sichtbaren Radikal.[1]

Übersicht

Imperfekt Qal	*jin-pol >	יִפֹּל
Perfekt Nif‘al	*nin-pal >	נִפַּל[2]
Perfekt Hif‘il	*hin-pil >	הִפִּיל
Imperfekt Hif‘il	*jan-pil >	יַפִּיל
Perfekt Hof‘al	*hun-pal >	הֻפַּל
Imperfekt Hof‘al	*jun-pal >	יֻפַּל

[1] Das Dagesch forte kann ausfallen, wenn es in einem Konsonanten stehen sollte, der nicht zur Gruppe BeGaDKeFaT gehört und ein Schwa bei sich hat (➔ § 05.2).

[2] Perfekt **Nif‘al** und Perfekt **Pi‘el** stimmen überein: im Nif‘al steht das **Präfix נ** mit folgender Assimilation, im Pi‘el der **I. Radikal נ** mit folgendem Dagesch des Doppelungsstammes.

Verben **II. gutturalis** behalten das Nun, bilden also **keine schwachen Formen**; Ausnahme נִחַם: Ni „bereuen“ mit virtueller Verdoppelung.

36.2 Tabelle der PK Qal

Imperfekt

Imperative

Infinitive

נגע		נגש		נפל		
f	m	f	m	f	m	
	יִגַּע	תִּגַּשׁ	יִגַּשׁ	תִּפֹּל	יִפֹּל	3 s
		תִּגְּשִׁי	תִּגַּשׁ	תִּפְּלִי	תִּפֹּל	2
usw.			אֶגַּשׁ		אֶפֹּל	1
		תִּגַּשְׁנָה	יִגְּשׁוּ	תִּפֹּלְנָה	יִפְּלוּ	3 pl
		תִּגַּשְׁנָה	תִּגְּשׁוּ	תִּפֹּלְנָה	תִּפְּלוּ	2
			נִגַּשׁ		נִפֹּל	1
גְּעִי	גַּע	גְּשִׁי	גַּשׁ	נִפְלִי	נְפֹל	ipt s
			גְּשָׁה		-	He coh.
גַּעְנָה	גְּעוּ	גַּשְׁנָה	גְּשׁוּ	נְפֹלְנָה	נִפְלוּ	pl
	גַּעַת		גֶּשֶׁת		נְפֹל	inf c
	גַּעְתִּי		גִּשְׁתִּי			+ Suff.

36.3 Schwache Imperative und Infinitive

Aphäresis

Verben mit dem Imperfektvokal a haben im Qal auch schwache Imperative und Infinitive.[1] In diesen Formen ist das **Nun** nicht assimiliert, sondern **ausgefallen** (Aphäresis). Der Infinitiv hat die **Endung** ת, ohne Bindevokal angefügt. Dabei entstanden **Segolata** (➔ § 18.1).

---

[1] Vereinzelt gibt es auch stark gebildete Imperativ- und Infinitiv-Formen wie נְגַע.

Infinitiv *gaš - t >	גֶּשֶׁת		
Präfixe mit **Vorton-Qámes**:		לָגֶשֶׁת	
Suffixformen an der **Grundform**:			גִּשְׁתּוֹ
Bei **Guttural** Hilfsvokal a:	גַּעַת	לָגַעַת	גַּעְתּוֹ

36.4 Die Verben נתן, לקח und doppelt schwache Verben

נתן	geben
לקח	nehmen
נשׂא	aufheben

Tabelle der PK Qal

נשׂא		לקח		נתן		
f	m	f	m	f	m	
תִּשָּׂא	יִשָּׂא	תִּקַּח	יִקַּח	תִּתֵּן	יִתֵּן	3 s
תִּשְׂאִי	תִּשָּׂא	תִּקְחִי [1]	תִּקַּח	תִּתְּנִי	תִּתֵּן	2
	אֶשָּׂא		אֶקַּח		אֶתֵּן	1
תִּשֶּׂאנָה	יִשְׂאוּ	תִּקַּחְנָה	יִקְחוּ	-	יִתְּנוּ	3 pl
תִּשֶּׂאנָה	תִּשְׂאוּ	תִּקַּחְנָה	תִּקְחוּ	-	תִּתְּנוּ	2
	נִשָּׂא		נִקַּח		נִתֵּן	1

(Fortsetzung nächste Seite)

[1] Die Verdoppelung unterbleibt bei Nicht-BeGaDKeFaT mit Schwa (→ § 05.2.).

Imperative

נשא f	נשא m	לקח f	לקח m	נתן f	נתן m	
שְׂאִי	שָׂא	קְחִי	קַח	תְּנִי	תֵּן	ipt s
	-		קְחָה		תְּנָה	+ He coh
-	שְׂאוּ	קַ֫חְנָה	קְחוּ	-	תְּנוּ	pl
	שְׂאֵת		קַ֫חַת		תֵּת	inf c
	לָשֵׂאת		לָקַ֫חַת		לָתֵת	+ ל
	שְׂאֵתִ֫י		לְקַחְתִּ֫י		לְתִתִּ֫י	+ suff

Infinitive

Das Verb נתן

נתן hat auch im **Perfekt** Qal[1] schwache Formen: Der III. Radikal wird folgendem ת assimiliert.

Im Imperfekt Qal steht der **Imperfektvokal** (i gedehnt zu) **e**.

Die **Imperative** des Qal sind ohne I. Radikal gebildet (s.o. Tabelle).

Im **Infinitiv** Qal (mit Endung ת) ist der III.Radikal dem ת **assimiliert**.

2ms *natan-ta > נָתַ֫תָּ 2fs *natan-t > נָתַ֫תְּ
(Formen ➔ Tabelle § 36.4)
*tint > *titt > תֵּת + Suffix: לְתִתִּ֫י

Das Verb לקח

Als Gegenteil von נתן bildet לקח schwache Formen[2], als ob es ein Verb פ״נ wäre (Einzelheiten ➔ oben in der Tabelle).

---

[1] Von den anderen Formen ist nur das Perfekt Nif'al belegt: נִתַּן. Die Hof'al -Form יֻתַּן hat die Bedeutung eines Passivs zum Qal, wird aber von den Lexika unter Hof'al aufgeführt.

[2] Perfekt Nif'al hat starke Formen (נִלְקַח), Pu'al-Formen wie לֻקַּח und Hof'al-Formen wie יֻקַּח haben die Bedeutung eines Passivs zum Qal.

Doppelt schwache Verben

Verben **Pe-Nun** und **Lamed-Alef**[1]

נשׂא	aufheben
נבא	(Ni) Prophet sein

Doppelt schwache Formen mit quieszierendem (stummem) Alef und langem Vokal (יִשָּׂא, נִבָּא) gibt es im **Qal und Nif'al** (➔ § 40). Von נשׂא sind besonders die **Imperativ**- und **Infinitiv**-Formen im Qal zu beachten (➔ Tabelle 36.4).

[1] Die Verben נכה (Hi: schlagen) und נטה (Qal: ausstrecken, Hi: beugen) ➔ § 39, Verben ל״ה.

37 Schwache Verben mit Jod als I. Radikal (Verben פ״י)

יטב gut sein

Schwache Formen der wenigen Verben פ״י kommen nur im Imperfekt Qal und im Hif'il vor. Formen des Imperativs und Infinitivs Qal sowie Nif'al- und Hof'al-Formen sind nicht belegt[1]*.*

37.1 Schwache Formen mit i im Präformativ (Imperfekt Qal)

Qal

Alle Verben Pe-Jod haben den **Imperfektvokal** a. Der zugehörige **Präformativvokal** i ist mit dem Jod zu langem i **kontrahiert**.

Die offene **Präformativsilbe** bleibt auch vor betonten Endungen **erhalten**.

*jijṭab > יִיטַב
יִיטְבוּ

37.2 Schwache Formen mit e im Präformativ (Hif'il)

Hif'il

In der Imperfektklasse des Hif'il[2] ist der Präformativvokal a mit dem Jod zu **langem e** kontrahiert: „aj" > „ai" > „e"

*jajṭib > יֵיטִיב

---

[1] Neben dem häufigen Verb יטב (139 x) gehören zu dieser Verbklasse nur die recht seltenen Verben ילל (Hi) „heulen", ימן (Hi) „sich nach rechts wenden", ינק „saugen", יקץ „erwachen" und ישן „schlafen". Das Verb ישר „gerade / recht sein" hat Hif'il-Formen wie die Verben פ״ו (➔ § 38.3).

[2] Nur an den Hif'il-Formen sind die Verben Pe-Jod als solche zu erkennen.

impf cons Hif‘il	Im imperfectum consecutivum kann in endungslosen Formen die **vorletzte Silbe betont** sein[1].	וַיֵּ֫יטֶב
	Auch im Perfekt Hif‘il steht in der Präformativsilbe unveränderliches **langes e**.	הֵיטִיב

[1] „Tonzurücknahme“ ➔ § 25.4.

38 Schwache Verben mit ursprünglichem Waw als I. Radikal (Verben פ״ו)

ישׁב	sitzen
יָבֵשׁ	trocken sein
הלך	gehen[1]
יצת	anzünden

Waw ist im Anlaut zu Jod geworden. Folglich sind die Verben פ״ו im Lexikon unter Jod (י) aufgeführt. Waw erscheint als Konsonant nur in der Imperfektklasse des Nif'al und manchmal im Hitpa'el.[2]

Schwache Formen gibt es da, wo der I. Radikal eine Präformativsilbe schließt (PK Qal, AK Nif'al, im ganzen Hif'il und Hof'al ➔ § 36.1), und bei wenigen, aber sehr häufig vorkommenden Verben auch im Imperativ und Infinitiv Qal (➔ § 36.3).

---

[1] הלך „gehen" (➔ auch § 38.3 und 4) ist wie ein Verb פ״ו gebildet.

[2] Zum Beispiel יתר Ni übrigbleiben: יִוָּתֵר; ידע Hitp sich zu erkennen geben: הִתְוַדַּע.

38.1 Qal-Formen - Übersicht

	הלך f	הלך m	ישב f	ישב m	יָבֵשׁ f	יָבֵשׁ m	
Imperfekt	תֵּלֵךְ	יֵלֵךְ	תֵּשֵׁב	יֵשֵׁב	תִּיבַשׁ	יִיבַשׁ	3 s
	תֵּלְכִי	תֵּלֵךְ	תֵּשְׁבִי	תֵּשֵׁב	תִּיבְשִׁי	תִּיבַשׁ	2
		אֵלֵךְ		אֵשֵׁב		אִיבַשׁ	1
	תֵּלַכְנָה	יֵלְכוּ	תֵּשַׁבְנָה	יֵשְׁבוּ	תִּיבַשְׁנָה	יִיבְשׁוּ	3 pl
	תֵּלַכְנָה	תֵּלְכוּ	תֵּשַׁבְנָה	תֵּשְׁבוּ	תִּיבַשְׁנָה	תִּיבְשׁוּ	2
		נֵלֵךְ		נֵשֵׁב		נִיבַשׁ	1
		וַיֵּלֶךְ		וַיֵּשֶׁב		וַיִּיבַשׁ	Narrativ
Imperativ	לְכִי	לֵךְ	שְׁבִי	שֵׁב			Ipt. s
Infinitiv	לֵכְנָה	לְכוּ	שֵׁבְנָה	שְׁבוּ			pl
		לֶכֶת		שֶׁבֶת			inf
		לָלֶכֶת		לָשֶׁבֶת			mit ל
		לְלֶכְתּוֹ		לְשִׁבְתּוֹ			m. Suffix

38.2 Qal-Formen

mit i

Verben mit dem **Imperfektvokal a** bilden die gleichen Formen wie die Verben Pe-Jod (➔ § 37): in der offenen Präformativsilbe im Qal steht überall **langes**, **unveränderliches i**; der zweite Vokal a ist veränderlich.

mit e

Verben mit dem **Imperfektvokal e** (< i) und הלך und ידע (s.u.)[1] bilden alle Formen der PK Qal mit Aphäresis des Waw (➔ § 36.3); in der offenen Präformativsilbe steht überall **unveränderliches langes e**[2].

Aphäresis

Verben mit dem **Imperfektvokal e** (< i) und הלך, ירשׁ und ידע (s.u.) bilden auch **Imperativ** und **Infinitiv** Qal mit Aphäresis des Waw (wie נתן und לקח ➔ § 36.3).

Infinitiv Endung ת

Im Infinitiv (inf c) bekommt die zweiradikalige Basis, z.B: שֵׁב, die Endung ת ohne Bindevokal: *šibt, und es entstehen **Segolat-Formen**: שֶׁבֶת. (➔ §§ 18 und 36.3).

38.3 Formen mit o bzw. u in der offenen Präformativsilbe (Nif'al-, Hif'il- und Hof'al-Formen) und Formen mit geschärfter Präformativsilbe

יצת[3]		הלך		ישׁב		
f	m		m	f	m	
נִצְּתָה	נִצַּת	kein Nif'al		נוֹשְׁבָה	נוֹשַׁב	Nif'al AK
				usw.	נוֹשַׁבְתָּ	
					יִוָּשֵׁב	Nif'al PK
	הִצִּית	keine	הוֹלִיךְ	הוֹשִׁיבָה	הוֹשִׁיב	Hif'il AK
3 pl הִצִּיתוּ	הִצַּתִּי	Feminin-Formen	הוֹלַכְתִּי		הוֹשַׁבְתָּ usw.	

Fortsetzung nächste Seite

---

[1] Sechs Verben haben e in der PK Qal: יצא, ירד, ישׁב, ידע, ילד und הלך. Zu merken an einer Geschichte: „Ein Mann ging hinaus (וַיֵּצֵא) aus seinem Haus, ging hinab (וַיֵּרֶד) ins Tal, ließ sich da nieder (וַיֵּשֶׁב), erkannte (וַיֵּדַע) ein Weib, die gebar (וַתֵּלֶד) ein Kind, und er ging weg (וַיֵּלֶךְ)."

[2] Vermutlich aus i in offener Silbe gedehnt und in Analogie zu den anderen Präformativvokalen dieser Verbklasse unveränderlich.

[3] Zu יצת ➔ unten.

יצת		הלך		ישב		
f	m		m	f	m	
			יוֹלִיךְ	תּוֹשִׁיב	יוֹשִׁיב	Hif'il PK
			תּוֹלִיךְ	תּוֹשִׁ֫יבִי	תּוֹשִׁיב	2 s
			אוֹלִיךְ		אוֹשִׁיב	1 s
			יוֹלִ֫יכוּ	תּוֹשֵׁ֫בְנָה	יוֹשִׁ֫יבוּ	3 pl
			-	תּוֹשֵׁ֫בְנָה	תּוֹשִׁ֫יבוּ	2 pl
			נוֹלִיךְ		נוֹשִׁיב	1 pl
			יוֹלֵךְ		יוֹשֵׁב	Jussiv
	וַיַּצֵּת		וַיּ֫וֹלֶךְ		וַיּ֫וֹשֶׁב	Narrativ
			הוֹלֵךְ	הוֹשִׁ֫יבִי	הוֹשֵׁב	Ipt s
			הוֹלִ֫יכוּ	הוֹשֵׁ֫בְנָה	הוֹשִׁ֫יבוּ	pl
			הוֹלִיךְ		הוֹשִׁיב	Infinitiv
			-		הוֹשֵׁב	inf a
	מַצִּית	f מוֹלְכוֹת	מוֹלִיךְ		מוֹשִׁיב	Partizip
	*הֻצַּת		-		הוּשַׁב	Hof'al

Im Perfekt **Nif'al** und im ganzen **Hif'il** steht unveränderliches langes o, im Hof'al langes u in der offenen Präformativsilbe.

Formen mit Dagesch forte

Verben Pe-Waw mit **Sade** (צ) als II. Radikal[1] (außer **יצא**) haben schwache Formen mit Verdoppelung des II. Radikals, die dann aussehen wie **Verben Pe-Nun**.

[1] Nur fünf Verben, ➔ Lexikon.

38.4 Verben mit Besonderheiten

הלך „gehen“

הלך „gehen“

Formen in den Tabellen § 38.1 und 3

In der PK Qal und im Hif‘il sind alle Formen analog zum Verb Pe-Waw (יֵשֵׁב) gebildet.

Impf	impf.cons	ipt	inf
יֵדַע יֵדְעוּ	וַיֵּדַע	דַּע דְּעוּ	דַּעַת לָדַעַת לְדַעְתּוֹ
יִירַשׁ		רֵשׁ רְשׁוּ	רֶשֶׁת לְרִשְׁתּוֹ
יֵצֵא יֵצְאוּ תֵּצֶאנָה	וַיֵּצֵא	צֵא צְאוּ	צֵאת לָצֵאת לְצֵאתוֹ
יִירָא יִירְאוּ	וַיִּירָא	יְרָא	
		יְראוּ	יִרְאָה
יוּכַל יוּכְלוּ			יְכֹלֶת

ידע „erkennen“

ידע „erkennen“

Alle Formen der Imperfektklasse im Qal sind mit Aphäresis des Waw gebildet.

ירשׁ „in Besitz nehmen“

ירשׁ „in Besitz nehmen“

Neben regelmäßigen PK-Formen mit dem Imperfektvokal a stehen schwache Imperativ- und Infinitiv-Formen mit Aphäresis und e.

יצא „hinausgehen“

יצא „hinausgehen“

hat im Qal den Imperfektvokal i und bildet als Verb Lamed-Alef einige Formen besonderer Art.

יָרֵא „fürchten“

יָרֵא „fürchten“

hat regelmäßig:

unregelmäßig:

יָכֹל „können“

יָכֹל „können“

hat im Qal den Präformativvokal u, mit dem Waw zu langem u kontrahiert, sieht aus wie Hof‘al. Infinitiv *jekol zusätzlich mit Endung ת (Segolatum).

39 Schwache Verben mit auslautendem Vokal (Verben ל״ה)

גלה	entblößen
עשה	tun / machen

39.1 Allgemeines

Diese Verben sind ursprünglich Verben ל״י oder ל״ו, deren Formen sich weitgehend aneinander angeglichen haben. In Formen ohne Endung ist He (ה) als Vokalbuchstabe für den auslautenden Vokal an die Stelle des III. Radikals getreten.

Verben mit ursprünglichem He (ה) als III. Radikal sind starke Verben und führen das He als He mappiqatum (הּ → § 34.4).

Die einzige stark gebildete Form der Verben Lamed-He ist das **Partizip Passiv** Qal: גָּלוּי. Nach Auffassung der Masoreten ist das Jod in dieser Verbform ein Konsonant.

39.2 Schwache Formen

Da die Schwäche dieser Verben das Ende der Verbformen betrifft, sind die Merkmale grundsätzlich in allen Stämmen gleich[1].

In Formen ohne Afformativ steht ה als Vokalbuchstabe für einen auslautenden langen Vokal.

[1] Entsprechend sind die Merkmale der Stämme am Anfang der Verbformen erhalten. Die Bildung der Präformativsilben gleicht meist der der starken Verben.

Auslautende Vokale:

	Qal[1]	Ni	Pi	Hi
a im Perfekt	גָּלָה	נִגְלָה	גִּלָּה	הִגְלָה
ä im Imperfekt und	יִגְלֶה	יִגָּלֶה	יְגַלֶּה	יַגְלֶה
Partizip st. a.	גֹּלֶה	נִגְלֶה	מְגַלֶּה	מַגְלֶה
e im Partizip st.c.	גֹּלֵה			
und im Imperativ[2]	גְּלֵה	הִגָּלֵה	גַּלֵּה	הַגְלֵה

Endungen

Betont an den II. Radikal angefügt sind vokalische Afformative und die vokalischen Endungen der Partizipien. (He cohortativum kommt nicht vor.)	Qal:	גָּלוּ֫ גֹּלִ֫ים	יִגְלוּ֫
	Ni:	נִגְלוּ֫	יִגָּלוּ֫
	Hi:	הִגְלוּ֫	יַגְלוּ֫
ת plus הָ bildet die Feminin-Form (3 s) AK. תַ erscheint auch vor dem Suffix.	mit Suffix:	גָּלְתָה גָּלַ֫תְנוּ	
וֹת- ist in allen Stämmen die Infinitiv-Endung:	inf Qal inf Ni inf Hi	גְּלוֹת הִגָּלוֹת הַגְלוֹת	
Jod[3] mit einem homogenen Vokal[4] steht vor den konsonantischen Afformativen:	Qal Ni Hi	גָּלִ֫יתָ נִגְלֵ֫יתִי הִגְלִ֫יתָ הִגְלֵ֫יתִי	תִּגְלֶ֫ינָה תִּגָּלֶ֫ינָה תַּגְלֶ֫ינָה

---

[1] Die Tabelle zeigt nur Beispiele, die sich für Pu'al, Hitpa'el und Hof'al leicht ergänzen lassen.

[2] Im absoluten Infinitiv e oder o, z.B. (גָּלֹה).

[3] der ursprüngliche III. Radikal.

[4] Im Perfekt e oder i, im Imperfekt ä.

Suffixe

An Verbformen ohne Afformativ (ה entfällt) stehen die Suffixe unmittelbar nach dem II. Radikal.	גָּלָהוּ < הוּ + גָּלָה יִגְלֵהוּ < הוּ + יִגְלֶה

39.3 Kurzformen

Bei **endungslosen** Formen der Imperfektklasse gibt es neben den „normalen" Formen auf ä oder e Kurzformen[1] **ohne** den **auslautenden Vokal**. Diese Kurzformen werden häufig, aber nicht ausschließlich, als **Jussiv** (➔ §§ 26.2. und 51.4) und im **Narrativ** gebraucht.

Nif'al, Pi'el und Qal

Impf Ni	יִגָּלֶה	Kurzformen:	יִגָּל
Imperativ Ni	הִגָּלֵה		הִגָּל
Impf Pi	יְגַלֶּה		יְגַל
Imperativ Pi	גַּלֵּה		גַּל
Impf Qal	יִגְלֶה	Kurzform:	יִגְל
		Das i der Tonsilbe kann zu e gedehnt sein:	יֵגְל
		Der doppelte Silbenschluss kann durch den Hilfsvokal ä aufgehoben sein (**Segolatum** ➔ § 18):	יֶגֶל
		Dabei kann i in der Tonsilbe auch erhalten bleiben:	יִגֶל

Hif'il

Impf. Hi	יַגְלֶה	Kurzform:	יַגְל
		mit Hilfsvokal (**Segolatum**):	יֶגֶל
Imperativ Hi	הַגְלֵה	Kurzform:	הַגְל
		oder mit Hilfsvokal (Segolatum):	הֶגֶל

[1] nicht im Imperativ Qal sowie im Pu'al und Hof'al.

39.4 Verben mit Gutturalen

Bei Verben mit Gutturalen als I. Radikal steht auch im Qal meist der Präformativvokal a.

	Impf. Qal	Kurzform
	יַעֲשֶׂה	יַ֫עַשׂ
aber:	אֶעֱשֶׂה	וָאַ֫עַשׂ

Da das Qal und Hif'il unterscheidende Merkmal in der zweiten Silbe bei Kurzformen ausfällt, stimmen Qal- mit Hif'il-Formen überein.

	Hi יַעֲשֶׂה	Hi יַ֫עַשׂ

Bemerkenswert sind die Kurzformen von חנה „sich lagern" und von חרה „entbrennen":

	יַחֲנֶה	וַיִּ֫חַן
	יֶחֱרֶה	וַיִּ֫חַר

39.5 Tabellarische Übersicht zu 39.2 - 4

➔ die folgenden Seiten

Übersicht ל״ה (1)

Aus-laut	Hif'il	Pi'el	Nif'al	I. gutt.	Qal f	Qal m		
a	הִגְלָה	גִּלָּה	נִגְלָה	עָשָׂה	גָּלְתָה	גָּלָה	Perfekt	3 s
					גָּלִית	גָּלִ֫יתָ		2 s
						גָּלִ֫יתִי		1 s
						גָּל֫וּ		3 pl
					גְּלִיתֶן	גְּלִיתֶם		2 pl
						גָּלִ֫ינוּ		1 pl
ä	יַגְלֶה	יְגַלֶּה	יִגָּלֶה	יַעֲשֶׂה	תִּגְלֶה	יִגְלֶה	Imperfekt	3 s
					תִּגְלִי	תִּגְלֶה		2 s
						אֶגְלֶה		1 s
					תִּגְלֶ֫ינָה	יִגְלוּ		3 pl
					תִּגְלֶ֫ינָה	תִּגְלוּ		2 pl
						נִגְלֶה		1 pl
	יַ֫גְלְ יֶ֫גֶל	יְגַל	יִגָּל	יַ֫עַשׂ		יִ֫גְלְ יִ֫גֶל יֶ֫גְלְ יֶ֫גֶל	Kurzformen	
	וַיֶּ֫גֶל	וַיְגַל	וַיִּגָּל	וַיַּ֫עַשׂ		וַיִּ֫גֶל	Narrativ	
e	הַגְלֵה	גַּלֵּה	הִגָּלֵה	עֲשֵׂה	גְּלִי	גְּלֵה	Imperativ	s
				עֲשׂוּ	גְּלֶ֫ינָה	גְּלוּ		pl
	הֶ֫גֶל	גַּל	הִגָּל	-		-	Imperativ	Kurzf.

Übersicht ל״ה (2)

Aus-laut	Hif'il	Pi'el	Nif'al	Qal		
-ot	הַגְלוֹת	גַּלּוֹת	הִגָּלוֹת	עֲשׂוֹת	גְּלוֹת	Infinitiv
ä	מַגְלֶה	מְגַלֶּה		עֹשֶׂה	גֹּלֶה	Partizip aktiv
e	מַגְלֵה	מְגַלֵּה		עֹשֵׂה	גֹּלֵה	st c
ä			נִגְלֶה	עָשׂוּי	גָּלוּי	Partizip pass.
e			נִגְלֵה			st c

39.6 Verben mit Besonderheiten

היה „sein“ und חיה „leben“

Beim I. Radikal haben die Verben היה und חיה trotz des Gutturals häufig i- oder ä-Laute.[1]

Die geschlossene Präformativsilbe in der PK Qal ist vielfach durch ein Meteg gesichert: In Kurzformen tritt der Hilfsvokal i auf, mit Jod zu langem i kontrahiert:

ראה „sehen“

Von ראה sind im Qal Kurzformen mit e und mit a[2] gebräuchlich:

הִשְׁתַּחֲוָה „sich niederwerfen“ / „huldigen“

Ein reflexives Hištaf'el von חוה[3] liegt vor im Verb הִשְׁתַּחֲוָה.

In Kurzformen tritt der Hilfsvokal u auf.

וִהְיוּ	Impf + ו	הֱיִיתֶם	2 pl AK
		הֱיֵה	Ipt
		יִהְיֶה	Impf
וִיהִי	Kurzf. + ו	יְהִי	Kurzform
		וַיְהִי	Narrativ
וַתֵּרֶא	3 f s	וַיַּרְא	3 m s
יִשְׁתַּחֲווּ	3 pl Impf	יִשְׁתַּחֲוֶה	3 s Impf
		וַיִּשְׁתַּחוּ	Singular !

---

[1] Diese Verben haben noch andere „unregelmäßige“ Formen (z.B. 2 f s ipt Qal הֲיִי), die aber alle der Analyse keine Schwierigkeiten bereiten und in Lexikon oder Konkordanz aufgeführt sind.

[2] Auch hier ist Qal = Hif'il ➔ § 39.4.

[3] Nicht, wie in alten Lexika, שחה .

39.7 Doppelt schwache Verben

Bei doppelt schwachen Verben ל״ה kommen zu den Merkmalen der Verbklasse ל״ה jeweils die **Merkmale** einer anderen schwachen Verbklasse (**am Anfang** der Verbform) hinzu.

Beispiele

Zum Beispiel: נקה Ni „unschuldig sein“, אבה „wollen“, ידה Hi „danken“, ירה Hi „lehren“.

פ״נ	**Assimilation**: Dagesch forte im ersten sichtbaren Radikal	Ni נִקֵּיתִי נִקָּה von	נקה
פ״א	**o** im Imperfekt **Qal**	יֹאבֶה von	אבה
פ״ו	**o** im **Hif‘il**	הוֹדוּ von יוֹרֵנִי von	ידה ירה

Lamed-He und Pe-Nun

Besonders zu merken sind Kurzformen der Verben נטה „ausstrecken“, Hi „beugen“ und נכה Hi „schlagen“.

Qal	יֵט zu יִטֶּה וַיֵּט	
Hi	יַט zu יַטֶּה וַיַּט	יַךְ zu יַכֶּה וַיַּךְ
Hi ipt	הַט zu הַטֵּה	הַךְ zu הַכֵּה

40 Schwache Verben mit auslautendem Vokal (Verben ל״א)

Verben ל״א sind ursprünglich starke Verben, die nachträglich schwache Formen entwickelt haben, wenn das א am Wort- oder Silbenende seinen konsonantischen Wert verloren hatte.

40.1 Schwache Formen

מצא	finden

In Formen ohne Endung und vor konsonantischen Afformativen ist א stumm, die Silbe offen, mit langem Vokal.

Beispiele

Qal	Nif'al	Pi'el	Hif'il	Hof'al
מָצָא מָצָ֫אתִי תִּמְצֶ֫אנָה	נִמְצָא נִמְצֵ֫אתָ	מִצָּא*	הִמְצִא	הֻמְצָא*[1]

Die Analyse der schwachen Formen bietet keine Probleme, weil das **Alef** in der Schrift fast **nie ausgefallen** ist.

Weil manche Formen von ל״ה und ל״א gleich klingen (z.B. תִּמְצֶ֫אנָה und תִּגְלֶ֫ינָה), gibt es **Formen-Vermengungen** mit Verben ל״ה:

קרה „begegnen“	mit Nebenform	קרא
	Infinitiv	לִקְרַאת „**entgegen**“
יָרֵא „fürchten“	Imperativ pl nach dem Muster ל״ה: גְּלוּ	יִרְאוּ

[1] * = Diese Formen sind in der Bibel nicht belegt.

40.2 Tabelle der Qal-Formen ל״א

Übersicht

f	m	AK
תִּמְצָא	יִמְצָא	3 s
תִּמְצְאִי	תִּמְצָא	2 s
	אֶמְצָא	1 s
תִּמְצֶ֫אנָה	יִמְצְאוּ	3 pl
תִּמְצֶ֫אנָה	תִּמְצְאוּ	2 pl
	נִמְצָא	1 pl
	מֹצֵא	Partizip
	מָצוּא	Partizip Passiv

f	m	PK
מָֽצְאָה	מָצָא	3 s
מָצָאת	מָצָ֫אתָ	2 s
	מָצָ֫אתִי	1 s
	מָֽצְאוּ	3 pl
מְצָאתֶ֫ן	מְצָאתֶ֫ם	2 pl
	מָצָ֫אנוּ	1 pl
מִצְאִי	מְצָא	Ipt s
מְצֶ֫אנָה	מִצְאוּ	pl
	מְצֹא	inf c
	מָצוֹא	inf a

41 Zweiradikalige Verben mit langem Vokal (Hohle Wurzeln oder Verben ע״ו)

קום	sich erheben
בין	verstehen
בוא	hineingehen
בוש	sich schämen
מות	sterben

41.1 Allgemeines

Diese ursprünglich zweiradikaligen Verben haben einen langen Vokal in der Stammsilbe, der oft plene, mit Waw oder Jod, geschrieben ist. Es steht also scheinbar an der Stelle des mittleren Radikals ein Vokalbuchstabe[1] Waw bzw. Jod, daher der Name „Hohle Wurzeln“.

Im Lexikon werden nicht die AK-Qal-Formen, sondern (unvokalisiert) die Formen des **Infinitiv Qal** zitiert mit den Vokalbuchstaben Waw für die Imperfektvokale **u** (קוּם) und **o** (בּוֹשׁ) und Jod für den Imperfektvokal **i** (בִּין).

Gemeinsame Merkmale

Die **Stammsilbe** hat einen **langen** Vokal, nur a kommt auch kurz vor.

Vokalische Afformative sind **unbetont**.

Vor konsonantischen Afformativen können **Trennungsvokale** (Infixvokale) stehen.

Die langen Vokale a und e in den **Präformativsilben** sind **veränderlich** (Vortonvokale).

---

[1] Starke Verben mit konsonantischem Jod oder Waw als II. Radikal sind wohl erst spätere Bildungen, z.B. גָּוַע (Num 20,29), אָיַבְתָּ (Ex 23,22), auch Pi'el לְקַיֵּם von קום (Rut 4,7).

41.2 Schwache Formen ohne Präformativ (Qal)

Tabelle

בין		קום		
f	m	f	m	AK
בִּ֫ינָה	בָּן / בִּין	קָ֫מָה	קָם	3 s
בִּינוֹת	בִּינ֫וֹתָ	קַ֫מְתְּ	קַ֫מְתָּ	2 s
	בִּינ֫וֹתִי		קַ֫מְתִּי	1 s
	בִּ֫ינוּ		קָ֫מוּ	3 pl
בִּינוֹתֶ֫ן	בִּינוֹתֶ֫ם	קַמְתֶּן	קַמְתֶּם	2 pl
	בִּינ֫וֹנוּ		קַ֫מְנוּ	1 pl
בִּ֫ינִי	בִּין	ק֫וּמִי	קוּם	Ipt s
-	בִּ֫ינוּ	ק֫מְנָה	ק֫וּמוּ	pl
	לָבִין		לָקוּם	inf c
			קוֹם	inf a
	בָּן	קָ֫מָה קָ֫מִים / קָמֵי	קָם	Partizip
			[מוּל][1]	Ptz pass

Vokale

Das a in der **Stammsilbe** ist in der AK Qal vorherrschend. Es ist auch vor den unbetonten Afformativen erhalten. Bei Verben ‘Ajin-Jod, z.B. בִּין, deren Imperfektvokal i ins Perfekt eingedrungen ist, kommt auch der **Trennungsvokal** (Infix) וֹ vor. **Infinitiv** und **Imperativ** gehören zur Imperfektklasse mit den Vokalen **u** oder **i**.

Partizip

Das **Partizip** Aktiv Qal hat dieselbe Form wie die 3. Person m s: קָם. Die Nominalendungen sind betont, der Vokal der Stammsilbe bleibt aber unverändert.

[1] Von קום gibt es kein Passiv. Diese Form ist auch bei anderen Verben äußerst selten.

41.3 Schwache Formen mit langem a in der offenen Präformativsilbe (PK Qal und Hif'il)

Übersicht

	Impf Qal (u)	Impf Qal (i)	Impf Hi	Ipt Hi	Inf Hi
Vorton-Qames	יָקוּם	יָבִין	יָקִים[1]	הָקֵם	הָקִים
Suffix betont,					הֲקִימוֹ
Afformativ nicht	יָקוּמוּ	יָבִינוּ	יָקִימוּ	הָקִימוּ	
	תָּקוּמְנָה	תָּבֵנָּה	תָּקֵמְנָה	הָקֵמְנָה	
Infixvokal, betont	תְּקֻמֶינָה		תְּקִימֶינָה		
Jussiv	יָקוֹם	יָבֵן	יָקֵם		
Narr. i.P.	וַיָּקֹם	וַיָּבֵן	וַיָּקֵם		
Narrativ i.K.	וַיָּקָם	וַיָּבֶן	וַיָּקֶם		

Das **Vorton-Qames**[2] in den offenen Präformativsilben ist **veränderlich**, also in entsprechender Entfernung von der Haupttonsilbe verflüchtigt.

Imperfektvokale

In den Stammsilben stehen im Qal die Imperfektvokale **u** (lang) oder **i** (lang)[3], im Hif'il i (lang). Sie sind in vielen Formen **erhalten**, weil sich die Betonung nicht ändert (außer vor Suffix). In einigen Fällen kann **u zu o, i zu e** abgelautet sein, z.B. bei den eigenen **Jussiv**-Formen (➔ § 32.2), die diese Verben bilden können, und in Narrativ-Formen. In endungslosen **Narrativ**-Formen kann (i.K.) die vorletzte Silbe betont und der Imperfektvokal gekürzt sein (o zu å, e zu ä)[4].

Infix

In den fem-pl-Formen kann der **Trennungsvokal** (Infixvokal) ä (ֶי) auftreten. Er ist betont, das a in der Präformativsilbe verflüchtigt.

---

[1] Bei Verben mit dem Imperfektvokal i (z.B. בין) sind PK Qal und PK Hif'il gleich.

[2] Dehnung in offener Silbe.

[3] Zum Imperfektvokal a ➔ unten (בוש).

[4] „Tonzurücknahme" ➔ § 25.4.

41.4 Schwache Formen mit langem e in der offenen Präformativsilbe (AK Hif‘il)

AK Hif‘il	In der offenen Präformativsilbe steht langes e (gedehnt aus i),	הֵקִים [הִקְטִיל]
	bei Formen mit unbetontem vokalischem Afformativ erhalten,	הֵקִ֫ימָה
	bei weiterrückendem Ton, wenn Trennungsvokal (Infix) und / oder Suffixe auftreten, verflüchtigt[1].	הֲקִימ֫וֹתָ הֲקִמוֹת֫וֹ
Partizip	Hier gehört auch das Partizip Hif‘il zur Perfektklasse.	מֵקִים
	Bei betonten Nomen-Endungen erscheint das e verflüchtigt.	מְקִימִים

41.5 Schwache Formen mit offener Präformativsilbe: Nif‘al und Hof‘al

Nif‘al- und Hof‘al-Formen sind von Verben ע״ו höchst selten und von קום gar nicht belegt.

AK Nif‘al	Veränderliches langes a tritt auch in der Präformativsilbe im Perfekt Nif‘al auf; der Stammvokal ist o.	נָפוֹץ[2]
	Auch der Trennungsvokal (Infix) o kommt vor[3].	נְסוּג֫וֹתִי[4]
Hof‘al	Unveränderliches langes u steht im Präformativ aller Hof‘al-Formen (wie bei Verben Pe-Waw)	הוּקַם*

[1] Anders bei מות Hi: הֵמַ֫תָּה.

[2] von פוץ „zerstreuen“.

[3] Vor dem Trennungsvokal o ist der Stammvokal o zu u abgelautet. Er kann auch erhalten sein, z.B. in נְפֹצוֹתֶם „ihr seid zerstreut worden“.

[4] von סוג (Ni „zurückbleiben“).

41.6 Schwache Formen mit geschärfter Präformativsilbe (PK Nif‘al und aramaisierende Formen)

PK Nif‘al

Im Nif‘al (Präformativ--Konjugation) sind Formen mit Dagesch forte im ersten Radikal regulär (➔ § 41.5).

(Impf) יִקּוֹם*
(inf / ipt) הִקּוֹם*

Auch in anderen Stämmen kommen bei einigen Verben Ajin Waw Formen vor, die aussehen **wie** schwache Formen von **Verben Pe-Nun**: Statt offener, langer Präformativsilbe ist eine kurze, geschlossene Präformativsilbe gebildet durch ein **Dagesch forte** im I. Radikal. Man spricht von „aramaisierenden“ Formen, weil sie nach dem Vorbild aramäischer Verben gebildet sind.

aramaisierende Formen

Solche aramaisierende Formen finden sich vor allem im Hif‘il. Das wichtigste Beispiel ist das Hif‘il von נוּחַ **„ruhen“**, das zwei verschiedene Bedeutungen hat:

נוּחַ Qal „ruhen“	neben Hif‘il:	הֵנִיחַ	„Ruhe verschaffen“
		יָנִיחַ	
	auch Hif‘il:	הִנִּיחַ	„hinstellen / zurücklassen“
		יַנִּיחַ	

41.7 Doppelungsstämme

Die normalen Doppelungsstämme mit Verdoppelung des mittleren Radikals kommen so gut wie nicht vor[1], weil es keinen mittleren Radikal gibt. Stattdessen sind **Parallelstämme** gebildet:

Polel, Polal, Hitpolel

aktiv: Polel	passiv: Polal	reflexiv: Hitpolel
קוֹמֵם	קוֹמַם	הִתְקוֹמֵם

Im Übrigen sind die Formen gebildet wie bei den Doppelungsstämmen des starken Verbs. Dabei können in Polel und Polal übereinstimmende Formen vorkommen (קוֹמֵם / קוֹמַמְתָּ).

[1] Doch ➔ oben, § 41.1, Anmerkung 1.

41.8 Verben mit Besonderheiten

בוא

Das Verb בוא „kommen / hereingehen“

In der AK Qal (Perfekt und Partizip) steht in allen Formen **langes a,** sonst überall **langes o** in der Stammsilbe.

Hif‘il-Formen sind regelmäßig.

Perfekt	Partizip	Imperfekt	Narrativ	Inf / Ipt
בָּא	בָּא	יָבוֹא	וַיָּ֫בוֹא	בּוֹא
בָּ֫אוּ	בָּ֫אִים	יָבֹ֫אוּ		
		תָּבֹ֫אנָה [1]		

בושׁ

Das Verb בושׁ „sich schämen“

Das Verb בושׁ ist eins der ganz wenigen[2], die in der AK Qal den Stammvokal o zeigen:

Die Form יֵבוֹשׁ in der PK Qal erklärt sich aus dem **Imperfektvokal a** (abgelautet zu o) und dem Präformativvokal i, in der offenen Silbe gedehnt zu e.

Neben dem regelmäßigen **Hif‘il** הֵבִישׁ gibt es ein Hif‘il, das nach dem Muster der Verben Pe-Waw gebildet ist: הוֹבִישׁ.

בּוֹשׁ - בֹּ֫שָׁה - בֹּ֫שְׁתָּ
יֵבוֹשׁ
הֵבִישׁ / הוֹבִישׁ

מות

Das Verb מות „sterben“

Als einziges Verb ע״ו hat מות in der AK Qal den **Stammvokal e**:

מֵת	3 m s
מֵ֫תָה	3 f s
מַ֫תָּ	2 m s

---

[1] Dreimal auch: תְּבֹאֶ֫ינָה.

[2] außerdem z.B. אור „leuchten“ und טוב „gut sein“, die hauptsächlich im Hif‘il vorkommen.

41.9 Verben mit Gutturalen

III. gutturalis

Steht als letzter Radikal ein Guttural, so ist der **Vokal e** in endungslosen Formen **durch a verdrängt** (➔ § 09.4), z.B. im Jussiv und im imperfectum consecutivum des Hif'il. Auch im Qal wird das o des Jussiv und des Imperfectum consecutivum durch a verdrängt, so dass **übereinstimmende** Qal / Hif'il-Formen vorkommen:

Zum Beispiel נוּחַ „ruhen":

Impf Hif'il	יָנִיחַ	Jussiv	יָנַח	Impf.cons.	וַיָּנַח
Impf Qal	יָנוּחַ	Jussiv	יָנַח	Impf.cons.	וַיָּנַח

I. gutturalis

Steht als I. Radikal ein Guttural, so kann im Präformativ des Hif'il in entsprechender Entfernung zur Haupttonsilbe der Vokal **Patach statt Chatef-Patach** auftreten.

עוּד Hif'il „verwarnen"		הֵעִיד	2 m s:	הַעִידוֹתָ

42 Zweiradikalige Verben mit kurzem Vokal - (sogenannte Verben ע״ע)

סבב	umgeben
קלל	gering sein
רעע	schlecht sein

42.1 Allgemeines

*Diese ursprünglich zweiradikaligen Verben haben einen kurzen Vokal in der Stammsilbe bei verdoppeltem II. Radikal (*sabb).*

In einigen Formen ist der II. Radikal als III. wiederholt, so dass dreiradikalige Formen auftreten. Das ist u.a. der Fall in der 3 m s AK Qal. Darum kann man diese Verben als dreiradikalige Wurzeln zitieren (סבב)[1] .

Starke Formen

Stark gebildet sind immer:

die **Partizipien** des Qal, סֹבֵב - סָבוּב

der **absolute Infinitiv** des Qal סָבֹב

und die **Doppelungsstämme**. סִבֵּב - סֻבַּב - הִסְתַּבֵּב

Starke neben schwachen Formen in der 3. Person AK Qal: סָבַב - סָבְבָה - סָבְבוּ

Alle anderen Formen sind **schwach** gebildet.

---

[1] Der Name Ajin-Ajin (ע״ע) bedeutet also nicht, dass der II. Radikal ein Ajin (ע) ist, sondern dass er zweimal erscheint.

42.2 Merkmale der schwachen Formen

gemeinsame Merkmale

In der Stammsilbe (d.h. der Silbe, die mit dem I. Radikal beginnt) steht grundsätzlich ein **kurzer Vokal**. Nur u (Qal) und i (Hif'il) sind in der Tonsilbe zu o bzw. e gedehnt.

In Formen mit Endung erscheint das **Dagesch forte** im II. Radikal.

Vokalische Afformative sind **unbetont**.

Vor konsonantischen Afformativen stehen Trennungsvokale (**Infixe**), und zwar im Perfekt o (וֹ), in der Imperfekt-Klasse ä (יֶ).

Die langen Vokale a und e in den offenen Präformativsilben sind veränderlich[1] (**Vorton-Vokale ➔** § 10).

42.3 Schwache Formen ohne Präformativ (Perfekt und Imperativ / Infinitiv Qal)

Tabelle

Infinitiv	Imperativ		Perfekt		
	f	m	f	m	
סֹ֫ב			סַ֫בָּה	סַב	3 s
m.Suffix:	סֹ֫בִּי	סֹב	סַבּ֫וֹת	סַבּ֫וֹתָ	2 s
סֻבֵּ֫נִי				סַבּ֫וֹתִי	1 s
			סַ֫בּוּ		3 pl
	סֻבֶּ֫ינָה	סֹ֫בּוּ	סַבּוֹתֶן	סַבּוֹתֶם	2 pl
				סַבּ֫וֹנוּ	1 pl

[1] weil sie durch Dehnung entstanden sind.

Stammvokale

Die Stammvokale sind: **kurzes a** im Perfekt, **langes o** im Imperativ / Infinitiv.

Vor Endungen: bleibt der Stammvokal **erhalten** (unbetontes o zu u gekürzt) und zeigt der II. Radikal **Dagesch forte**.

42.4 Schwache Formen mit a in der offenen Präformativsilbe - PK Qal und Hif'il, AK Nif'al

Übersicht

Nif'al		Imperativ Hif'il		PK Hif'il		PK Qal		
f	m	f	m	f	m	f	m	
נָסַבָּה	נָסַב			תָּסֵב	יָסֵב	תָּסֹב	יָסֹב	3 s
	נְסַבֹּתָ	הָסֵבִּי	הָסֵב	תָּסֵבִּי	תָּסֵב	תָּסֹבִּי	תָּסֹב	2 s
	נְסַבֹּתִי				אָסֵב		אָסֹב	1 s
	נָסַבּוּ			תְּסִבֶּינָה	יָסֵבּוּ	תְּסֻבֶּינָה	יָסֹבּוּ	3 pl
sonst sind keine		הֲסִבֶּינָה	הָסֵבּוּ	תְּסִבֶּינָה	תָּסֵבּוּ	תְּסֻבֶּינָה	תָּסֹבּוּ	2 pl
Nif'al-Formen be-legt.					נָסֵב		נָסֹב	1 pl
Partizip Nif'al					וַיָּסֶב		וַיָּסָב	Narr
נְסַבָּה	נָסָב							

Vokale

Der gedehnte Präformativvokal **a ist veränderlich**, also in entsprechender Entfernung von der Haupttonsilbe verflüchtigt (im Hi zu Chatef-Patach).

In den betonten **Stammsilben** stehen lange Vokale (o, e), in unbetonten kurze (å, u, i, ä).

42.5 Schwache Formen mit e in der offenen Präformativsilbe (PK Qal und AK Hif'il)

Der Präformativ-Vokal i, in der offenen Silbe gedehnt zu e, kommt vor im Qal bei Verben mit **Imperfektvokal a** (z.B. קלל) und in Perfekt und Partizip **Hif'il**.

Impf Qal	Perf Hi	Ptz Hi
יֵקַל	הֵסֵב	מֵסֵב
יֵקַ֫לּוּ	הֵסֵ֫בָּה	מְסִבָּ֫ה
תְּקַלֶּ֫ינָה	הֲסִבּ֫וֹתָ	

e veränderlich

Das e ist **Vortonvokal** und in entsprechender Entfernung von der Haupttonsilbe verflüchtigt

42.6 Schwache Formen mit u in der offenen Präformativsilbe (Hof'al)

Als Analogiebildungen zu den Verben פ״ו haben alle Hof'al-Formen **unveränderliches** u in der Präformativsilbe.

42.7 Schwache Formen mit geschärfter Präformativsilbe (PK Nif'al und aramaisierende Formen)

In der PK des Nif'al sind geschärfte Präformativsilben regulär, z.B. יִסַּב

sehen aus wie Pe-Nun

Auch in anderen Stämmen sind nach dem Vorbild des **Aramäischen** PK-Formen gebildet worden, in denen der I. Radikal verdoppelt ist. Die Formen sehen aus wie Formen von Verben פ׳נ (➔ § 41.6).

z.B. neben Impf Qal	יָסֹב:	תִּסֹּ֫בְנָה	יִסְּבוּ	יִסֹּב
	von תמם „zuende sein“:		וַיִּתְּמוּ	יִתֹּם
		neben	יִתַּ֫מּוּ	
neben Hif'il	יָסֵב :		וַיַּסֵּ֫בּוּ	יַסֵּב
neben Hof'al	יוּסַב :			יֻסַּב

42.8 Doppelungsstämme

Po‘el, Po‘al Hitpo‘el

Die normalen Doppelungsstämme gibt es. Häufiger sind **Parallelstämme**, ähnlich gebildet wie bei den Verben ע״וי (➔ § 41.7).

Pi‘el:	סִבֵּב	Pu‘al:	סֻבַּב	Hitpa‘el:	הִסְתַּבֵּב
Po‘el:	סֹבֵב	Po‘al:	סֹבַב	Hitpo‘el:	הִסְתֹּבֵב

42.9 Verben mit Gutturalen

II. und III. gutturalis

Einem Guttural als letztem Radikal muss **a vorausgehen** (➔ § 09.4). Das e des Hif‘il wird meist verdrängt, sonst steht Patach furtivum:

Zum Beispiel רעע:

	Qal	Hif‘il
Perfekt	רַע	הֵרַע
Imperfekt	יֵרַע	יָרַע
Infinitiv	רֹעַ	הָרַע

Statt der Verdoppelung des II. Radikals tritt fast immer **Ersatzdehnung** auf.

vergleiche	סַבָּה	הֲסִבֹּתָ
mit	רָעָה	הֲרֵעוֹתָ

primae gutturalis

Bei Chet als I. Radikal kann statt Chatef-Patach **Patach** auftreten.

Zum Beispiel חלל „anfangen“:

הַחִלֹּותָ

Bei Verben I. gutturalis kann auch der **Stammvokal** u in der PK Qal zu **å** abgelautet sein.

Zum Beispiel חנן „gnädig sein“:

vergleiche	יְסֻבֵּנִי
mit	יְחָנֵּנִי

43 Merkmale für die Analyse schwacher Verbformen

Wichtigstes Merkmal für die Analyse schwacher Verbformen ist das Vorhandensein und die Gestalt einer Präformativsilbe.

Die Präformativsilbe kann **geschlossen** *sein (bei starken Verben und Verben Lamed-He und Lamed-Alef) mit dem Sonderfall der geschärften Silbe (Dagesch forte im ersten sichtbaren Radikal); oder die Präformativsilbe kann* **offen** *sein, mit langem Vokal (bei schwachen Verben) mit dem Sonderfall der Vorschlagsilbe (Schwa mobile).*

Ohne Präformativ sind AK-Qal / Pi'el- und Infinitiv / Imperativ-Formen.

43.1 Formen mit geschärfter Präformativsilbe

	stark. Verb	ל״ה	פ״נ	פ״ו (צ)	ע״וי	ע״ע
Qal PK Nif'al AK			יִפֹּל נִפַּל	יִצַּת נִצַּת		יִסֹּב
Nif'al PK	יִקָּטֵל	יִגָּל			יִקּוֹם	יִסַּב
Hif'il			הִפִּיל יַפִּיל	הִצִּית יַצִּית	הִנִּיחַ יַנִּיחַ	יַסֵּב
Hof'al			הֻפַּל			יֻסַּב

Außer im Nif'al erscheint ein Dagesch forte im ersten sichtbaren Radikal vor allem bei den **Verben פ״נ**.

Was sonst so aussieht wie schwache Formen von Verben פ״נ, können **aramaisierende** Formen von zweiradikaligen Verben sein oder kann von Verben mit Jod (פ״י) und **Sadé** herkommen.

43.2 Formen mit Präformativ

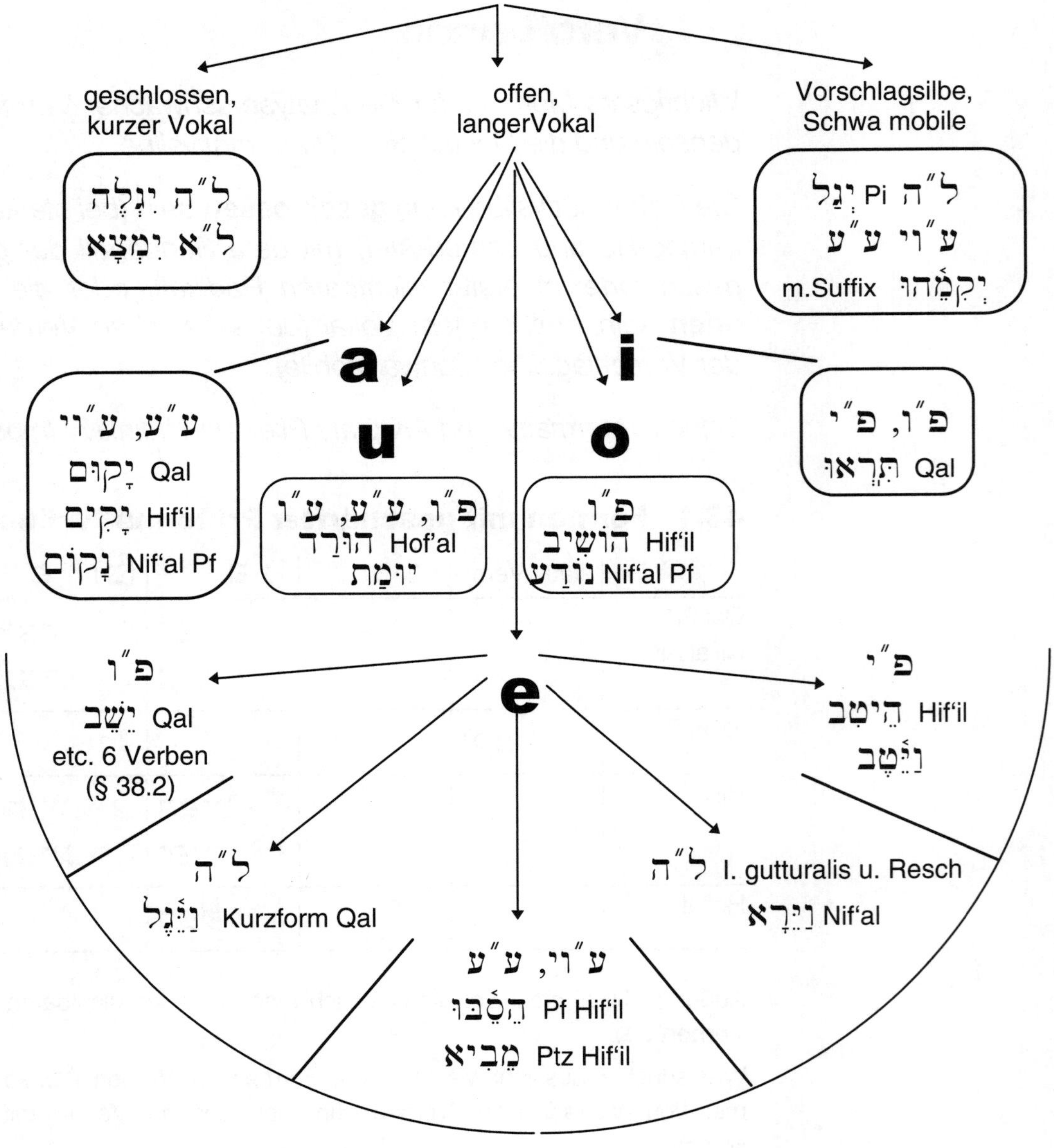

43.3 Formen ohne Präformativ

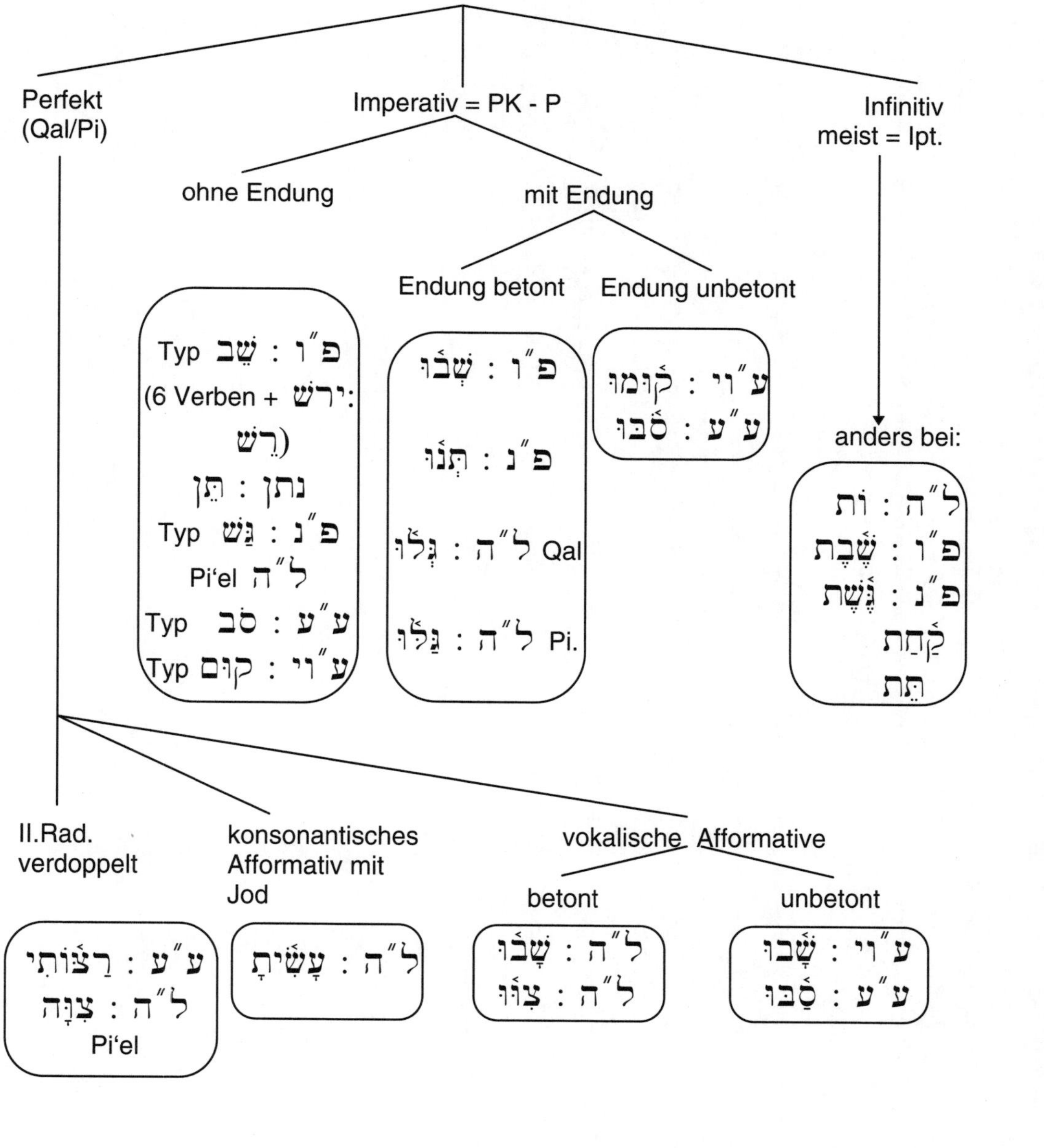

teil drei TEXTE

44 Satztypen

44.1 Klassifizierung

Zur grammatischen Analyse pflegen wir Texte in kleinere Einheiten aufzugliedern, die wir „Sätze“ nennen. In dieser Grammatik wird nicht zu definieren versucht, was ein Satz ist. Wir wissen intuitiv, was ein Satz ist, und dies genügt, um grammatisch praktikable Aussagen zu machen.

Sätze

בְּרֵאשִׁית בָּרָא אֱלֹהִים אֵת הַשָּׁמַיִם וְאֵת הָאָרֶץ׃	a	Am Anfang schuf Gott den Himmel und die Erde.
וְהָאָרֶץ הָיְתָה תֹהוּ וָבֹהוּ	b	Und die Erde war wüst und leer.
וְחֹשֶׁךְ עַל־פְּנֵי תְהוֹם	c	Und Finsternis (war) über der Tiefe.
וְרוּחַ אֱלֹהִים מְרַחֶפֶת עַל־פְּנֵי הַמָּיִם׃	d	Und der Geist Gottes (war) etwas Schwebendes über dem Wasser.
וַיֹּאמֶר אֱלֹהִים	e	Und Gott sprach:
יְהִי אוֹר	f	„Es werde Licht!“
וַיְהִי אוֹר׃	g	Und es wurde Licht.
וַיַּרְא אֱלֹהִים אֶת־הָאוֹר	h	Und Gott sah das Licht.
כִּי־טוֹב	i	Ja, (es war) gut.
וַיַּבְדֵּל אֱלֹהִים בֵּין הָאוֹר וּבֵין הַחֹשֶׁךְ׃	j	Und Gott trennte zwischen dem Licht und der Finsternis.
וַיִּקְרָא אֱלֹהִים לָאוֹר יוֹם	k	Und Gott nannte das Licht Tag;
וְלַחֹשֶׁךְ קָרָא לָיְלָה	l	die Finsternis aber nannte er Nacht.

	וַיְהִי־עֶרֶב	m	Und es wurde Abend.
	וַיְהִי־בֹקֶר	n	Und es wurde Morgen.
(Gen 1,1-5)	יוֹם אֶחָד׃	o	(Es war) ein Tag.

Der zitierte Textausschnitt aus Genesis 1 ist nach den Textteilen gegliedert, die wir intuitiv für **Sätze** halten.[1] Sieht man zunächst ab von den „Sätzen“ i (כִּי־טוֹב) und o (יוֹם אֶחָד), so lassen sich deutlich **zwei Typen** unterscheiden:

A tut B

Typ 1: Zu einem Satz gehören alle Wörter, die sich in der Umgebung eines finiten **Verbs** diesem Verb zuordnen lassen. Ein solcher Satz macht eine Aussage vom Typ: „A tut B“. Man kann solch einen Satz einen „**Verbalsatz**“ nennen. Die Grenze zwischen zwei Sätzen ist die Grenze zwischen dem Einzugsbereich beider Verben.

A ist B

Der andere Satztyp besteht aus **zwei Nomina** oder Nominalgruppen, die so aufeinander bezogen sind, dass eine Aussage vom Typ „A ist B“ entsteht. Dabei ist die Stelle, die in einem deutschen Satz durch eine Form des Hilfsverbs „sein“ besetzt sein muss, im hebräischen Satz nicht besetzt: „A - B“. Man kann einen solchen Satz einen „**Nominalsatz**“ nennen. Zu einem solchen Satz gehören alle Wörter, die sich einem der beiden Glieder der Aussage zuordnen lassen.

Eingliedrige Sätze wie כִּי־טוֹב oder יוֹם אֶחָד lassen sich als unvollständige, **elliptische** Sätze beschreiben.

Diese erste formale Abgrenzung der Satztypen ist unter dem Gesichtspunkt der Textgrammatik unvollkommen. Für das Gewicht der Sätze im Text und für die Gliederung von Texten ist wichtig, wie die **erste Position** eines Satzes besetzt ist. Darum wird in dieser Grammatik unterschieden zwischen **Verbalsätzen** (VS), die mit einer finiten Verbform beginnen, und **Nominalsätzen** (NS), die nicht mit einem finiten Verb beginnen.[2]

Verbalsätze

Bei Verbalsätzen liegt der Nachdruck auf dem **Verb**, das einen **Vorgang** schildert.

---

[1] Diese Abgrenzung entspricht nicht der Vers-Einteilung der Hebräischen Bibel.

[2] Zu „Nebensätzen“, die mit einer Konjunktion beginnen, ➔ § 44.2.

Nominalsätze

Bei Nominalsätzen liegt der Nachdruck auf dem vorn stehenden **Nomen**, über das eine **Aussage** gemacht wird. Darum zählen wir zu den „Nominalsätzen“ nicht nur die Sätze ohne Verb (wie Beispiel c: וְחֹשֶׁךְ עַל־פְּנֵי תְהוֹם), sondern auch solche, in denen auf das satzeinleitende Nomen noch eine finite Verbform folgt, wie im Beispiel b: וְהָאָרֶץ הָיְתָה תֹהוּ וָבֹהוּ. Die Aussage über das Nomen besteht zwar aus einem ganzen Satz: „sie war wüst und leer“, schildert aber keinen Vorgang, sondern den **Zustand** von אֶרֶץ „Erde“.

Zusammengesetzte Nominalsätze

Nominalsätze, deren Prädikat aus einem ganzen Satz besteht, bezeichnen wir als **„Zusammengesetzte Nominalsätze“** (ZNS).[1]

Der erste Satz von Gen 1: בְּרֵאשִׁית בָּרָא אֱלֹהִים אֵת הַשָּׁמַיִם וְאֵת הָאָרֶץ׃ ist auch als ZNS anzusehen. Er steht unter den Bedingungen eines Text-Anfangs, wo nur bestimmte Formulierungen möglich sind (➔ § 54.2), und zeigt, dass es nicht nur darauf ankommt, ob ein Zustand geschildert wird, sondern auch darauf, dass ein (nicht verbaler) Satzteil, hier eine Zeitbestimmung, besonderen **Nachdruck** erhält.

44.2 Die Funktion der Satztypen im Text

in Erzählungen

In **Erzählungen** bilden die **Verbalsätze** mit der Betonung des Vorgangs den **Vordergrund** des Erzählens. Es sind hauptsächlich Sätze mit einer Narrativform an der Spitze, die zur Bildung von Ketten tendieren.

Die **Nominalsätze** (NS und ZNS) enthalten Voraussetzungen, Beschreibungen, Zustände, Notizen über handelnde Personen und geben so den **Hintergrund** des Erzählens ab[2]. Sie unterbrechen die Narrativ-Ketten und sorgen für Rahmen und Gliederung.

Ebenfalls zum Hintergrund des Erzählens gehören Verbalsätze, die vor dem Verb nur eine **Konjunktion** (אִם, אֲשֶׁר, כִּי) oder לֹא haben. Sie sind „Nebensätze“ und haben mit den no

---

[1] Andere Grammatiken nennen solche Sätze auch „invertierte Verbalsätze“. Es ist aber praktisch, Satzformen mit einem gemeinsamen Terminus zu benennen, wenn sie in den Texten im Wesentlichen gleiche Funktionen haben.

[2] „Vordergrund“ und „Hintergrund“ sind Metaphern aus der Welt des Theaters: Man kann das Bild ausmalen: Was in den Verbalsätzen erzählt wird, spielt sich vorn an der Rampe ab. Wenn Nominalsätze „auftreten“ (!), werden Nebenschauplätze bespielt, Kulissen gemalt und geschoben, Personen bewegt, oder es hebt oder senkt sich der Vorhang.

minalen Sätzen gemeinsam, dass sie nicht mit der finiten Verbform beginnen. Zum Tempus in solchen Sätzen ➔ § 48.

Die Verteilung von VS und NS (bzw. ZNS) im Beispieltext **Gen 1** ist **typisch** für viele Erzähltexte: Nominalsätze häufen sich am Anfang, von Satz (e) an überwiegen die Verbalsätze. Sie beherrschen, nur gelegentlich von NS-Einschüben unterbrochen, die ganze Schöpfungserzählung, die in Gen 2,4a mit einem Nominalsatz schließt.

in anderen Redeformen

In anderen Redeformen als der Erzählung sind Nominalsätze häufiger. Grundsätzlich gilt auch in **besprechenden** Texten, dass im **Nominalsatz kein Vorgang** geschildert wird.

וְהָלַכְתָּ מִשָּׁם וָהָלְאָה וּבָאתָ עַד־אֵלוֹן תָּבוֹר וּמְצָאוּךְ שָׁם שְׁלֹשָׁה אֲנָשִׁים עֹלִים אֶל־הָאֱלֹהִים בֵּית־אֵל	a	Und wenn du von dort weitergehst und zur Terebinthe Tabor kommst, begegnen dir dort drei Männer, die zum Gott(esheiligtum) nach Bet El hinaufgehen.
אֶחָד נֹשֵׂא שְׁלֹשָׁה גְדָיִים וְאֶחָד נֹשֵׂא שְׁלֹשֶׁת כִּכְּרוֹת לֶחֶם וְאֶחָד נֹשֵׂא נֵבֶל־יָיִן׃ וְשָׁאֲלוּ לְךָ לְשָׁלוֹם (1 Sam 10,3)		Einer trägt drei Böckchen, einer trägt drei Brote, und einer trägt einen Schlauch mit Wein. Und sie entbieten dir den Friedensgruß ...

Wenn **Handlungsabläufe** besprochen werden (a), stehen auch im Vordergrund die Verbalsätze, während die Nominalsätze (NS und ZNS) Hintergrundinformationen bieten und zum Fortgang der Handlung nicht beitragen.[1]

Man kann aber außerhalb der Erzählung die Nominalsätze **nicht generell** dem **Hintergrund** der Rede zuweisen. Es gibt Gattungen, die anders strukturiert sind.

im Dialog

וַיֹּאמֶר אֲלֵיהֶם [יוֹסֵף] מְרַגְּלִים אַתֶּם לִרְאוֹת אֶת־עֶרְוַת הָאָרֶץ בָּאתֶם׃	b	Und er (Josef) sagte zu ihnen: „Spione seid ihr. Um die Schwäche des Landes auszuspionieren, seid ihr gekommen.“

[1] Zu den Tempora in solchen Verbalsätzen ➔ §§ 48 und 51.4

וַיֹּאמְרוּ אֵלָיו לֹא אֲדֹנִי וַעֲבָדֶיךָ בָּאוּ לִשְׁבָּר־אֹכֶל׃ כֻּלָּנוּ בְּנֵי אִישׁ־אֶחָד נָחְנוּ כֵּנִים אֲנַחְנוּ לֹא־הָיוּ עֲבָדֶיךָ מְרַגְּלִים׃	Sie sagten zu ihm: „Nein, Herr, wo doch (wir,) deine Sklaven gekommen sind, um Lebensmittel zu kaufen! Wir alle: Söhne *eines* Mannes sind wir; ordentliche Leute sind wir; keinesfalls sind deine Sklaven Spione!“
וַיֹּאמֶר אֲלֵיהֶם לֹא כִּי־עֶרְוַת הָאָרֶץ בָּאתֶם לִרְאוֹת׃	Er sagte zu ihnen: „Nein! Tatsächlich seid ihr gekommen, um die Schwäche des Landes auszuspionieren.“
וַיֹּאמְרוּ שְׁנֵים עָשָׂר עֲבָדֶיךָ אַחִים אֲנַחְנוּ בְּנֵי אִישׁ אֶחָד בְּאֶרֶץ כְּנָעַן וְהִנֵּה הַקָּטֹן אֶת־ אָבִינוּ הַיּוֹם וְהָאֶחָד אֵינֶנּוּ׃	Sie sagten: „Zwölf sind deine Sklaven (eigentlich); Brüder sind wir; Söhne *eines* Mannes im Land Kanaan; und zwar ist der Jüngste zur Zeit bei unserem Vater; den zwölften aber gibt es nicht mehr.“
וַיֹּאמֶר אֲלֵיהֶם יוֹסֵף הוּא אֲשֶׁר דִּבַּרְתִּי אֲלֵיכֶם לֵאמֹר מְרַגְּלִים אַתֶּם׃ (Gen 42, 9-14)	Und Josef sagte zu ihnen: „Es bleibt bei dem, was ich euch gesagt habe, nämlich: Ihr seid Spione!“

Vor allem in einem Dialog (b), in dem **wechselnde Partner** ihre Standpunkte gegeneinander abheben, beherrscht der NS die Rede.

וַיֹּאמֶר אֵלָיו אַתָּה יָדַעְתָּ אֵת אֲשֶׁר עֲבַדְתִּיךָ וְאֵת אֲשֶׁר־הָיָה מִקְנְךָ אִתִּי׃ (Gen 30,29)	c	Er sagte zu ihm: „Du (selbst) weißt, wie ich dir gedient habe und wie es deinem Vieh bei mir ergangen ist.“

Auffallend häufig begegnet in Dialogen der ZNS אַתָּה יָדַעְתָּ „Du (bist es, der) weißt“. Ebenso gut wäre ein VS möglich, doch die **Orientierung** der Sprecher im Sprechakt hat Vorrang (c).

Prophetenspruch

שִׁמְעוּ שָׁמַיִם וְהַאֲזִינִי אֶרֶץ כִּי יְהוָה דִּבֵּר בָּנִים גִּדַּלְתִּי וְרוֹמַמְתִּי וְהֵם פָּשְׁעוּ בִי׃	d	Höre, Himmel! Merke auf, Erde! Ja, JHWH (ist es, der) redet: „Söhne - ich habe sie aufgezogen und groß-gezogen; doch sie - sie brachen mit mir.
יָדַע שׁוֹר קֹנֵהוּ וַחֲמוֹר אֵבוּס בְּעָלָיו יִשְׂרָאֵל לֹא יָדַע עַמִּי לֹא הִתְבּוֹנָן׃ (Jes 1,2 f)		Es kennt ein Rind seinen Besitzer und ein Esel die Krippe seines Herrn. Israel - es kennt nicht; mein Volk - es zeigt keine Einsicht.“
הִנֵּה הָאָדוֹן יְהוָה צְבָאוֹת מֵסִיר מִירוּשָׁלַםִ וּמִיהוּדָה מַשְׁעֵן וּמַשְׁעֵנָה (Jes 3,1)	e	Siehe, der Herr JHWH Zebaot (ist einer, der) entfernt aus Jerusalem und Juda Stütze und Stab.

Auch in **Prophetischer** Rede ist der Nominalsatz häufiger, nicht nur bei der Schilderung der Situation im sogenannten **Scheltwort** (d), auch in der eigentlichen Ankündigung des Unheils, dem **„Drohwort“** (e) können Nominalsätze die Hauptaussagen enthalten.

Hymnus

כִּי אֵל גָּדוֹל יְהוָה וּמֶלֶךְ גָּדוֹל עַל־כָּל־אֱלֹהִים׃	f	Ja, ein großer Gott ist JHWH und Großkönig über alle Götter!
אֲשֶׁר בְּיָדוֹ מֶחְקְרֵי־אָרֶץ וְתוֹעֲפוֹת הָרִים לוֹ׃ אֲשֶׁר־לוֹ הַיָּם וְהוּא עָשָׂהוּ וְיַבֶּשֶׁת יָדָיו יָצָרוּ׃ (Ps 95,3-5)		In dessen Hand die Fernen der Erde (sind), auch die Gipfel der Berge (sind) sein; dem das Meer (gehört). Er, er hat es gemacht, und das Festland: Seine Hände haben es gebildet.

Für einige **Psalmen**, vor allem für das beschreibende Loblied (Hymnus) sind Nominalsätze typisch (f). Im Einzelfall muss jeweils das Verhältnis von NS und VS geklärt und interpretiert werden. Vor allem in der Poesie ist mit **rhetorischen Figuren** wie dem Chiasmus zu rechnen (c: יָדַע שׁוֹר - יִשְׂרָאֵל לֹא יָדַע).

44.3 Der Satzbau im Nominalsatz (NS)

Die Kategorien „Subjekt“ und „Prädikat“ sind nur bedingt brauchbar. Sie werden hier nach dem Vorbild der arabischen Grammatik verwendet: Subjekt ist „das Bekannte“ (arab. Mubtada‘), Prädikat ist „das Neue“ (arab. Chabar).[1]

(Gen 1,2)	וְרוּחַ אֱלֹהִים מְרַחֶפֶת עַל־פְּנֵי הַמָּיִם׃	a	Und der Geist Gottes: (er war) schwebend über dem Wasser.
(Gen 3,19)	כִּי־עָפָר אַתָּה	b	Ja, Staub: (das bist) du!
(Gen 24,34)	וַיֹּאמַר עֶבֶד אַבְרָהָם אָנֹכִי׃	c	Er sagte: „Der Knecht Abrahams - (das bin) ich.“
(Gen 32,10)	יְהוָה הָאֹמֵר אֵלַי שׁוּב לְאַרְצְךָ	d	JHWH (ist es), der hat zu mir gesagt: „Kehre in dein Land zurück!“

Information

Das **Subjekt** kann voranstehen (a): Über etwas Bekanntes wird eine neue Information gegeben. Das **Prädikat** kann voranstehen (b): Der Nachdruck liegt auf einer neuen Information, die dann durch die Nennung des Subjekts auf Bekanntes bezogen wird. In der Regel steht in beiden Fällen das Prädikat **ohne** Artikel oder sonstige **Determination**.[2]

Identifikation

Sind Subjekt **und** Prädikat durch Artikel oder sonstige Determination als **bekannt** ausgewiesen (c, d), so besteht die neue Information des Satzes in der **Identifikation** zweier bekannter Elemente.

---

[1] Damit ist etwa dasselbe gemeint wie mit den Bezeichnungen „Thema“ (das Vorgegebene) und „Rhema“ (eine neue Information), die in der Linguistik gebräuchlich sind.

[2] Hier zeigt sich recht deutlich, dass die „Determination“ mit „Bekannt oder Neu“ zu tun hat (➔ § 52.5) Man kann den Ausdruck beibehalten, wenn man ihm nicht entnimmt, dass determinierte Nomina „bestimmt“ sind. Rein formal lässt sich definieren: Determinierte Nomina sind solche, denen die Objekt-Partikel אֵת voraufgehen (➔ § 50.1) oder ein Adjektiv mit Artikel folgen (➔ § 46.3) kann. Danach gehören zur Klasse der determinierten Nomina: 1. Nomina mit Artikel, 2. Nomina mit Suffix, 3. Eigennamen und 4. Nomina im status constructus vor 1 bis 3.

וַיהוָה אֱלֹהִים אֱמֶת (Jer 10,10) אֱלֹהִים חַיִּים וּמֶלֶךְ עוֹלָם הוּא	e	JHWH aber (ist) Gott (in) Wahrheit; er (ist) lebendiger Gott und (König der Ewigkeit) ewiger König.
(Dtn 27,16) מַקְלֶה אָבִיו וְאִמּוֹ אָרוּר	f	Verflucht (ist) einer, der seinen Vater oder seine Mutter verächtlich behandelt.

Subjekt und Prädikalt

Subjekt und Prädikat von Nominalsätzen können Nomina und Nominalgruppen **im weitesten Sinn** sein, also auch „Adjektive“ (➔ § 46.3), Pronomina, Partizipien (Textbeispiel f), Infinitive, Adverbien und Präpositionalausdrücke.

Das Prädikat eines NS kann durch alle Nominalgruppen **erweitert** werden (➔ §§ 45 - 47), durch אֲשֶׁר-Sätze (➔ § 53.4) und auch durch **Umstandsbestimmungen** (a, e). Partizipien (Text f) können als Subjekt wie als Prädikat **Objekte** bei sich haben (➔ § 49.1).

44.4 Der Satzbau im Zusammengesetzten Nominalsatz (ZNS)

יְהוָה בְּהֵיכַל קָדְשׁוֹ יְהוָה בַּשָּׁמַיִם כִּסְאוֹ עֵינָיו יֶחֱזוּ עַפְעַפָּיו יִבְחֲנוּ בְּנֵי אָדָם׃ (Ps 11,4)	a	JHWH (ist) in seinem heiligen Tempel. JHWH: im Himmel (ist) sein Thron. Seine Augen: sie schauen. Seine Lider: sie prüfen die Menschenkinder.
אָנֹכִי אָנֹכִי הוּא מֹחֶה פְשָׁעֶיךָ (Jes 43,25)	b	Ich, ich (bin) der, Tilger deiner Sünden (= Ich selbst tilge ...)
וַיֹּאמֶר לוֹ אַמְנוֹן אֶת־תָּמָר אֲחוֹת אַבְשָׁלֹם אָחִי אֲנִי אֹהֵב׃ (2 Sa 13,4)	c	Amnon sagte zu ihm: „Tamar, die Schwester meines Bruders Absalom (auf die kommt zu:) - ich liebe sie.“

Prädikat: ein Satz

Die Aussage über ein vorangestelltes Nomen wird im ZNS durch einen **ganzen Satz** gemacht. Prädikat eines ZNS ist also ein Satz: **Nominalsatz** (a, erste Hälfte) oder **Verbalsatz** (a, zweite Hälfte).

Auf das voranstehende **Über-Subjekt** wird im Prädikatsatz häufig **zurückverwiesen** durch ein Suffix (a) oder ein selbständiges Pronomen (b). Ein solcher Rückverweis geschieht besonders dann, wenn das Subjekt des Prädikatsatzes nicht mit dem Über-Subjekt identisch ist (a, zweiter Satz).

Rückverweis

Wenn das Subjekt des ZNS und das auf dasselbe zurückverweisende pronominale Subjekt des Prädikatssatzes unmittelbar aufeinandertreffen (b), wird das **Subjekt** besonders stark **betont**.

Subjekt mit אֶת

Wenn ein Nomen durch die („Akkusativ"-)Partikel אֶת als **Ziel der Handlung** markiert ist (c), würden wir es nach den lateinisch-abendländischen Kategorien als Akkusativobjekt auffassen. An der Spitze eines hebräischen Zusammengesetzten Nominalsatzes gilt es als **Subjekt**.

44.5 Der Satzbau im Verbalsatz (VS)

וַיֹּאכַל וַיֵּשְׁתְּ וַיָּקָם וַיֵּלַךְ וַיִּבֶז עֵשָׂו אֶת־הַבְּכֹרָה׃ (Gen 25,34)	a	Er aß, er trank, er stand auf, er ging, er verachtete - Esau nämlich - sein Erstgeburtsrecht.
וַיֹּאמֶר אֵלָיו הָאֱלֹהִים בַּחֲלֹם גַּם אָנֹכִי יָדַעְתִּי כִּי בְתָם־לְבָבְךָ עָשִׂיתָ זֹּאת וָאֶחְשֹׂךְ גַּם־אָנֹכִי אוֹתְךָ מֵחֲטוֹ־לִי (Gen 20,6)	b	Gott sprach zu ihm im Traum: „Auch ich- ich weiß (ZNS), dass du dies in der Unschuld deines Herzens getan hast. Und (VS) ich bewahrte dich - ich selbst - davor, gegen mich zu sündigen."
כִּי־יֶלֶד יֻלַּד־לָנוּ בֵּן נִתַּן־לָנוּ וַתְּהִי הַמִּשְׂרָה עַל־שִׁכְמוֹ וַיִּקְרָא שְׁמוֹ פֶּלֶא יוֹעֵץ אֵל גִּבּוֹר אֲבִי־עַד שַׂר־שָׁלוֹם׃ (Jes 9,5)	c	Ja, ein Kind ist uns geboren, ein Sohn ist uns gegeben. Es kam die Herrschaft auf seine Schulter, und man nannte ihn: Wunder-Planer, Macht-Gott, Ewig-Vater, Friedefürst.

שָׁמָּה קָבְרוּ אֶת־אַבְרָהָם וְאֵת שָׂרָה אִשְׁתּוֹ	d	Dort hat man (haben sie) Abraham begraben und Sara, seine Frau.
שָׁמָּה קָבְרוּ אֶת־יִצְחָק וְאֵת רִבְקָה אִשְׁתּוֹ		Dort hat man Isaak begraben und Rebekka, seine Frau.
(Gen 49,31) וְשָׁמָּה קָבַרְתִּי אֶת־לֵאָה׃		Und dort habe ich Lea begraben.

Subjekt

Eine **finite** Verbform enthält in ihrem Person-Morphem bereits das **Subjekt** des Satzes (a: 5 Sätze). Darum braucht dem Prädikat eines Verbalsatzes kein Subjekt mehr zu folgen. Wird es aber genannt, so folgt es dem Verb wie eine Apposition (a, 5. Satz). Folgt der finiten Verbform ein (an sich nicht erforderliches) Pronomen als Subjekt (b), so dient es der **Hervorhebung**, wo Voranstellung und damit ein ZNS nicht möglich oder nicht beabsichtigt ist.

„man“

Das **allgemeine** Subjekt „man“ kann (außer durch Passiv-Formen) durch eine aktive Verbform der **3. Person**, maskulinum, Singular (c) oder Plural (d) ausgedrückt werden.

44.6 Kongruenz

Allgemein gilt auch im Hebräischen der Grundsatz der Kongruenz: Ein Subjekt und sein Prädikat, ein Nomen und sein Attribut (➔ § 46.3), eine Verweisform und das Element, auf das verwiesen wird (➔ § 52), stimmen in Person, Numerus und Genus überein.

Entsprechend steht Plural bei mehreren Subjekten und kommen pluralische Attribute, Pronomina und Verbformen bei Nomina im Dual vor.

Abweichungen von der Kongruenz-Regel

וְיֵדְעוּ כָּל־הַקָּהָל הַזֶּה כִּי־לֹא בְּחֶרֶב וּבַחֲנִית יְהוֹשִׁיעַ יְהוָה (1 Sam 17,46b.47a)	a	Dass (sie wissen, diese ganze Versammlung) diese ganze Versammlung weiß, dass JHWH nicht mit Schwert und Lanze rettet.
וַיִּקַּח אַבְרָם וְנָחוֹר לָהֶם נָשִׁים (Gen 11,29)	b	Da nahm(en) sich Abram und Nachor Frauen.

וַיַּרְא מֶלֶךְ מוֹאָב כִּי־חָזַק מִמֶּנּוּ הַמִּלְחָמָה (2 Kön 3,26)	c	Da sah der König von Moab, dass (der Kampf - f - stärker war - m - als er) er dem Angriff nicht standhielt.
וּלְאַבְרָם הֵיטִיב בַּעֲבוּרָהּ וַיְהִי־לוֹ צֹאן־וּבָקָר וַחֲמֹרִים וַעֲבָדִים וּשְׁפָחֹת וַאֲתֹנֹת וּגְמַלִּים׃ (Gen 12,16)	d	Dem Abram aber tat er Gutes um ihretwillen: So (wurde - m s. - ihm) bekam er Kleinvieh und Großvieh, Esel, Sklaven, Sklavinnen, Eselinnen und Kamele.
קֶשֶׁת גִּבֹּרִים חַתִּים (1 Sam 2,4)	e	Der Bogen der Starken (ist) zerbrochen.

Bei **kollektiv** gebrauchten **Singularen**, die eine Menge von Individuen bezeichnen, kann das verbale Prädikat im **Plural** stehen (a). Umgekehrt steht bei dem "Plural" אֱלֹהִים, wenn das Wort den (einen) Gott Israels bezeichnet, im allgemeinen der **Singular**, oft auch der Artikel.

mehrere Subjekte

Ein verbales Prädikat am **Anfang** eines Satzes kann auch im Singular stehen, wenn es sich auf jedes einzelne von mehreren Subjekten bezieht (b).

Oft steht die **einfachere** maskuline Singularform ohne Rücksicht auf Kongruenz vor femininen Nomina (c) oder vor einer Reihe von Nomina **verschiedenen** Genus und verschiedenen Numerus (d).

Constructus-Verbindung

Gelegentlich kongruiert ein Prädikat mit dem letzten Wort einer **Constructus-Verbindung** (e), obwohl es sich nur auf das erste Wort bezieht.

Zum Kongruenz-Problem bei Zahlwörtern ➔ § 47.2.

45 Nominalgruppen – Constructus-Verbindungen

45.1 Funktion

Dass zwei (oder auch mehrere) Nomina eng zusammengehören, wird im Hebräischen durch eine Constructus-Verbindung[1] ausgedrückt.

בֵּן	(ein) Sohn
בֶּן דָּוִד	der Sohn <u>Davids</u> / <u>David</u>ssohn

Betonung

Beide Wörter bilden eine Sprech- und Sinneinheit. Das letzte Wort, im **Status absolutus**, trägt die volle Betonung und entscheidet über den **Sinn** des Ganzen. Es grenzt die Bedeutung des voraufgehenden Wortes, im Status constructus, ein.[2] Für die **Übersetzung** von Constructus-Verbindungen stehen im Deutschen zur Verfügung: **Genitiv**-Attribute, **zusammengesetzte** Nomina und **präpositionale** Attribute (ausführlich ➔ § 45.4).

45.2 Determination

Die Verbindung ist so eng, dass das **letzte Wort** über die Determination des oder der vorhergehenden mit entscheidet.

דְּבַר הַמֶּלֶךְ	a	<u>das</u> Wort <u>des</u> Königs
דְּבַר אֲדֹנִי	b	<u>das</u> Wort meines Herrn
דְּבַר דָּוִד	c	<u>das</u> Wort Davids
דְּבַר מֶלֶךְ	d	das Wort *eines* Königs / *ein* Königswort

---

[1] Hebr.: סְמִיכוּת „Anlehnung“.

[2] Hebr. und lat. Fachausdrücke ➔ § 16.

Determination

Wenn das Nomen im Status **absolutus** einen **Artikel** hat (a) oder sonst, nämlich durch ein **Suffix** (b) oder als **Eigenname** (c), determiniert[1] ist, dann ist hiermit auch das Nomen im Status constructus determiniert.

Vor einem nicht determinierten Status absolutus steht auch ein nicht determinierter Status constructus (d). Allerdings fordert die **deutsche Grammatik** in einer Verbindung wie (d) an erster Stelle **immer** den bestimmten **Artikel**.

Ersatz durch לְ

Innerhalb einer Constructus-Verbindung wird **nicht doppelt determiniert**. Darum kann ein Nomen im Status constructus **weder Artikel noch Suffix** bei sich haben.[2] Zur Verbindung von determiniertem und indeterminiertem Nomen wird die Präposition לְ verwendet (➔ § 47.1).

45.3 Erweiterungen

וַיִּוָּתֵר יוֹתָם בֶּן־יְרֻבַּעַל הַקָּטֹן (Ri 9,5)	a	Dabei blieb Jotam, (der Sohn Jerubbaals, nämlich der Jüngste) = der jüngste Sohn Jerubbaals, übrig .
רָאשֵׁי בְנֵי־יִשְׂרָאֵל הֵמָּה׃ (Num 13,3)	b	Häupter der Söhne Israels (= Führer der Israeliten) waren sie.
מְעַט וְרָעִים הָיוּ יְמֵי שְׁנֵי חַיַּי וְלֹא הִשִּׂיגוּ אֶת־יְמֵי שְׁנֵי חַיֵּי אֲבֹתַי (Gen 47, 9)	c	Kurz und schlimm waren die Tage der Jahre meines Lebens, und sie erreichten nicht die Tage der Jahre des Lebens meiner Väter.

keine Unterbrechung

Eine Constructus-Verbindung ist so eng, dass sie durch kein anderes Wort unterbrochen werden kann. Nähere **Bestimmungen** stehen **hinter dem Status absolutus**, auch wenn sie sich auf das Nomen im Status constructus beziehen (a).

[1] Zum Begriff „Determination" ➔ § 44.3 (Anm.).

[2] Die verhältnismäßig wenigen Ausnahmen von dieser Regel (z.B. חֶלְקַת הַשָּׂדֶה „ein Stück vom Acker" 2 Sam 23,11) müssen je an ihrem Ort im Kontext interpretiert werden.

Ketten

Einem Nomen im Status constructus können **weitere Nomina** im Status constructus vorangestellt sein (b und c), so dass sich ganze Ketten voneinander abhängiger Nomina ergeben (c). Das **letzte** Nomen (im Status **absolutus**) bestimmt den **Sinn** der ganzen Kette.

וְיֶתֶר דִּבְרֵי יָרָבְעָם אֲשֶׁר נִלְחַם וַאֲשֶׁר מָלָךְ הִנָּם כְּתוּבִים עַל־סֵפֶר דִּבְרֵי הַיָּמִים לְמַלְכֵי יִשְׂרָאֵל׃ (1 Kön 14,19)	d	Der Rest der Angelegenheiten Jerobeams, wie er gekämpft und regiert hat, das ist doch aufgezeichnet im Buch (der Angelegenheiten der Tage =) der Annalen <u>von</u> den Königen Israels.
בָּרוּךְ אַבְרָם לְאֵל עֶלְיוֹן קֹנֵה שָׁמַיִם וָאָרֶץ (Gen 14,19)	e	Gesegnet sei Abram dem höchsten Gott, dem Schöpfer von <u>Himmel und Erde!</u>
שִׂים־נָא יָדְךָ תַּחַת יְרֵכִי׃ וְאַשְׁבִּיעֲךָ בַּיהוָה אֱלֹהֵי הַשָּׁמַיִם וֵאלֹהֵי הָאָרֶץ ... (Gen 24,2 f)	f	Lege deine Hand unter meine Lenden, dass ich dich schwören lasse bei JHWH, dem Gott des Himmels und (dem Gott) der Erde, ...

Ersatz durch ל

Damit die Ketten nicht allzu lang werden, kann zwischendurch die Constructus-Verbindung durch eine Verbindung mit ל **ersetzt** sein (d, ➔ auch § 47.1).

Selten folgen auf einen Status constructus zwei durch ו koordinierte Nomina (e). Stattdessen wird meist der **Status constructus wiederholt** (f). In der deutschen Übersetzung erscheint das regierende Nomen auf jeden Fall nur einmal.

45.4 Übersetzungsmöglichkeiten

In den meisten Fällen können Constructus-Verbindungen deutsch mit Genitiv-Attributen oder mit der Präposition „von“ angemessen wiedergegeben werden. Auf diese Weise wird auch im Deutschen der Bereich angegeben, in dem das Nomen gilt. Oft reicht das aber nicht aus.

kein Genitiv

וַיֹּאמֶר יְהוָה זַעֲקַת סְדֹם וַעֲמֹרָה כִּי־רָבָּה (Gen 18,20)	a	JHWH sprach: „Das Geschrei (von) <u>über</u> Sodom und Gomorra, fürwahr, es ist groß."
רַק הַבְּהֵמָה בָּזַזְנוּ לָנוּ וּשְׁלַל הֶעָרִים אֲשֶׁר לָכָדְנוּ׃ (Dtn 2,35)	b	Nur das Vieh haben wir für uns erbeutet und die Beute aus den Städten, die wir eingenommen hatten.
וַיְדַבֵּר יְהוָה אֶל־מֹשֶׁה בְּמִדְבַּר סִינַי (Num 3,14)	c	JHWH redete mit Mose in der Wüste Sinai.

Namen

Die Constructus-Verbindung kann auch den **Bereich** beschreiben, auf den das Nomen **zielt** (oft „genitivus objectivus" genannt) (a) oder aus dem es **herkommt** (b). Dafür braucht man im Deutschen andere Präpositionen als „von". Auch der **Name** einer Person oder Sache (c) kann im Deutschen nicht als Genitiv angefügt werden, sondern steht als **Apposition**.

וַתֵּרֶב חָכְמַת שְׁלֹמֹה מֵחָכְמַת כָּל־בְּנֵי־קֶדֶם (1 Kön 5,10)	d	So wurde die Weisheit Salomos größer als die Weisheit aller (Söhne = Angehörigen des Ostens) aller Orientalen.
כִּי אִישׁ דָּמִים אָתָּה׃ (2 Sam 16,8)	e	„Ja, ein (Mann von Blutschulden =) Blut-Mensch / Mörder / blutbefleckter Mensch bist du!"
הִנֵּה בַּעַל הַחֲלֹמוֹת הַלָּזֶה בָּא׃ (Gen 37,19)	f	„Seht, der (Herr der Träume) Träumer da! Gleich ist er da!"
וְאַבְרָם בֶּן־חָמֵשׁ שָׁנִים וְשִׁבְעִים שָׁנָה בְּצֵאתוֹ מֵחָרָן׃ (Gen 12,4)	g	Abram aber war (ein Sohn von 75 Jahren / ein den 75 Jahren Zuzuzählender) 75 Jahre alt, als er aus Haran aufbrach.

Gruppen-Zugehörigkeit

Mit dem Status constructus von אִישׁ, בֶּן oder בַּעַל kann die Zugehörigkeit zu einer **Gruppe** (d, g) oder die Teilhabe an einer **Eigenschaft** (e, f) ausgedrückt werden. Vor allem **Alters-**

angaben werden so formuliert. Für die deutschen Übersetzungen müssen **Umschreibungen** gewählt werden.

Eigenschaftswörter

וְדֶרֶךְ חַיִּים תּוֹכְחוֹת וּמוּסָר׃ לִשְׁמָרְךָ מֵאֵשֶׁת רָע מֵחֶלְקַת לָשׁוֹן נָכְרִיָּה׃	(Prov 6,23b.24)	h	Und ein Weg zum Leben sind Ermahnungen und Zucht, dass sie dich bewahren vor einem (Weib von Bosheit) bösen Weib, vor (der Glätte einer fremden Zunge) einer glatten, fremden Zunge.
לָהֶם מִשְׁפָּטִים יְשָׁרִים וְתוֹרוֹת אֱמֶת וַתִּתֵּן	(Neh 9,13)	i	Du gabst ihnen rechte Satzungen und (Weisungen von Zuverlässigkeit) zuverlässige Weisungen.
וּבְלֵב כָּל־חֲכַם־לֵב נָתַתִּי חָכְמָה	(Ex 31,6)	j	Und ins Herz eines jeden (Weisen von Herzen), der sachverständigen Sinn hat, habe ich Sachverstand gegeben.

Nomina, die eine **Eigenschaft** bezeichnen, können in einer Constructus-Verbindung als Status absolutus (h, i) und als Status constructus auftreten (j). Für die **Übersetzung** können wir sie zunächst als substantivierte **Adjektive** ansehen, um sie dann als Adjektive oder in **Umschreibungen** wiederzugeben. Zu Zahlwörtern im Status constructus ➔ § 47.2.

45.5 Constructus-Verbindungen mit Präpositionen und Sätzen

Der Gebrauch der Constructus-Verbindung ist **ausgeweitet** auf Fälle, in denen auf ein Nomen im Status constructus nicht ein weiteres Nomen, sondern ein anderes Satzglied folgt.

Präposition

שָׂמְחוּ לְפָנֶיךָ כְּשִׂמְחַת בַּקָּצִיר	(Jes 9, 2)	a	Sie freuten sich vor dir wie (Freude bei der Ernte) man sich bei der Ernte freut.

	רֹכְבֵי אֲתֹנוֹת צְחֹרוֹת יֹשְׁבֵי עַל־מִדִּין וְהֹלְכֵי עַל־דֶּרֶךְ שִׂיחוּ׃ (Ri 5,10)	b	Die ihr reitet auf weißen Eselinnen, die ihr sitzt auf Teppichen und die ihr geht auf dem Wege - singt!
אֲשֶׁר-Satz	כֹּה אָמַר יְהוָה בִּמְקוֹם אֲשֶׁר לָקְקוּ הַכְּלָבִים אֶת־דַּם נָבוֹת יָלֹקּוּ הַכְּלָבִים אֶת־דָּמְךָ גַּם־אָתָּה׃ (1 Kön 21,19)	c	So spricht JHWH: „An der Stelle, wo die Hunde das Blut Nabots geleckt haben, werden die Hunde auch dein Blut lecken."
Verbalsatz	תְּחִלַּת דִּבֶּר־יְהוָה בְּהוֹשֵׁעַ (Hos 1,2)	d	Der Anfang (dessen), dass JHWH durch Hosea geredet hat.

Statt eines Status absolutus folgt eine **präpositionale** Fügung (a, b) oder ein **ganzer Satz** mit אֲשֶׁר (c) oder ohne אֲשֶׁר (d). Die deutsche Übersetzung braucht präpositionale Attribute oder **Umschreibungen** durch Sätze.

46 Nominalgruppen - Appositionen

46.1 Funktion

Eine Apposition ist die Näherbestimmung eines Nomens durch ein anderes, das ihm in der Regel folgt und weder durch eine Präposition noch in der Art einer Constructus-Verbindung mit ihm verbunden ist.

Sonderfälle

כִּי אַתֶּם בָּאִים אֶל־הָאָרֶץ כְּנָעַן זֹאת הָאָרֶץ אֲשֶׁר תִּפֹּל לָכֶם בְּנַחֲלָה (Num 34,2)	a	Wenn ihr hineingeht in das Land (nämlich nach) Kanaan, - dies ist das Land, das euch als Erbteil zufällt.
וַיִּקְרָא גַּם־פַּרְעֹה לַחֲכָמִים וְלַמְכַשְּׁפִים וַיַּעֲשׂוּ גַם־הֵם חַרְטֻמֵּי מִצְרַיִם בְּלַהֲטֵיהֶם כֵּן׃ (Ex 7,11)	b	Da rief auch Pharao die Weisen und die Zauberer, und auch sie, die Gelehrten Ägyptens, machten mit ihren Zauberkünsten dasselbe.
.. הָאָרֶץ אֲשֶׁר אָנֹכִי נֹתֵן לָכֶם לִבְנֵי יִשְׂרָאֵל׃ (Jos 1,2)	c	... das Land, das ich euch, den Israeliten, gebe.
וַתֹּסֶף לָלֶדֶת אֶת־אָחִיו אֵת הָבֶל (Gen 4,2)	d	Dann gebar sie noch einmal, seinen Bruder, den Abel.

Appositionen **spezifizieren** einen Nominalbegriff (a). Oft verdeutlichen sie **Pronomina** (b) oder Suffixe (c). Präpositionen (c) oder das Akkusativzeichen אֵת (d) können vor der Apposition **wiederholt** sein.

46.2 Zur Übersetzung

וַיִּשְׁמַע דָּוִד וַיִּשְׁלַח אֶת־יוֹאָב וְאֵת כָּל־הַצָּבָא הַגִּבֹּרִים׃ (2 Sam 10,7)	a	Als David das erfuhr, sandte er Joab und die ganze (Heerschar, nämlich die Krieger) Kriegerschar.
וַיֹּאמְרוּ לוֹ עֲבָדָיו יְבַקְשׁוּ לַאדֹנִי הַמֶּלֶךְ נַעֲרָה בְתוּלָה (1 Kön 1,2)	b	Da sagten seine Diener zu ihm: „Man suche für meinen Herrn, den König, (ein Mädchen, und zwar eine Jungfrau) ein jungfräuliches Mädchen.“

Wo im Deutschen eine Apposition nicht möglich ist, kann man über die **Hilfsübersetzung „nämlich / und zwar“** die angemessene Wiedergabe durch ein einzelnes Substantiv (a), ein Adjektiv (b) oder eine Umschreibung finden.

46.3 Adjektivische Attribute

Nomina, die Eigenschaften bezeichnen und im Deutschen unter anderem mit Adjektiven wiedergegeben werden können (z.B.: טוֹב = „Güte / Guter / gut“), funktionieren im Text wie andere Nomina. Ihre Besonderheit ist, dass sie maskuline und feminine Formen nebeneinander haben[1]*. Steigerungsformen (Komparativ und Superlativ) gibt es jedoch nicht. Das Biblische Hebräisch hat nur wenige solcher „Adjektive“. Was in Analogie zur deutschen oder lateinischen Grammatik als „adjektivisches Attribut“ gilt, ist eine Sonderform der Apposition (➔ § 46.1).*

---

[1] Die haben auch Substantive wie מֶלֶךְ - מַלְכָּה oder סוּס - סוּסָה. Man braucht also im Hebräischen keine eigene Wortart „Adjektiv“ anzunehmen.

Stellung und Kongruenz

	אִישׁ טוֹב	a	ein Mann: und zwar ein guter = ein guter Mann
	תּוֹרָה טוֹבָה תּוֹרוֹת טוֹבוֹת	b	Weisung(en): und zwar gute = gute Weisung(en)
(2 Kön 4,9)	אִישׁ אֱלֹהִים קָדוֹשׁ	c	ein Mann Gottes, und zwar ein heiliger = ein heiliger Gottesmann

Auch das adjektivische **Attribut folgt dem Nomen**, das es näher bestimmt, und stimmt mit ihm in Genus und Numerus überein (a - c): es ist mit ihm **kongruent**.[1] Steht das Beziehungswort innerhalb einer Constructus-Verbindung (c), so steht das „Adjektiv" hinter dem **letzten** Nomen (im Status absolutus).

Artikel und Demonstrativ-Pronomen

(Gen 10,12)	הִיא הָעִיר הַגְּדֹלָה	d	Das ist (<u>die</u> Stadt, und zwar <u>die</u> große) die große Stadt
(Dtn 11,7)	כִּי עֵינֵיכֶם הָרֹאֹת אֶת־כָּל־מַעֲשֵׂה יְהוָה הַגְּדֹלָה אֲשֶׁר עָשָׂה׃	e	Ja, eure Augen sind es, die gesehen haben: das ganze (Werk JHWHs, und zwar das große) große Werk JHWHs, das er getan hat.
(Gen 20,8)	וַיְדַבֵּר אֶת־כָּל־הַדְּבָרִים הָאֵלֶּה בְּאָזְנֵיהֶם	f	Da redete er alle (die Worte, und zwar die hier) diese Worte vor ihren Ohren.
(Ex 3,3)	וַיֹּאמֶר מֹשֶׁה אָסֻרָה־נָּא וְאֶרְאֶה אֶת־הַמַּרְאֶה הַגָּדֹל הַזֶּה	g	Da dachte Mose: „Ich will hinübergehen und (die Erscheinung, und zwar die große, und zwar diese) diese wunderbare Erscheinung ansehen."

[1] Ausnahmen von der Kongruenz-Regel ➔ § 44.6. Ausnahmen von der Stellungsregel sind selten und als Fälle besonderer Betonung zu erklären. Das Nomen רַבִּים „viele" kann wie ein Zahlwort voranstehen.

Ist das Beziehungswort **determiniert** (durch Artikel, Suffix, als Eigenname, in einer determinierten Constructus-Verbindung), dann bekommt das adjektivische Attribut den **Artikel** (d, e). Demonstrativ-Pronomina (הֵמָּה - הִיא - הוּא - אֵלֶּה - זֹאת - זֶה) sind als Appositionen wie die Adjektive behandelt (f). Ein **pronominales** Attribut tritt an die letzte Stelle (g).

וַיְהִי־עֶרֶב וַיְהִי־בֹקֶר יוֹם הַשִּׁשִּׁי׃ (Gen 1,31)	h	Da wurde Abend, da wurde Morgen, ein Tag, und zwar der sechste.
וַיֹּאמֶר לֵךְ בְּכֹחֲךָ זֶה (Ri 6,14)	i	Da sprach JHWH: „Geh in (deiner Kraft hier) dieser deiner Kraft.“

keine Kongruenz? Steht ausnahmsweise ein Adjektiv mit **Artikel** bei einem **nicht determinierten** Nomen (h), so kann diese Verbindung in ihrem jeweiligen Kontext als Apposition verstanden werden.

Oft steht **זֶה,** das ja selbst wie der Artikel Verweisfunktion hat (➔ § 52.4), auch nach einem determinierten Nomen **ohne Artikel** (i).

47 Andere Nominalgruppen

47.1 Präpositionale Attribute

Im Hebräischen können, wie im Deutschen, Nomina auch durch eine präpositionale Fügung erweitert werden.

Attribute, keine Adverbien

Komparativ

וַיַּעַשׂ שְׁלֹמֹה הָרַע בְּעֵינֵי יְהוָה (1 Kön 11,6)	a	Und Salomo tat das in JHWHs Augen Böse = das, was in JHWHs Augen Böses war = was JHWH als Böses ansah
מִזְמוֹר לְדָוִד (Ps 3,1 u.ö.)	b	Ein Psalm - von David = ein Psalm Davids
וַיַּרְא מִיכָה כִּי־חֲזָקִים הֵמָּה מִמֶּנּוּ (Ri 18,26)	c	Da sah Micha, dass sie (stark, mehr als er) = stärker waren als er.
וַתֵּרֶב חָכְמַת שְׁלֹמֹה מֵחָכְמַת כָּל־בְּנֵי־קֶדֶם (1 Kön 5,10)	d	Die Weisheit Salomos wurde (groß - mehr als) = größer als die Weisheit aller Orientalen

Es ist darauf zu achten, dass präpositionale Attribute auch in der Übersetzung nicht auf das Verb bezogen werden (a). Die (**falsche**) **Übersetzung** „tat das Böse in JHWHs Augen" würde als Adverb auf die Frage „wo?" antworten.

Das präpositionale Attribut mit לְ (b) steht **anstelle** einer **Constructus**-Verbindung, wenn die aus Gründen unterschiedlicher Determination nicht möglich ist.

Im **Vergleich** kann ein Adjektiv, auch ein Zustandsverb (d), durch einen präpositionalen Ausdruck mit מִן erweitert sein. In solchen Vergleichen steht im Deutschen der **Komparativ**[1], den das Hebräische nicht kennt.

[1] Beispiele für deutschen Superlativ ➔ § 45.3, Textbeispiel a, und § 52.5, Textbeispiel g.

47.2 Nominalgruppen mit Zahlwörtern

Zahlwörter fallen aus dem Rahmen.

Genitiv?

umgekehrtes Genus

וַיָּבֹאוּ שְׁנֵי הַמַּלְאָכִים סְדֹמָה בָּעֶרֶב (Gen 19,1)	a	Da kamen die zwei Boten am Abend nach Sodom.
וַיַּעֲבֵר יִשַׁי שִׁבְעַת בָּנָיו לִפְנֵי שְׁמוּאֵל (1 Sam 16,10)	b	Isai ließ seine sieben Söhne vor Samuel vorbeigehen.
... וְהַעֲלֵהוּ עַל־אַחַד הֶהָרִים אֲשֶׁר אֹמַר לָךְ (Gen 22,2)	c	... und opfere ihm auf einem der Berge, den ich dir sage.

Die Zahlen von 1 bis 10 können im **Status constructus** vor dem gezählten Nomen stehen. In der Übersetzung darf man **keinen partitiven Genitiv** benutzen (a, b: nicht: „zwei der Boten", „sieben seiner Söhne"!) Nur אֶחָד „eins" kann in einer Constructus-Verbindung so übersetzt werden (c). Die Zahlen von 3 bis 10 haben **das umgekehrte Genus** wie das Gezählte (b).

Zahlwörter als Appositionen

וַיּוֹלֶד נֹחַ שְׁלֹשָׁה בָנִים אֶת־שֵׁם אֶת־חָם וְאֶת־יָפֶת׃ (Gen 6,10)	d	Noah zeugte drei Söhne: Sem, Ham und Jafet.
וַיִּתֵּן הָאֱלֹהִים לְהֵמָן בָּנִים אַרְבָּעָה עָשָׂר וּבָנוֹת שָׁלֹשׁ׃ (1 Chr 25,5)	e	Gott gab Heman vierzehn Söhne und drei Töchter.
אֵלֶּה עָשָׂה בְּנָיָהוּ בֶּן־יְהוֹיָדָע וְלוֹ־שֵׁם בִּשְׁלֹשָׁה הַגִּבֹּרִים׃ (2 Sam 22,23)	f	Das hat Benaja Ben Jehojada getan, und er hatte einen Namen unter den drei Helden.

Auch als Apposition zum gezählten Nomen erhält das Zahlwort (3 - 10) das **umgekehrte Genus** (d, e). Die **Reihenfolge** ist beliebig. Auch die **Determination** (f) muss nicht übereinstimmen.

Zusammengesetzte Zahlen

כָּל־הַפְּקֻדִים לְמַחֲנֵה רְאוּבֵן מְאַת אֶלֶף וְאֶחָד וַחֲמִשִּׁים אֶלֶף וְאַרְבַּע־מֵאוֹת וַחֲמִשִּׁים לְצִבְאוֹתָם (Num 2,16)	g	Alle Gemusterten im Heerlager Rubens sind hundert tausend und eins und fünfzig tausend und vier hundert und fünfzig (151 450) nach ihren Heerscharen.
וַיִּהְיוּ חַיֵּי שָׂרָה מֵאָה שָׁנָה וְעֶשְׂרִי שָׁנָה וְשֶׁבַע שָׁנִים (Gen 23,1)	h	Es dauerte das Leben Saras (hundert Jahr und zwanzig Jahr und sieben Jahre) 127 Jahre.
וַיְהִי מֹשֶׁה בָּהָר אַרְבָּעִים יוֹם וְאַרְבָּעִים לָיְלָה׃ (Ex 24,18)	i	Und Mose war auf dem Berg 40 Tage und 40 Nächte.

Die **Reihenfolge** der einzelnen Glieder in zusammengesetzten Zahlen ist beliebig (g). Auch die Verbindung mit ו ist nicht obligatorisch.

Das gezählte Nomen kann auch wiederholt sein. Oft gezählte Nomina wie שָׁנָה, יוֹם, לַיְלָה, אִישׁ, auch אֶלֶף, stehen dabei häufig **im Singular** (h, i). Altersangaben ➔ § 45.4.

Besonderheiten

וּלְשָׂרָה אָמַר הִנֵּה נָתַתִּי אֶלֶף כֶּסֶף לְאָחִיךְ (Gen 20,16)	j	Zu Sara aber sagte er: Hier gebe ich deinem Bruder 1000 (Schekel) Silber
וְעַתָּה קְחוּ לָכֶם שְׁנֵי עָשָׂר אִישׁ מִשִּׁבְטֵי יִשְׂרָאֵל אִישׁ אֶחָד אִישׁ אֶחָד לַשָּׁבֶט (Jos 3,12)	k	Und nun nehmt euch 12 Mann von den Stämmen Israels: je einen Mann pro Stamm.
וַיְהִי בִּשְׁנַת אַרְבַּע לְדָרְיָוֶשׁ הַמֶּלֶךְ הָיָה דְבַר־יְהוָה אֶל־זְכַרְיָהוּ בְּאַרְבָּעָה לַחֹדֶשׁ הַתְּשִׁעִי בְּכִסְלֵו׃ (Sach 7,1)	l	Im Jahr vier (4. Jahr) des Königs Darius geschah das Wort JHWHs an Sacharja, am vier(ten Tag) des neunten Monats, im Kislew.

Geläufige **Maßeinheiten** wie Schekel und Epha können wegbleiben (j). Wiederholung von Zahl und Gezählten, zusammen mit לְ, bedeutet **Distribution: „je"** (k).Eigene **Ordnungszahlen** gibt es nur von 1 bis 10 (➔ § 22.3). Stattdessen stehen die **Grundzahlen**. Die Grundzahlen unter 10 sind in Datumsangaben (l) häufig.

48 Das verbale Satzglied - Tempora

48.1 Bestand und Verteilung der Tempusformen

vier Tempora

Als Tempora des hebräischen Verbs werden unterschieden: Aus der Präformativ-Konjugation (PK) Imperfekt und Imperfectum consecutivum (יִקְטֹל und וַיִּקְטֹל) und aus der Afformativ-Konjugation (AK) Perfekt und Perfectum consecutivum (קָטַל und וְקָטַל).

in Erzählungen

Diese vier „Tempora"[1] sind auf die Texte verschiedener **Gattungen** unterschiedlich verteilt. In Erzählungen überwiegt das **Imperfectum consecutivum** (ic) mit ca. 75 % aller Tempusformen.[2] Darum wird das Imperfectum consecutivum auch **„Narrativ"**[3] genannt. Dem entspricht ein geringes Vorkommen von Imperfekt (i) und Perfectum consecutivum (pc) von ca. 2 %.

in anderen Gattungen

In Texten und Textteilen, die **nicht erzählen** (z.B. Gesetze, Predigten, Prophetensprüche, Psalmen, auch in den Dialogpartien der Erzählungen), überwiegt das **Imperfekt** (i) mit etwa 50 % aller Tempusformen. Hinzu kommen 20% **Perfectum-consecutivum**-Formen (pc). Dem gegenüber haben die ic-Formen nur einen Anteil von ca. 5 %.

In allen Gattungen ziemlich **gleichmäßig** vertreten (Erzählung: 22 %, Nicht-Erzählung: 28 %) ist das **Perfekt** (p).

Erzählen oder Besprechen

Man kann also Imperfekt (i) und Imperfectum consecutivum (ic) als die beiden **Haupt-Tempora** bezeichnen.[4] Sie steuern den Kommunikationsprozess,[5] indem sie die **Sprechhaltung** eines Textes als erzählend (ic) oder besprechend (i) charakterisieren. Die anderen Tempora wirken an dieser Orientierung mit (pc in besprechenden Texten) oder sind ihr gegenüber **neutral** (p).

---

[1] Zum Terminus „Tempus" ➔ § 24.2, Anmerkung.

[2] Dabei sind die Dialogpartien in den Erzählungen, in denen selbst ja nicht erzählt wird, nicht berücksichtigt.

[3] von lat.: narrare, „erzählen".

[4] Das ist zunächst nur quantitativ zu verstehen: die am häufigsten auftretenden Tempora.

[5] Diese Betrachtungsweise ist vorrangig syntaktisch interessiert, also daran, wie die Sprache den Partnern in der Kommunikation Orientierung gibt. Sie fragt weniger semantisch, also nicht danach, ob und wie durch die Tempora Handlungen (als vollendet, unvollendet oder andauernd) beschrieben werden.

Erzählende Rede lässt dem Hörer Freiheit zur **Distanzierung**. Besprechende Rede **engagiert** ihn: Sprecher und Hörer haben zu agieren und zu reagieren.[1]

48.2 Die Tempora in erzählenden Texten

Haupttempus in erzählenden Texten ist das Imperfectum consecutivum (Narrativ).

Narrativ

וַיֵּרָא אֵלָיו יְהוָה בְּאֵלֹנֵי מַמְרֵא	a	Da[2] erschien ihm JHWH im Hain Mamre,
וְהוּא יֹשֵׁב פֶּתַח־הָאֹהֶל כְּחֹם הַיּוֹם׃		(&) - er saß gerade (ptz) am Zelteingang in der Mittagshitze -
וַיִּשָּׂא עֵינָיו		und er erhob seinen Blick,
וַיַּרְא		und er sah:
וְהִנֵּה שְׁלֹשָׁה אֲנָשִׁים נִצָּבִים עָלָיו		(&) siehe: drei Männer standen (ptz) vor ihm.
וַיַּרְא		Und er sah,
וַיָּרָץ לִקְרָאתָם מִפֶּתַח הָאֹהֶל		und er lief ihnen entgegen vom Eingang des Zeltes her,
וַיִּשְׁתַּחוּ אָרְצָה׃		und er warf sich ehrfurchtsvoll zu Boden,
(Gen 18,1 ff) ... וַיֹּאמַר		und er sagte: ...

Narrativ-Ketten

In den Verbalsätzen, die den **Vordergrund** der Erzählung bilden (➔ § 44,2), stehen die Prädikate im Narrativ (ic) jeweils an der Spitze des Satzes. Narrative stehen nicht vereinzelt, son-

[1] Die Funktionsbestimmung der Tempora als „Sprechhaltung" greift zurück auf die Tempus-Theorie von Harald Weinrich, der in seinem Buch „Tempus - Besprochene und erzählte Welt" (4. Aufl. Stuttgart 1985) die Tempora in den europäischen Sprachen unter diesem Gesichtspunkt analysiert und dabei auf die Verwendung der Kategorien „Zeit" und „Aspekt" verzichtet hat. Diese Theorie ist nicht die einzig wahre; sie kann aber nach meiner Ansicht den Gebrauch der Verbformen in den Texten am besten erklären.

[2] Die Übersetzungen der Beispieltexte sind keine Musterübersetzungen. Sie sollen die hebräischen Tempus-Verhältnisse erkennbar machen. Darum steht meist „da" oder „und" beim Narrativ.

dern bilden Ketten. Für eine Erzählung konstitutiv ist die **Erzählfolge**. Sie wird signalisiert durch das Tempus-Morphem „wa“ (Waw mit Pátach und folgendem Dagesch forte).

Für die deutsche **Übersetzung** steht das deutsche Erzähltempus Präteritum zur Verfügung. Es kann im Deutschen auch ohne folgernde Konjunktion („und“, „dann“, „da“) auskommen.

Unterbrechung der Narrativ-Ketten

Sobald irgendein anderes sprachliches Zeichen vor das Verb tritt, muss eine andere Tempusform an die Stelle des Narrativs treten. Das ist allermeist eine **Perfekt**-Form.

וַיָּקָם יוֹנָה לִבְרֹחַ תַּרְשִׁישָׁה מִלִּפְנֵי יְהוָה וַיֵּרֶד יָפוֹ וַיִּמְצָא אֳנִיָּה בָּאָה תַרְשִׁישׁ וַיִּתֵּן שְׂכָרָהּ וַיֵּרֶד בָּהּ לָבוֹא עִמָּהֶם תַּרְשִׁישָׁה מִלִּפְנֵי יְהוָה׃	b1	Und Jona machte sich auf, um nach Tarschisch zu fliehen, weg von JHWH. Und er ging hinab nach Jafo, und er fand ein Schiff, bestimmt nach Tarschisch, und er zahlte die Passage und er ging hinab an Bord, um mit ihnen nach Tarschisch zu fahren, weg von JHWH.
וַיהוָה הֵטִיל רוּחַ־גְּדוֹלָה אֶל־הַיָּם וַיְהִי סַעַר־גָּדוֹל בַּיָּם	b2	JHWH aber: Er warf einen großen Sturm aufs Meer, und es entstand ein gewaltiger Seegang im Meer.
וְהָאֳנִיָּה חִשְּׁבָה לְהִשָּׁבֵר׃ וַיִּירְאוּ הַמַּלָּחִים וַיִּזְעֲקוּ אִישׁ אֶל־אֱלֹהָיו ...	b3	(&) das Schiff - es drohte auseinander zu brechen - (als aber ...), da fürchteten sich die Seeleute, und sie riefen ihre jeweiligen Götter an.
... וְיוֹנָה יָרַד אֶל־יַרְכְּתֵי הַסְּפִינָה וַיִּשְׁכַּב וַיֵּרָדַם׃ וַיִּקְרַב אֵלָיו רַב הַחֹבֵל וַיֹּאמֶר לוֹ ... (Jona 1, 3 ff)	b4	... Jona aber war hinabgestiegen ins Innerste des Schiffes und hatte sich hingelegt und war tief eingeschlafen. Da kam der Kapitän zu ihm, und er sagte zu ihm: ...

וַיַּחְתְּרוּ הָאֲנָשִׁים לְהָשִׁיב אֶל־הַיַּבָּשָׁה	c	Da legten sich die Männer in die Ruder, um wieder an Land zu kommen,
וְלֹא יָכֹלוּ		doch sie konnten es nicht, weil das
כִּי הַיָּם הוֹלֵךְ וְסֹעֵר עֲלֵיהֶם׃		Meer ihnen immer heftiger entgegen tobte.
וַיִּקְרְאוּ אֶל־יְהוָה ...		Da riefen sie zu JHWH ...
(Jona 1,13)		

Hintergrund

Die Sätze, die die Narrativkette unterbrechen, enthalten Hintergrundinformationen. In ihnen schreitet die Erzählung nicht fort.

Einfache Nominalsätze (oft mit Partizipien - a, zweiter Satz) beschreiben gleichzeitige Umstände (➔ auch § 49.1) .

Zusammengesetzte Nominalsätze (beginnend mit וְ ➔ § 53.1) können als Eröffnung von Szenen und ganzen Texten die Erzählung **gliedern**[1] (b_2, b_4) oder ein Objekt oder Subjekt hervorheben (b_2) oder einen Umstand des folgenden Narrativs enthalten (b_3). Das Perfekt zeigt sich als **Hintergrundtempus**.

Perspektive

Die Zusammengesetzten Nominalsätze (ZNS) können auch zurückgreifen auf den zeitlichen Hintergrund (b_4), also **Vorzeitiges** enthalten: Das Perfekt zeigt sich als **perspektivisches**, zurückschauendes Tempus.[2]

Nebensätze

Auch Verbalsätze, in denen nur eine **Partikel** (אֲשֶׁר, כִּי) an der Spitze steht, enthalten Hintergrundinformationen (➔ Textbeispiele in §§ 53.3 und 53.4). Auch ein **verneinter** Satz (c) unterbricht die Narrativkette. Er enthält zwar nicht unbedingt eine Hintergrundinformation, aber auch kein neues Ereignis, sondern eher einen Kommentar des Erzählers. Vom Tempus Perfekt ist nur die Perspektive (**Rückschau**) im Blick.

Verbalsätze mit einer Perfektform an der **Spitze** des Satzes kommen in der Erzählung **nicht** vor.

---

[1] Zur gliedernden Funktion der ZNS ➔ § 54.2.

[2] Besondere Verbformen für die Vor-Vergangenheit (Plusquamperfekt) gibt es im Hebräischen nicht.

48.3 Die Tempora in besprechenden Texten

In Texten, die nicht erzählen, sondern die Welt und das Verhalten der Menschen in ihr besprechen, herrscht zumeist das Imperfekt vor.[1]

Imperfekt und Perfekt

וַיַּעֲנוּ אֶת־יְהוֹשֻׁעַ לֵאמֹר	a	Sie antworteten Josua folgendes:
כֹּל אֲשֶׁר־צִוִּיתָנוּ		„Alles, was du uns befohlen hast,
נַעֲשֶׂה		werden wir tun;
וְאֶל־כָּל־אֲשֶׁר תִּשְׁלָחֵנוּ		und wohin du uns auch schickst,
נֵלֵךְ׃		werden wir gehen!
כְּכֹל אֲשֶׁר־שָׁמַעְנוּ אֶל־מֹשֶׁה		Ganz, wie wir Mose gehorcht haben,
כֵּן נִשְׁמַע אֵלֶיךָ		werden wir dir gehorchen.
רַק יִהְיֶה יְהוָה אֱלֹהֶיךָ עִמָּךְ		Nur, dass JHWH, dein Gott, mit dir
כַּאֲשֶׁר הָיָה עִם־מֹשֶׁה׃		ist, wie er mit Mose gewesen ist.
כָּל־אִישׁ אֲשֶׁר־יַמְרֶה אֶת־פִּיךָ		Jeder, der sich deinem Wort widersetzt
וְלֹא־יִשְׁמַע אֶת־דְּבָרֶיךָ		und deinen Anordnungen nicht gehorcht,
לְכֹל אֲשֶׁר־תְּצַוֶּנּוּ		bei allem, was du ihm befiehlst,
(Jos 1,16 ff) יוּמָת		wird mit dem Tode bestraft!“

Imperfekt

Das Imperfekt hat die Funktion, die Rede als **besprechend** zu charakterisieren, als auf die Sprechsituation bezogen, den Hörer unmittelbar betreffend. Über seine Perspektive lässt sich nur sagen, dass es grundsätzlich **keine Rückperspektive** zulässt, vielmehr meist perspektivisch indifferent ist (wie deutsches Präsens). Die oben (a, Sätze 3, 5, 7) übersetzte **Voraus-Perspektive** ergibt sich aus dem inhaltlichen Kontrast zur Rückperspektive in den Sätzen mit Perfekt.

Imperfekt-Formen sind - anders als die Narrativ-Formen - nicht auf den Satzanfang beschränkt. Imperfekte, die **nicht** am **Satzanfang** stehen (also in ZNS oder Nebensätzen) sind

[1] Es gibt auch besprechende Gattungen, in denen Perfectum consecutivum vorherrscht ➔ § 44.2.

Indikative (einfache Aussagesätze); Imperfekt-Formen am **Satzanfang** sind „**volitiv**" aufzufassen: Der Sprecher will etwas.[1]

Vordergrund und **Hintergrund** der Rede werden nicht nur durch den Tempusgebrauch, sondern auch durch **andere Zeichen** wie Satzstellung, Partikeln und Hinweise auf die Sprechsituation bezeichnet (➔ auch § 44.2).

Perfekt

Das Perfekt hat in besprechenden Texten **(rück-)perspektivische** Funktion: Der Sprecher bezieht sich zurück auf Fakten der Vergangenheit, um sie in die Sprechsituation einzubeziehen.

Übersetzung

Für die Übersetzung des **Imperfekts** steht im Deutschen zunächst das **Präsens** als deutsches allgemeines Rede-Tempus zur Verfügung. Erst wenn **zusätzliche** Zeichen im Kontext eine modale oder zeitliche Ausrichtung anzeigen, können auch deutsche **Konjunktive** oder **Modalverben**[2] angebracht sein.

Für die Übersetzung des **Perfekts** steht im Deutschen[3] das perspektivische Tempus **Perfekt** zur Verfügung.

Performative Äußerungen

Eine Sonderform besprechender Rede ist die **performative** Äußerung. „Performativ" bedeutet, dass mit der **sprachlichen** Äußerung zugleich eine **außersprachliche Handlung** vollzogen wird. Oder anders ausgedrückt: „Performative Äußerungen sind solche, die selbst den Sprechakt beschreiben, den sie darstellen."[4]

---

[1] Im zitierten Text aus Jos 1 handelt es sich nicht um Willensäußerungen, sondern um Vereinbarungen. Zum Modus ➔ § 51.4.

[2] Ein Modalverb ist auch „werden", mit dessen Hilfe das im Deutschen fehlende „Futur" ausgedrückt werden kann.

[3] Die Annahme eines „perfectum propheticum", das man mit deutschem Präsens wiedergeben müsste, ist nicht notwendig.

[4] nach dem englischen Sprachphilosophen John L. Austin: „How to Do Things with Words" (1962), deutsch unter dem Titel: „Zur Theorie der Sprechakte", Stuttgart, Reclam, 1972.

Kennzeichen performativer Äußerungen sind im Deutschen:
1. Der Sprecher ist Subjekt;
2. das Verb steht im Präsens,
3. die 2. Person kann als indirektes Objekt vorkommen,
4. es kann „hiermit" eingefügt werden,
5. der Satz ist nicht negativ.

Beispiel: „Hiermit eröffne ich die Versammlung".

בָּרוּךְ הַבָּא בְּשֵׁם יְהוָה בֵּרַכְנוּכֶם מִבֵּית יְהוָה׃ (Ps 116,26)	b Gesegnet, der kommt im Namen JHWHs! <u>Wir segnen euch</u> vom Haus JHWHs her.
וַיֹּאמֶר יְהוָה יְהוּדָה יַעֲלֶה הִנֵּה נָתַתִּי אֶת־הָאָרֶץ בְּיָדוֹ׃ (Ri 1,1)	c Da sprach JHWH: „Juda geht hinauf. (Siehe!) *Hiermit gebe ich* das Land in seine Hand.“

In performativen Äußerungen steht im Hebräischen das Perfekt, im Deutschen das Präsens. Auf die Sprechsituation kann durch ein deiktisches Element (➔ § 52.4) wie הִנֵּה, הַיּוֹם oder וְעַתָּה hingewiesen werden. Das Perfekt hat in diesen Äußerungen keine rückperspektivische und keine Hintergrund-Bedeutung.

Perfectum consecutivum

In besprechenden Texten ziemlich häufig (20 %) und in bestimmten Gattungen vorherrschend ist das Perfectum consecutivum, also Formen der **Afformativ-Konjugation** mit proklitischem **Waw** (➔ § 27.4). Das Perfectum consecutivum und das Imperfekt sind zusammen die **Haupttempora**[1] der besprechenden Texte. Dabei sind Formen des Perfectum consecutivum nur am **Satzanfang** möglich. Sobald andere Elemente am Satzanfang stehen, tritt in der Regel das Imperfekt ein.

וְעַתָּה כְּבֹאִי אֶל־עַבְדְּךָ אָבִי וְהַנַּעַר אֵינֶנּוּ אִתָּנוּ וְנַפְשׁוֹ קְשׁוּרָה בְנַפְשׁוֹ׃	d Nun aber: Wenn ich zu deinem Knecht, meinem Vater komme (inf), ohne dass der Junge bei uns ist (NS), wo doch sein Leben an dessen Leben hängt (ptz),
וְהָיָה כִּרְאוֹתוֹ כִּי־אֵין הַנַּעַר אִתָּנוּ	So[2] geschieht es: wenn er sieht (inf), dass der Junge nicht bei uns

---

[1] Es sei nochmals darauf hingewiesen, dass „Haupttempus“ nicht mehr bedeutet als „zahlenmäßig überwiegend“. Imperfekt und Perf. cons. machen zusammen ca. 70 % aus.

[2] Auch die Übersetzung von Perf.-cons.-Formen wird in diesen Textbeispielen stereotyp festgelegt, und zwar auf „so“ oder „dann“ plus Präsens oder Futur (➔ Anm. zum Narrativ § 48.2).

	וָמֵת	ist (NS), so stirbt er.
	וְהוֹרִידוּ עֲבָדֶיךָ אֶת־שֵׂיבַת עַבְדְּךָ אָבִינוּ בְּיָגוֹן שְׁאֹלָה׃	So bringen deine Knechte die grauen Haare deines Knechtes, meines Vaters, mit Kummer ins Totenreich hinab.
	כִּי עַבְדְּךָ עָרַב אֶת־הַנַּעַר מֵעִם אָבִי לֵאמֹר	Ich, dein Knecht, habe nämlich gebürgt für den Jungen bei meinem Vater mit den Worten:
(Gen 44,30 ff)	אִם־לֹא אֲבִיאֶנּוּ אֵלֶיךָ וְחָטָאתִי לְאָבִי כָּל־הַיָּמִים׃	„Wenn ich ihn dir nicht wiederbringe, so trage ich Schuld vor meinem Vater allezeit“.
(1 Sam 16,2) e	וַיֹּאמֶר שְׁמוּאֵל אֵיךְ אֵלֵךְ וְשָׁמַע שָׁאוּל וַהֲרָגָנִי	Und Samuel sagte: „Wie (kann) ich denn gehen? Wenn Saul (es) erfährt, dann tötet er mich.“

„Wenn“-Sätze

Die Verwendung des Perfectum consecutivum in Dialogen[1] zeigt, dass sein eigentlicher Anwendungsbereich das Konditionalgefüge[2] („**wenn - dann**“) ist: Nach einem „wenn“-Satz, beginnt der Folgesatz mit einem folgernden Waw und einer Form der Afformativ-Konjugation.

Voraus-Perspektive

Der besprechende Charakter des Textes ist meist durch **zusätzliche Zeichen** gesichert (➔ וְעַתָּה und die Zeichen der 1. Person in Text d). Das folgernde Element „we“ vor der Perfektform wendet die Perspektive des Perfekts um und richtet sie **nach vorn** aus. Fehlt das Waw, behält das Perfekt seine Rück-Perspektive (d, Zeile 9).

Ein Konditionalgefüge kann in einem Dialog auch durch zwei Konsekutiv-Perfekte ausgedrückt werden (e), ohne dass ein Vordersatz mit אִם oder כִּי ausgebildet ist.

וְהָיָה

Vor solchen Konditionalgefügen kann וְהָיָה „so wird es geschehen“ als Tempuszeichen und Gliederungssignal verwendet werden. (Textbeispiele ➔ d, 2. Absatz und ➔ § 53.2.)

---

[1] In literarischen Texten wie den biblischen kommt der Dialog der gesprochenen Sprache am nächsten.

[2] Eine Diskussion darüber, ob es sich um konditionale oder temporale „wenn“-Sätze handelt, ist müßig. Ob die Bedingung, die der Vordersatz stellt, eine zeitliche Komponente hat, hängt von der Bedeutung der einzelnen Wörter ab.

Rechtstexte

וְנֶפֶשׁ כִּי־תַקְרִיב קָרְבַּן מִנְחָה לַיהוָה סֹלֶת יִהְיֶה קָרְבָּנוֹ	f	Jemand aber, wenn er JHWH ein Speiseopfer als Opfergabe darbringt, - aus Feinmehl besteht seine Gabe -
וְיָצַק עָלֶיהָ שֶׁמֶן וְנָתַן עָלֶיהָ לְבֹנָה׃		so gießt er[1] Öl darauf, so fügt er Weihrauch hinzu,
וֶהֱבִיאָהּ אֶל־בְּנֵי אַהֲרֹן הַכֹּהֲנִים		so bringt er es den Aaroniten, den Priestern,
וְקָמַץ מִשָּׁם מְלֹא קֻמְצוֹ מִסָּלְתָּהּ וּמִשַּׁמְנָהּ עַל כָּל־לְבֹנָתָהּ		so nimmt man davon eine Handvoll, nämlich von dem Feinmehl und dem ganzen dazugehörigen Weihrauch,
וְהִקְטִיר הַכֹּהֵן אֶת־אַזְכָּרָתָהּ הַמִּזְבֵּחָה ... (Lev 2,1 f)		so räuchert der Priester diesen Duftteil auf dem Altar. ...

Predigttexte

שְׁמַע יִשְׂרָאֵל יְהוָה אֱלֹהֵינוּ יְהוָה אֶחָד׃	g	Höre, Israel! JHWH, unser Gott, JHWH ist einer:
וְאָהַבְתָּ אֵת יְהוָה אֱלֹהֶיךָ בְּכָל־לְבָבְךָ וּבְכָל־נַפְשְׁךָ וּבְכָל־מְאֹדֶךָ׃		So liebst du JHWH, deinen Gott, mit deinem ganzen Herzen, mit deinem ganzen Leben und mit all deiner Kraft;
וְהָיוּ הַדְּבָרִים הָאֵלֶּה אֲשֶׁר אָנֹכִי מְצַוְּךָ הַיּוֹם עַל־לְבָבֶךָ׃ (Dtn 6,4-6)		so sind diese Worte, die ich dir heute befehle, auf deinem Herzen!

Einen weiten Anwendungsbereich hat das Perfectum consecutivum in Rechtstexten**,** vor allem in den **Kultgesetzen** (f): Sätze mit Perfectum consecutivum beschreiben das **Verhalten**, das sich aus einem bestimmten, zu Anfang (meist mit Imperfekt) angeführten Fall ergibt.

[1] Man kann selbstverständlich in solchen Rechts- und Predigttexten auch mit „er soll ..." bzw. „du sollst ..." übersetzen (➔ § 51.4).

Im **Predigtstil** des Deuteronomiums und der von ihm abhängigen Literatur werden häufig nach einem Einleitungssatz **grundsätzlichen** Inhalts (g) Sätze mit Perfectum consecutivum gereiht. Die enthalten dann Mahnungen und **Forderungen**, die sich aus dem Anfangssatz ergeben.

nach Imperativ

הַדָּבָר אֲשֶׁר הָיָה אֶל־יִרְמְיָהוּ מֵאֵת יְהוָה לֵאמֹר׃	h	Das Wort, das ergangen ist an Jeremia von JHWH, lautet:
עֲמֹד בְּשַׁעַר בֵּית יְהוָה		Tritt in das Tor des Hauses JHWHs!
וְקָרָאתָ שָּׁם אֶת־הַדָּבָר הַזֶּה		(so rufst du) und rufe dort dieses Wort
וְאָמַרְתָּ		(so sagst du) und sage:
(Jer 7,1 f) ... שִׁמְעוּ דְבַר־יְהוָה כָּל־יְהוּדָה		„Hört das Wort JHWHs, ganz Juda ...!“

Ist die **besprechende** Situation geklärt (h, Zeile 1), und beginnt die Rede mit einem Imperativ (h, Zeile 3), so können **Folgesätze** mit Perfectum consecutivum angereiht werden, die die erste Aufforderung entfalten und fortführen. In der deutschen **Übersetzung** können Imperative mit „und“ gereiht werden.

zukünftige Handlungen

Wenn (zukünftige) **Handlungsabläufe** besprochen werden, können Sätze mit Perfectum consecutivum in einem Text **überwiegen**, während untergeordnete Sätze Imperfekt haben (➔ Textbeispiel a, 1 Sam 10, in § 44.2).

Allgemeine Übersetzungsempfehlungen für die Konsekutiv-Perfekte können nicht gegeben werden. Wie man **übersetzt**, hängt ab von den voraufgehenden Sätzen und von der **Gattung** eines Textes. Wichtig ist eine folgernde Partikel wie „so“, „dann“, „und“.

48.4 Tempus-Übergänge: erzählter Dialog

Tempusformen können nicht beliebig wechseln. Die Rede hat die Tendenz, beim gleichen Tempus zu beharren (ic - ic - ic - ic), höchstens zum Neben-

tempus überzugehen (ic - p - ic - ic), aber möglichst nur Tempora derselben Sprechhaltung zu kombinieren (i - pc - ipt - pc - pc - i - i). Störungen solcher Tendenz haben einen hohen Aufmerksamkeitswert.

Übergang: Erzählung - Dialog

Ein Wechsel zwischen den **Haupttempora** Imperfectum consecutivum und Imperfekt hat innerhalb eines und desselben Textes besondere Bedeutung: Er signalisiert den Wechsel der Sprechhaltung und damit in der Regel den Übergang zwischen der **Erzählung** des Erzählers und der **Rede** der erzählten Figuren.

וַיָּקוּמוּ בַבֹּקֶר וַיֹּאמֶר שַׁלְּחוּנִי לַאדֹנִי׃	Und sie erhoben sich am Morgen. Und er sagte: „Entlasst mich zu meinem Herrn!“
וַיֹּאמֶר אָחִיהָ וְאִמָּהּ תֵּשֵׁב הַנַּעֲרָה אִתָּנוּ יָמִים אוֹ עָשׂוֹר אַחַר תֵּלֵךְ׃	Dann sagten ihr Bruder und ihre Mutter: „Es bleibe[1] das Mädchen noch ein paar Tage bei uns, etwa zehn, danach mag sie ziehen.“
וַיֹּאמֶר אֲלֵיהֶם אַל־תְּאַחֲרוּ אֹתִי וַיהוָה הִצְלִיחַ דַּרְכִּי שַׁלְּחוּנִי וְאֵלְכָה לַאדֹנִי׃	Und er sagte zu ihnen: „Haltet mich nicht auf, wo doch JHWH meiner Reise Erfolg beschert hat. Entlasst mich, damit ich zu meinem Herrn gehe!“
וַיֹּאמְרוּ נִקְרָא לַנַּעֲרָה וְנִשְׁאֲלָה אֶת־פִּיהָ׃	Und sie sagten: „Wir wollen das Mädchen rufen, damit wir sie nach ihrer Meinung fragen.“
וַיִּקְרְאוּ לְרִבְקָה וַיֹּאמְרוּ אֵלֶיהָ הֲתֵלְכִי עִם־הָאִישׁ הַזֶּה	Und sie riefen Rebekka und fragten sie: „Willst du mit diesem Mann gehen?“

[1] Zum volitiven Satz → § 51.4 (Textbeispiel c).

וַתֹּאמֶר אֵלֵךְ׃	Sie sagte: „Ja (ich will gehen)!“
וַיְשַׁלְּחוּ אֶת־רִבְקָה אֲחֹתָם ... (Gen 24,54 ff)	Und sie ließen ihre Schwester Rebekka ziehen. ...

Markierung

Der Übergang von der Erzählung zum Dialog ist markiert durch **Tempuswechsel**, durch **Personwechsel** (1. und 2. statt 3. Person) und durch ein Verb für **„sagen“** (meist eine Form von אמר), das auch in schnell wechselnder Rede und Gegenrede fast nie fehlt und die Erzählhaltung des Erzählers auch in längeren Dialogen gegenwärtig hält. Um das **Ende** der wörtlichen Rede anzuzeigen, genügt der Tempus- und Personwechsel.

48.5 Tempus-Übergänge: Fremde Tempora in Erzählungen

Imperfekte und Konsekutivperfekte können vereinzelt mitten im erzählenden Kontext auftreten.

Durch einen solchen Wechsel kann ein Übergang von der Erzählung zum **Kommentar** signalisiert werden.

Übergang zu kontextfremdem Tempus

וַיֹּאמֶר שִׂימוּ לָחֶם׃ וַיָּשִׂימוּ לוֹ לְבַדּוֹ וְלָהֶם לְבַדָּם וְלַמִּצְרִים הָאֹכְלִים אִתּוֹ לְבַדָּם	a	Da sagte er: „Tragt Speise auf!“ Und sie trugen ihm besonders auf und ihnen besonders und den Ägyptern, die mit ihm aßen, besonders.
כִּי לֹא יוּכְלוּן הַמִּצְרִים לֶאֱכֹל אֶת־הָעִבְרִים לֶחֶם כִּי תוֹעֵבָה הִוא לְמִצְרָיִם׃ (Gen 43,31 ff)		Die Ägypter <u>können</u> nämlich nicht zusammen mit den Hebräern essen, weil das ein Gräuel ist für Ägypten.
וַיִּבְחַר מֹשֶׁה אַנְשֵׁי־חַיִל מִכָּל־יִשְׂרָאֵל וַיִּתֵּן אֹתָם רָאשִׁים עַל־הָעָם ... וְשָׁפְטוּ אֶת־הָעָם בְּכָל־עֵת	b	Und Mose wählte tüchtige Männer aus aus ganz Israel und setzte sie als Führer über das Volk. So <u>richteten</u> sie das Volk ständig. Schwierige Fälle <u>trugen</u> sie Mose

אֶת־הַדָּבָר הַקָּשֶׁה יְבִיאוּן אֶל־מֹשֶׁה וְכָל־הַדָּבָר הַקָּטֹן יִשְׁפֹּטוּ הֵם׃ (Ex 18,25 f)		vor; aber jeden normalen Fall <u>entschieden</u> sie selbst.

Kommentar

Ein Wechsel vom Narrativ zum Imperfekt oder Perfectum consecutivum (a) kann anzeigen, dass der Autor aus seiner **Sprechhaltung** als Erzähler heraustritt und mit seinen Hörern / Lesern etwas **bespricht**, was sie auch außerhalb der erzählten Welt interessieren soll.

Eine Art **Kommentar** zu den erzählten Ereignissen sind auch Notizen im Imperfekt oder Perfectum consecutivum, die **wiederholte** Handlungen berichten (b). Im Deutschen wird dabei meist das Erzähltempus beibehalten.

Imperfekt nach Konjunktionen

אָז תָּבֹאנָה שְׁתַּיִם נָשִׁים זֹנוֹת אֶל־הַמֶּלֶךְ וַתַּעֲמֹדְנָה לְפָנָיו׃ וַתֹּאמֶר הָאִשָּׁה הָאַחַת ... (1 Kön 3,16)	c	Da kamen (einmal) zwei Huren zum König und traten vor ihn hin. Da sagte die eine Frau: ...
וֶאֱלִישָׁע חָלָה אֶת־חָלְיוֹ אֲשֶׁר יָמוּת בּוֹ וַיֵּרֶד אֵלָיו יוֹאָשׁ מֶלֶךְ יִשְׂרָאֵל (2 Kön 13,14)	d	Als Elischa von seiner Krankheit befallen war (ZNS), an der er (später) sterben sollte, kam Joas, der König von Israel, zu ihm herab.
וּשְׁמוּאֵל טֶרֶם יָדַע אֶת־יְהוָה וְטֶרֶם יִגָּלֶה אֵלָיו דְּבַר־יְהוָה׃ (1 Sam 3,7)	e	Samuel aber <u>hatte</u> JHWH noch nicht erkannt und noch nicht <u>sollte</u> sich ihm das Wort JHWHs offenbaren.
וַיֵּשֶׁב ... בַּצֵּל עַד אֲשֶׁר יִרְאֶה מַה־יִּהְיֶה בָּעִיר׃ (Jona 4,5)	f	Und er setzte sich in den Schatten, bis dass er <u>sähe</u>, was in der Stadt <u>geschehen möchte</u>.

אָז am Anfang

Nach der Partikel אָז „da / dann / damals“ steht häufig auch in erzählendem Kontext das Imperfekt. Am Satzanfang ersetzt אָז das Tempuszeichen „wa“. Es findet sich oft vor einer kurzen erzählenden **Notiz**, wenn der Erzähler noch etwas zum gleichen Thema nachtragen will (z.B. Ex 15,1; Dtn 4,41). In zwei Fällen, nämlich 1 Kön 3,16 (c) und 1 Kön 8,1, sind aus den „Nachträgen“ richtige lange Erzählungen geworden.

relativ zukünftig

Nach einigen Konjunktionen kann Imperfekt als **perspektivisches** Tempus erscheinen. Nach אֲשֶׁר (d), nach עַד אֲשֶׁר „bis dass“ (f), fast immer nach טֶרֶם „noch nicht“ (e) und in abhängigen Fragesätzen (f) stehen im Imperfekt Ereignisse, die von der Ebene der Erzählung aus gesehen **zukünftig** sind.

Perfekt mit Waw copulativum

וַיִּקֶן יוֹסֵף אֶת־כָּל־אַדְמַת מִצְרַיִם לְפַרְעֹה ... וַתְּהִי הָאָרֶץ לְפַרְעֹה׃	g	Da kaufte Josef das ganze ägyptische Ackerland für Pharao, ... und das Land wurde Eigentum Pharaos.
וְאֶת־הָעָם הֶעֱבִיד אֹתוֹ לַעֲבָדִים ... רַק אַדְמַת הַכֹּהֲנִים לֹא קָנָה כִּי חֹק לַכֹּהֲנִים מֵאֵת פַּרְעֹה וְאָכְלוּ אֶת־חֻקָּם אֲשֶׁר נָתַן לָהֶם פַּרְעֹה עַל־כֵּן לֹא מָכְרוּ אֶת־אַדְמָתָם׃ (Gen 47,20 ff)		Die Bevölkerung aber - die versklavte er zu Leibeigenen. ... nur das Ackerland der Priester kaufte er nicht, weil die Priester ein festes Einkommen von Pharao hatten, so dass sie von dem Einkommen lebten, das ihnen Pharao angewiesen hatte.Darum verkauften sie ihr Ackerland nicht.

Isoliert im erzählenden Kontext können AK-Formen mit Waw auftreten, die **kein Konsekutiv-Perfekt** sind. In Textbeispiel g, Zeile 6, ist eine Inversion (ZNS) nicht möglich oder nicht beabsichtigt, anderseits aber wird der Hintergrundcharakter des Satzes festgehalten und durch das „we“ ein Folge-Zusammenhang hergestellt (➔ § 53.1).

In jüngerer Erzählliteratur (z.B. am Anfang des Buches Ijob) setzt sich dieser Gebrauch des Perfekts mit copulativem Waw in Erzählungen mehr und mehr durch.[1]

[1] Im mittelalterlichen Hebräisch ist der Narrativ ganz abhanden gekommen und durch Waw-AK ersetzt.

48.6 Tempus-Übergänge: Besprechendes Erzählen

Besprechendes Erzählen

Nicht alles Erzählen geschieht distanziert und in **entspannter** Sprechhaltung. Gerade in der Bibel wird vielfach durch Erzählen die Welt besprochen und die Situation gedeutet. Der Erzähler kann mit einfachen syntaktischen Mitteln seine Erzählung auf seine **Gegenwart** beziehen.

וַיְהִי	a	(Und es geschah)
אַחֲרֵי בוֹא אֲמַצְיָהוּ מֵהַכּוֹת אֶת־אֲדוֹמִים וַיָּבֵא אֶת־אֱלֹהֵי בְּנֵי שֵׂעִיר וַיַּעֲמִידֵם לוֹ לֵאלֹהִים		nachdem Amazja vom Sieg über die Edomiter zurückgekehrt war (inf), da brachte er die Götter der Seiriten und stellte sie auf als seine Götter.
וְלִפְנֵיהֶם יִשְׁתַּחֲוֶה וְלָהֶם יְקַטֵּר׃ וַיִּחַר־אַף יְהוָה בַּאֲמַצְיָהוּ ... (2 Chr 25,14 f)		Und vor ihnen <u>neigt</u> er sich, und ihnen <u>räuchert</u> er. Da entbrannte der Zorn JHWHs über Amazja ...
בִּשְׁנַת־מוֹת הַמֶּלֶךְ עֻזִּיָּהוּ וָאֶרְאֶה אֶת־אֲדֹנָי יֹשֵׁב עַל־כִּסֵּא רָם וְנִשָּׂא וְשׁוּלָיו מְלֵאִים אֶת־הַהֵיכָל׃	b	Im Todesjahr des Königs Usia, da sah ich den Herrn auf einem hohen und erhabenen Thron sitzen; seine Säume füllten (ptz) den Tempel.
שְׂרָפִים עֹמְדִים מִמַּעַל לוֹ שֵׁשׁ כְּנָפַיִם שֵׁשׁ כְּנָפַיִם לְאֶחָד		Sarafen waren um ihn (NS), sechs Flügel hatte jeder (NS):
בִּשְׁתַּיִם יְכַסֶּה פָנָיו וּבִשְׁתַּיִם יְכַסֶּה רַגְלָיו וּבִשְׁתַּיִם יְעוֹפֵף׃ וְקָרָא זֶה אֶל־זֶה וְאָמַר		Mit zweien <u>bedeckt</u> er sein Gesicht, mit zweien <u>bedeckt</u> er seine Blöße, und mit zweien <u>fliegt</u> er. <u>So ruft</u> einer dem andern zu <u>und sagt</u>:
קָדוֹשׁ קָדוֹשׁ קָדוֹשׁ יְהוָה צְבָאוֹת מְלֹא כָל־הָאָרֶץ כְּבוֹדוֹ׃		„Heilig, heilig, Heilig (ist) JHWH, der Umscharte! Fülle der ganzen Erde (ist) seine Herrlichkeit.“

וַיָּנֻעוּ אַמּוֹת הַסִּפִּים מִקּוֹל הַקּוֹרֵא	Da bebten die Türzapfen in den Angelsteinen von dem lauten Ruf
וְהַבַּיִת יִמָּלֵא עָשָׁן׃	und das Haus füllt sich mit Rauch.
(Jes 6,1-4) וָאֹמַר ...	Da sagte ich ...

Eindringlichkeit

Bei engagiertem Erzählen geht der Erzähler gelegentlich an **Höhepunkten** seiner Erzählung zu den Tempora der besprechenden Rede über (a,). Damit gibt er der Erzählung höhere **Eindringlichkeit**.[1] Im Beispiel a (Zeilen 5 und 6) müsste bei gleicher Satzstellung Perfekt stehen. Damit wären aber die Sätze in den Hintergrund gerückt. Die überraschenden Imperfekte heben das - für einen König Israels unerhörte - Tun Amazjas gebührend hervor.

Vergegenwärtigung

Auch die Berufungsvision des Jesaja (b) enthält solche Passagen: Es werden nicht einzelne Ereignisse erzählt, sondern ein Bild gemalt und in eindringlich gleich anlautenden Sätzen und mit dem Reim der Dual-Endung „ajim" („sechs Flügel - sechs Flügel - mit zweien - mit zweien - mit zweien ...") **vergegenwärtigt**. Auch dieser Sprechakt vertrüge keine Hintergrundsätze.

Einzelne biblische Autoren[2] verwenden solche überraschenden Tempus-Übergänge gern in Einleitung oder Schluss einer Erzähl-Einheit, brauchen sie also zur **Gliederung** (Rahmung) eines Textes.

Träume

c וַיַּחֲלֹם יוֹסֵף חֲלוֹם וַיַּגֵּד לְאֶחָיו ... ׃	Da träumte Josef einen Traum und erzählte (das) seinen Brüdern, ...
וַיֹּאמֶר אֲלֵיהֶם	und sagte zu ihnen:
שִׁמְעוּ־נָא הַחֲלוֹם הַזֶּה אֲשֶׁר חָלָמְתִּי׃	„Hört bloß, was für einen (wichtigen) Traum ich geträumt habe:
וְהִנֵּה	Stellt euch vor:
אֲנַחְנוּ מְאַלְּמִים אֲלֻמִּים בְּתוֹךְ הַשָּׂדֶה	Wir (waren) beim Garbenbinden auf dem Feld,
וְהִנֵּה קָמָה אֲלֻמָּתִי וְגַם נִצָּבָה	und denkt nur: Es erhob sich meine Garbe und blieb aufrecht stehen,
וְהִנֵּה תְסֻבֶּינָה אֲלֻמֹּתֵיכֶם	aber was meint ihr wohl: Es stellen sich eure Garben rings umher!
(Gen 37,5 ff) וַתִּשְׁתַּחֲוֶיןָ לַאֲלֻמָּתִי׃	Da neigten sie sich vor meiner Garbe."

[1] Dies entspricht dem deutschen und lateinischen „praesens historicum".

[2] Dieses Stilmittel kommt vor beim Jahwisten (z.B. Gen 2) und in den Erzählungen von der Thronnachfolge Davids (2 Sam 9 bis 1 Kön 2, hier vor allem 2 Sam 15).

Wie man sich durch „besprechendes Erzählen“ in eine bedrohliche Situation reden kann, zeigt der kurze Textausschnitt aus der Josef-Erzählung (c), in dem Josef seinen Brüdern den Traum **scheinbar erzählt**, in Wirklichkeit aber seine Position im Kreis der Brüder deutet und die Brüder herausfordert. Die besprechenden Signale sind bis zur **Übertreibung** gehäuft: Aufforderung zum Hören שִׁמְעוּ־נָא, dreimal das Aufmerksamkeits- und Bedeutsamkeits-Signal[1] וְהִנֵּה, Imperfekt תְּסֻבֶּינָה als Zeichen für engagiertes Erzählen und Mittel zur Hervorhebung. So widerspricht die Syntax der Semantik („er erzählte“).

In anderen „besprechenden“ Erzählungen, z.B. bekenntnismäßigen Zusammenfassungen der Geschichte Israels wie in Dtn 26,5-9, sind die situationsbezogenen Signale **sparsamer** gesetzt und scheinen in den großen Erzählwerken ganz zu fehlen.

Gelegentlich erscheinen **semantische** Signale: theologische Beurteilungen („er tat, was dem Herrn missfiel“ oder bestimmte **theologische** Stichworte (wie z.B. שׁוּב „umkehren / sich bekehren“ in der deuteronomistischen Literatur).

48.7 Tempus-Übergänge: Narrativ in besprechendem Kontext

Auch der Narrativ (Imperfectum consecutivum) ist nicht auf erzählende Kontexte beschränkt.

vereinzelte Narrative

וַיֹּאמֶר [שְׁלֹמֹה]	a	Da sprach (Salomo):
יְהוָה אֱלֹהֵי יִשְׂרָאֵל אֵין־כָּמוֹךָ אֱלֹהִים ..		„JHWH, Gott Israels, es ist kein Gott wie du, ...
אֲשֶׁר שָׁמַרְתָּ לְעַבְדְּךָ דָּוִד אָבִי אֵת אֲשֶׁר דִּבַּרְתָּ לוֹ		der du deinem Knecht David, meinem Vater, gehalten hast, was du ihm versprochen hattest;
וַתְּדַבֵּר בְּפִיךָ		<u>und</u> <u>redetest</u> mit deinem Mund,
וּבְיָדְךָ מִלֵּאתָ כַּיּוֹם הַזֶּה׃		und mit deiner Hand hast du es erfüllt, wie (es) heute am Tage (ist).“
(1 Kön 8,23 f)		

[1] Dem widerspricht nicht, dass וְהִנֵּה in Traumerzählungen gattungstypisch ist (➔ § 54.3). Ein Traum ist im Altertum per se bedeutsam. Es ist die Häufung, mit der sich Josef hier nahezu um Kopf und Kragen redet.

כִּי־יִשְׁאָלְךָ בִנְךָ מָחָר לֵאמֹר מָה הָעֵדֹת הַחֻקִּים וְהַמִּשְׁפָּטִים אֲשֶׁר צִוָּה יְהוָה אֱלֹהֵינוּ אֶתְכֶם׃ וְאָמַרְתָּ לְבִנְךָ	b	Wenn dich in Zukunft dein Sohn fragt: „Was bedeuten diese Zeugnisse, Anordnungen und Gesetze, die JHWH, unser Gott, euch befohlen hat?“, so sprichst du zu deinem Sohn:
עֲבָדִים הָיִינוּ לְפַרְעֹה בְּמִצְרָיִם וַיּוֹצִיאֵנוּ יְהוָה מִמִּצְרַיִם בְּיָד חֲזָקָה׃ וַיִּתֵּן יְהוָה אוֹתֹת וּמֹפְתִים גְּדֹלִים וְרָעִים בְּמִצְרַיִם בְּפַרְעֹה וּבְכָל־בֵּיתוֹ לְעֵינֵינוּ׃		„Sklaven waren wir des Pharao in Ägypten, und JHWH <u>führte</u> uns hinaus aus Ägypten mit starker Hand, und JHWH <u>tat</u> große und schreckliche Zeichen und Wunder an Ägypten, an Pharao und seinem ganzen Haus, vor unseren Augen.
וְאוֹתָנוּ הוֹצִיא מִשָּׁם לְמַעַן הָבִיא אֹתָנוּ לָתֶת לָנוּ אֶת־הָאָרֶץ אֲשֶׁר נִשְׁבַּע לַאֲבֹתֵינוּ׃		Uns aber führte er hinaus von dort, um uns herzubringen, um uns das Land zu geben, das er unseren Vätern geschworen hatte.
וַיְצַוֵּנוּ יְהוָה לַעֲשׂוֹת אֶת־כָּל־הַחֻקִּים הָאֵלֶּה לְיִרְאָה אֶת־יְהוָה אֱלֹהֵינוּ לְטוֹב לָנוּ כָּל־הַיָּמִים לְחַיֹּתֵנוּ כְּהַיּוֹם הַזֶּה׃ (Dtn 6,20 ff)		Und JHWH <u>gebot</u> uns, alle diese Anordnungen zu befolgen, JHWH, unsern Gott zu fürchten, uns zum Besten für alle Zeit, uns am Leben zu erhalten, wie (es) heute am Tage (ist).“

Spross-Erzählungen

Im besprechenden Kontext können sich an das Perfekt (Rück-Perspektive) weitere Verbalsätze mit Narrativ (als Folge-Ereignisse) anschließen. Damit scheint sich **sekundär** eine Erzählung zu entwickeln.

Aber: die Narrative stehen **nie am Anfang** der Rede, und solche Spross-Erzählungen sind meist sehr **kurz** (a). Ehe sich eine distanzierende Erzählhaltung bestätigen kann, geht die

Rede wieder zum Perfekt oder zu den besprechenden Tempora über. Außerdem stehen **deiktische** (auf die Sprechsituation verweisende)[1] Signale wie z.B. die Suffixe und Personmorpheme der 1. und 2. Person oder Floskeln wie הַיּוֹם הַזֶּה und charakterisieren die besprechende Rede.

Wenn in einem besprechenden Kontext eine **längere** sekundäre Erzählpartie auftritt (b), sind die Situationsverweise besonders zahlreich und auffallend.

48.8 Der Imperativ als Tempus

Der Imperativ ist zwar selbst keine Tempusform; er ist aber deutlich auf besprechende Kontexte beschränkt, bestimmt also die temporale Struktur von Texten mit.

(Jes 6,8 f)	וָאֹמַר הִנְנִי שְׁלָחֵנִי׃ וַיֹּאמֶר לֵךְ וְאָמַרְתָּ לָעָם הַזֶּה ...	a	Da sagte ich: „Hier! Ich! sende mich!“ Da sagte er: „Geh! (So sagst du) und sage diesem Volk ...“
(Jer 16,5)	כִּי־כֹה אָמַר יְהוָה אַל־תָּבוֹא בֵּית מַרְזֵחַ וְאַל־תֵּלֵךְ לִסְפּוֹד ...	b	Ja, so hat JHWH gesprochen: „Geh nicht hinein in ein Trauerhaus und geh nicht zur Totenklage! ...“
(Jer 2,1 f)	וַיְהִי דְבַר־יְהוָה אֵלַי לֵאמֹר׃ הָלֹךְ וְקָרָאתָ בְאָזְנֵי יְרוּשָׁלִַם לֵאמֹר ...	c	Da geschah das Wort JHWHs an mich, nämlich: „Geh! (so rufst du) und rufe in die Ohren Jerusalems folgendes: ...
	נַחֲמוּ נַחֲמוּ עַמִּי יֹאמַר אֱלֹהֵיכֶם׃ דַּבְּרוּ עַל־לֵב יְרוּשָׁלִַם	d	„Tröstet, tröstet mein Volk,“ sagt euer Gott. Redet zum Herzen Jerusalems

[1] Zur Deixis allgemein ➔ § 52.4.

	וְקִרְאוּ אֵלֶיהָ		und ruft ihr zu,
	כִּי מָלְאָה צְבָאָהּ		dass ihr Frondienst zuende,
	כִּי נִרְצָה עֲוֺנָהּ		dass ihre Schuld abgezahlt ist;
	כִּי לָקְחָה מִיַּד יְהוָה כִּפְלַיִם		dass sie genommen aus der Hand JHWHs Zwiefaches
(Jes 40,1 f)	בְּכָל־חַטֹּאתֶיהָ׃		für alle ihre Schuld."
	וַיְדַבֵּר יְהוָה אֶל־מֹשֶׁה לֶךְ־רֵד	e	Da redete JHWH mit Mose: (Geh! Geh hinab!) „Auf, geh hinab,
(Ex 32,7)	כִּי שִׁחֵת עַמְּךָ ...		ja, dein Volk hat verderblich gehandelt. ..."

nicht verneint

Der Imperativ steht in **eindeutiger** Sprechsituation, meist nach einer אמר-Einleitung (a), und enthält eine **direkte** Aufforderung an den Hörer.[1] Der Imperativ steht nur in **bejahenden** Sätzen. In verneinten Sätzen (b) muss אַל mit Imperfekt stehen (➔ § 51.4).

In solchen eindeutigen Kontexten kann der Imperativ auch durch einen **absoluten** Infinitiv vertreten werden (c; ➔ § 49.2).

Tempuszeichen

Umgekehrt bezeichnet der Imperativ in einem **literarischen** Text die Sprechsituation, die in der gesprochenen Sprache vorgegeben wäre. Der Anfang des Buches Deuterojesaja (d) ist charakterisiert durch eine Kette von Imperativen. Die in diesem Kontext folgenden Sätze sind damit deutlich der besprechenden Rede zugeordnet.

Formelhaft und als eine Art Tempus- bzw. Modus-Zeichen eingesetzt sind die Imperative von geläufigen Verben der Bewegung wie בּוֹא, קוּם und לֵךְ vor einem zweiten, oft unverbundenen Imperativ (e) oder Kohortativ. Solche doppelten Imperative dienen zur **Betonung** der Aufforderung und sind nicht als zwei Aufforderungen aufzufassen.

---

[1] Zu anderen Zeichen für Aufforderung ➔ § 51.4; zur Fortführung der Aufforderung durch Konsekutiv-Perfekt ➔ § 48.3, Textbeispiel h.

48.9 Übersicht

	Kontext: besprechend		Kontext: erzählend	
Haupttempus	יִכְתֹּב	er schreibt **Imperfekt**	וַיִּכְתֹּב	er schrieb **Narrativ**
Perspektive: Rückschau	כָּתַב	er hat geschrieben **Perfekt**	כָּתַב	er schrieb, hatte geschrieben **Perfekt**
Perspektive: Vorausschau	וְכָתַב	und er wird / dann soll er schreiben **Perf. consec.**	יִכְתֹּב	er würde / sollte schreiben **Imperfekt**

49 Das verbale Satzglied - Verbalnomina

*Verbalnomina sind die Partizipien und die Infinitive. Sie können nicht die Person-Morpheme der Präformativ- oder Afformativ-Konjugation annehmen und werden darum „nicht finite“ Formen genannt. Verbal-**Nomina** heißen sie, weil sie die Funktionen nominaler Satzglieder übernehmen und die bei Nomina üblichen Suffixe annehmen können.*

Verbalnomina kommen in Texten aller Gattungen ziemlich gleichmäßig vor und geben keinen Hinweis auf die (erzählende oder besprechende) Sprechhaltung des Textes.

49.1 Partizipien

Partizipien bezeichnen den, der die Handlung ausführt oder - beim Passiv - von ihr betroffen ist.

als Satzteile

וְרוּחַ אֱלֹהִים מְרַחֶפֶת עַל־פְּנֵי הַמָּיִם׃ (Gen 1,2)	a	... und der Geist Gottes (war) etwas Schwebendes über dem Wasser.
וַיֵּרָא אֵלָיו יְהוָה בְּאֵלֹנֵי מַמְרֵא וְהוּא יֹשֵׁב פֶּתַח־הָאֹהֶל כְּחֹם הַיּוֹם׃ וַיִּשָּׂא עֵינָיו ... (Gen 18,1f)	b	Es erschien ihm JHWH im Hain Mamre, (er aber saß) als er vor dem Eingang des Zeltes saß in der Mittagshitze. Er erhob seinen Blick.
אִם־יְהוָה לֹא־יִשְׁמָר־עִיר שָׁוְא שָׁקַד שׁוֹמֵר׃ (Ps 127,1)	c	Wenn JHWH nicht die Stadt bewacht, - vergeblich lauert ein Wachender.

Partizipien können die Funktionen aller nominalen Satzglieder übernehmen. Häufig sind Partizipien als **Prädikate** im Nominalsatz (a, b). Solche Partizipialsätze spielen in Erzählungen die Rolle von **Umstandssätzen** (b). Auch als **Subjekte** in Nominal- wie Verbalsätzen können Partizipien auftreten (c).

Übersetzung

וּמֵת כָּל־בְּכוֹר בְּאֶרֶץ מִצְרַיִם מִבְּכוֹר פַּרְעֹה הַיֹּשֵׁב עַל־כִּסְאוֹ עַד בְּכוֹר הַשִּׁפְחָה אֲשֶׁר אַחַר הָרֵחָיִם (Ex 11,5)	d	Dann stirbt alle Erstgeburt im Land Ägypten, vom Erstgeborenen des Pharao (des Sitzenden), der auf seinem Thron sitzt, bis zum Erstgeborenen der Magd, die hinter der Handmühle (sitzt).
וַיֵּדַע קַיִן אֶת־אִשְׁתּוֹ וַתַּהַר וַתֵּלֶד אֶת־ חֲנוֹךְ וַיְהִי בֹּנֶה עִיר וַיִּקְרָא שֵׁם הָעִיר כְּשֵׁם בְּנוֹ חֲנוֹךְ׃ (Gen 4,17)	e	Kain erkannte seine Frau, und sie wurde schwanger und gebar den Henoch. Und er wurde Erbauer einer Stadt und nannte die Stadt nach dem Namen seines Sohnes: Henoch.

Partizipien, die als **Apposition** oder **Attribut** gebraucht sind (d), können deutsch mit Relativsätzen (**Attributsätzen**) wiedergegeben werden. Als **Prädikatsnomina** stehen Partizipien in Sätzen mit dem Verb היה „sein“ (e).

Partizipien mit Objekten

דִּבֶּר הָאִישׁ אֲדֹנֵי הָאָרֶץ אִתָּנוּ קָשׁוֹת וַיִּתֵּן אֹתָנוּ כִּמְרַגְּלִים אֶת־הָאָרֶץ׃ (Gen 42,30)	f	Der Mann, der Herr des Landes, hat hart mit uns geredet, und er behandelte uns wie (erkundend das Land) Leute, die das Land ausspionieren wollten.
וְתָסֵךְ עָלֵימוֹ וְיַעְלְצוּ בְךָ אֹהֲבֵי שְׁמֶךָ׃ (Ps 5,12)	g	Du wollest sie beschirmen, dass sie dir zujauchzen (die Liebenden deines Namens), die deinen Namen lieben.
וַאֲבָרֲכָה מְבָרְכֶיךָ וּמְקַלֶּלְךָ אָאֹר (Gen 12,3)	h	Und ich will segnen (deine Segnenden), die dich segnen; doch (deinen Verfluchenden) wer dir flucht, den verfluche ich.

Als Verbformen können Partizipien **Objekte** (e, f) und **Umstandsbestimmungen** (a, b, d) bei sich haben. Als Nominalformen können sie mit dem Objekt der Handlung eine **Constructus-Verbindung** eingehen (g) und das pronominale Objekt als Suffix annehmen (h).

49.2 Absoluter Infinitiv (Infinitivus absolutus)

Infinitive bezeichnen die Handlung als solche. Der absolute Infinitiv steht isoliert im Satz und bringt nur die Verbbedeutung in den Satz ein.

Ersatz für finite Form

כֹּה אָמַר יְהוָה אֶל־יִרְמְיָהוּ הָלוֹךְ וְקָנִיתָ בַקְבֻּק יוֹצֵר חָרֶשׂ (Jer 19,1)	a	So hat JHWH zu Jeremia gesprochen: (Gehen - dann kaufst du) „Geh und kaufe einen Tonkrug!“
כִּי אֵין אֱמֶת וְאֵין־חֶסֶד וְאֵין־דַּעַת אֱלֹהִים בָּאָרֶץ׃ אָלֹה וְכַחֵשׁ וְרָצֹחַ וְגָנֹב וְנָאֹף בָּאָרֶץ וְדָמִים בְּדָמִים נָגָעוּ׃ (Hos 4,1-2)	b	Es gibt keine Treue, keine Liebe, keine Gotteserkenntnis im Lande. (Sie) schwören falsch und lügen und morden und stehlen und huren im Land, und Bluttat reihen sie an Bluttat.

Der absolute Infinitiv kann eine finite Verbform ersetzen. In **eindeutiger** Sprechsituation steht der absolute Infinitiv unter den gleichen **Kontext**bedingungen wie der **Imperativ** am Anfang eines Aufforderungssatzes (a). In **Reihen** (b) treten die absoluten Infinitive mehrerer Verben zusammen und schildern einen **komplexen Vorgang**. Person- und Tempus ergeben sich aus dem Zusammenhang der Verben mit dem sie umgebenden Text.[1]

49.3 Infinitiv (Infinitivus constructus)

Der Infinitivus constructus verbindet sich mit anderen Satzteilen.

Infinitiv nach Präpositionen

וַיֹּאמְרוּ אִישׁ אֶל־אָחִיו הִנֵּה שָׂכַר־עָלֵינוּ מֶלֶךְ יִשְׂרָאֵל אֶת־מַלְכֵי הַחִתִּים וְאֶת־ מַלְכֵי מִצְרַיִם לָבוֹא עָלֵינוּ׃ (2 Kön 7,6)	a	Sie sagten zueinander: „Der König von Israel hat gegen uns gedungen die Könige der Hethiter und der Ägypter, (<u>zum</u> Kommen über uns) <u>dass</u> sie über uns kommen.“

[1] Zum absoluten Infinitiv als Erweiterung einer finiten Verbform ➔ § 50.4.

וַיְהִי כְּבוֹא אַבְרָם מִצְרָיְמָה הַמִּצְרִים אֶת־הָאִשָּׁה כִּי־יָפָה הִוא וַיִּרְאוּ (Gen 12,14) מְאֹד׃	b	(Und es geschah beim Kommen Abrams nach Ägypten) Als A. nach Ägypten kam, sahen die Ägypter, dass die Frau sehr schön war.
אִישׁ מִמֶּנּוּ אֶת־קִבְרוֹ לֹא־יִכְלֶה מִמְּךָ (Gen 23,6) מִקְּבֹר מֵתֶךָ׃	c	Keiner von uns versagt dir seine Grabstätte (weg vom Begraben), dass du deine Tote nicht begraben könntest.
כִּי הִקְשׁוּ אֶת־עָרְפָּם לְבִלְתִּי שְׁמוֹעַ (Jer 19,15) אֶת־דְּבָרָי׃	d	Ja, sie haben ihren Nacken versteift (zum nicht Hören), dass sie nicht auf meine Worte hören.

Der Infinitiv (Infinitivus constructus) steht, meist durch andere Satzglieder erweitert, häufig nach Präpositionen. Im **Deutschen** entspricht solchen Infinitiv-Konstruktionen meist ein adverbialer **Nebensatz**.

ל, כ, ב

Die Präposition לְ vor dem Infinitiv bezeichnet **Ziel oder Zweck** (a); deutsch „dass / damit" oder - bei gleichem Subjekt - „um zu".

Mit בְּ oder כְּ vor dem Infinitiv werden **Zeitbestimmungen** ausgedrückt (deutsch **Temporalsatz**), vor allem nach einleitendem וַיְהִי oder וְהָיָה (b).

מִן und בִּלְתִּי

Die Präposition מִן ist vor dem Infinitiv oft eine **Negation** (c). Es steht aber auch die Negation בִּלְתִּי beim Infinitiv; dabei können ihr andere Präpositionen vorangehen (d).

Viele andere Präpositionen können vor dem Infinitiv vorkommen (➔ auch unten Textbeispiel e). Im **Deutschen** muss für die Präposition die sinn-entsprechende **Konjunktion** gefunden werden (z.B. „nachdem" für „nach").

Subjekt, Objekt, Suffixe

וַיְהִי דְבַר־יְהוָה אֶל־יִרְמְיָהוּ אַחֲרֵי שְׂרֹף הַמֶּלֶךְ אֶת־הַמְּגִלָּה (Jer 36,27)	e	Es erging das Wort JHWHs an Jeremia (nach dem Verbrennen des Königs die Buchrolle), nachdem der König die Buchrolle verbrannt hatte.

וַיִּשְׁלַח שָׁאוּל מַלְאָכִים אֶל־בֵּית דָּוִד לְשָׁמְרוֹ וְלַהֲמִיתוֹ בַּבֹּקֶר (1 Sam 19,11)	f	Saul sandte Boten zum Haus Davids (zu seinem Bewachen und zu seinem Töten), dass sie ihn bewachten und am Morgen töteten.
גֹּאֵל הַדָּם הוּא יָמִית אֶת־הָרֹצֵחַ בְּפִגְעוֹ־בוֹ הוּא יְמִיתֶנּוּ׃ (Num 35,19)	g	Der Bluträcher, er wird den Mörder töten. (Bei seinem ihn Treffen) Wenn er ihn trifft, wird er ihn töten.

Subjekt und Objekt der Handlung können dem Infinitiv **folgen** (e). Grundsätzlich bezeichnen die gleichen **Suffixe** das pronominale Objekt (f) und das pronominale Subjekt (g).[1]

Besonderheiten

וַיֹּאמֶר יְהוָה אֱלֹהִים לֹא־טוֹב הֱיוֹת לְבַדּוֹ הָאָדָם (Gen 2,18)	h	Und JHWH Gott sprach: „Nicht gut ist (das Sein des Menschen allein), dass der Mensch allein ist.“
יְהִי אַחֲרִיתוֹ לְהַכְרִית בְּדוֹר אַחֵר יִמַּח שְׁמָם׃ (Ps 109,13)	i	Seine Nachkommenschaft (werde zum Vernichten) verfalle der Vernichtung; in der nächsten Generation erlösche ihr Name!
כִּי בְּכָרְתִי אֶת־כְּנַף מְעִילְךָ וְלֹא הֲרַגְתִּיךָ דַּע וּרְאֵה כִּי אֵין בְּיָדִי רָעָה וָפֶשַׁע (1 Sam 24,12)	j	Doch (durch mein Schneiden) daran, dass ich den Zipfel deines Gewandes abgeschnitten, aber dich nicht ermordet habe, erkenne und sieh, dass weder Bosheit noch Verrat an mir ist.

Der Infinitiv kann als Subjekt oder Prädikat eines **Nominalsatzes** auftreten (h). Als eine Art **Prädikatsnomen** steht der Infinitiv, manchmal mit לְ, in Sätzen mit dem Verb היה (i).[2] Bisweilen wird eine Infinitiv-Konstruktion **durch finite Verbformen fortgeführt** (j).

[1] Nur bei Suffixen der 1. Person Singular wird zwischen dem Objekt-Suffix נִי and dem Subjekt-Suffix ִי unterschieden (➔ § 33.3).

[2] Zum Infinitiv als Ergänzung, vor allem nach relativen Verben, ➔ § 50.5.

50 Erweiterungen des verbalen Satzglieds

50.1 Objekte

Das verbale Satzglied (finite und Nominalformen) kann ein Nomen als direktes Objekt („Akkusativ“) bei sich haben, das das Ziel der Handlung angibt.

Kennzeichnung

בְּרֵאשִׁית בָּרָא אֱלֹהִים אֵת הַשָּׁמַיִם וְאֵת הָאָרֶץ׃ (Gen 1,1)	a	Am Anfang schuf Gott den Himmel und die Erde.
וַיִּשְׁלַח־שָׁמָּה סוּסִים וְרֶכֶב וְחַיִל כָּבֵד (2 Kön 6,14)	b	Und er schickte dorthin Pferde und Wagen und ein starkes Heer.
כִּי־מָלְאָה הָאָרֶץ דֵּעָה אֶת־יְהוָה (Jes 11,9)	c	Ja, es erfüllt das Land (JHWH Erkennen) Erkenntnis JHWHs.

Die Partikel אֶת־ / אֵת (**Akkusativzeichen** ➔ § 12.4) kann ein direktes Objekt kenntlich machen, steht aber nur vor **determinierten** Objekten (a) und ist in der Poesie selten. Wenn אֵת fehlt, muss die Objekt-Funktion eines solchen Nomens aus dem **Kontext**, vor allem aus der Bedeutung des Verbs, erschlossen werden (b).

Wie die Verbal-Nomina (➔ § 49) können auch Nomina, die **von Verben abgeleitet** sind, Objekte bei sich haben (c).

Pronominale Objekte (Suffixe)

וַיָּמָת שְׁמוּאֵל וַיִּקָּבְצוּ כָל־יִשְׂרָאֵל וַיִּסְפְּדוּ־לוֹ וַיִּקְבְּרֻהוּ בְּבֵיתוֹ בָּרָמָה (1 Sam 25,1)	d	Und Samuel starb, und sie versammelten sich, ganz Israel, und sie hielten für ihn die Totenklage, und sie begruben ihn bei seinem Haus in Rama.
וַיָּבֹאוּ יָבֵשָׁה וַיִּשְׂרְפוּ אֹתָם שָׁם׃ וַיִּקְחוּ אֶת־עַצְמֹתֵיהֶם וַיִּקְבְּרוּ תַחַת הָאֶשֶׁל בְּיָבֵשָׁה (1 Sam 31,12 f)	e	Und sie kamen nach Jabesch und verbrannten sie dort und nahmen ihre Gebeine und begruben (sie) unter der Tamariske bei Jabesch.

Pronominale Objekte werden als **Suffixe** an die Verbform (d) oder an die Partikel אֵת (e) angefügt. Das Objekt aus dem **vorangehenden Satz** muss **nicht** als Pronomen wiederholt werden (e).

Besonderheiten

וְלֹא־יִקָּרֵא עוֹד אֶת־שִׁמְךָ אַבְרָם וְהָיָה שִׁמְךָ אַבְרָהָם (Gen 17,5)	f	Darum wird dein Name nicht mehr genannt (nennt man dich nicht mehr) Abram, sondern dein Name soll Abraham sein.
וְאָנֹכִי וּבֵיתִי נַעֲבֹד אֶת־יְהוָה׃ (Jos 24,15)	g	Ich aber und mein Haus, wir dienen JHWH.
וַיִּקַּח אֵלִיָּהוּ שְׁתֵּים עֶשְׂרֵה אֲבָנִים ... וַיִּבְנֶה אֶת־הָאֲבָנִים מִזְבֵּחַ בְּשֵׁם יְהוָה (1 Kön 18,31 f)	h	Und Elija nahm 12 Steine ... und (baute die Steine – einen Altar) baute daraus einen Altar im Namen JHWHs.

Akkusativ beim Passiv

Auch in Sätzen mit **passivischem** Prädikat kann das **Ziel** der Handlung (nach westlich-lateinischem Verständnis das Subjekt) durch das „**Akkusativ**“-Zeichen gekennzeichnet sein (f). Direkte Objekte stehen auch bei vielen Verben, deren **deutsche** Entsprechungen **nicht** den **Akkusativ** erfordern (g).

Doppelter Akkusativ

Bei einem Verb können auch **zwei Objekte** stehen („doppelter Akkusativ“) (h). Auch hier muss in der deutschen Übersetzung meist eine andere Konstruktion gewählt werden. Im einzelnen gibt das **Lexikon** über die Konstruktionsmöglichkeiten eines Verbs Auskunft.

50.2 Adverbiale Nomina

Das verbale Satzglied kann ein Nomen (ohne Präposition) bei sich haben, das als Umstandsbestimmung die Handlung erläutert.[1]

[1] Ein solches adverbiales Nomen wird auch „Accusativus adverbialis“ genannt.

וַיֵּלֶךְ הָאִישׁ אֶרֶץ הַחִתִּים וַיִּבֶן עִיר (Ri 1,26)	a	Und der Mann ging (ins) Land der Hethiter und baute eine Stadt.
וְהַמֶּלֶךְ לָאַט אֶת־פָּנָיו וַיִּזְעַק הַמֶּלֶךְ קוֹל גָּדוֹל (2 Sam 19,5)	b	Der König aber hatte sein Gesicht verhüllt; dann klagte der König (mit) lauter Stimme.
וַיִּשְׁלַח יְהוֹשֻׁעַ מַלְאָכִים וַיָּרֻצוּ הָאֹהֱלָה (Jos 7,22)	c	Und Josua schickte Boten, und sie liefen zum Zelt.
מַצּוֹת יֵאָכֵל אֵת שִׁבְעַת הַיָּמִים (Ex 13,7)	d	Matzen isst man die (= während der) sieben Tage.

Kontext beachten

Die adverbiale Funktion eines solchen Nomens ergibt sich aus dem **Kontext**, besonders aus der Beziehung seiner Bedeutung zu der Bedeutung des übergeordneten **Verbs**, z.B. „gehen" und „Land", „klagen" und „Stimme" (a, b). Bei **Orts**- und **Zeit**bestimmungen kann das adverbiale Nomen durch **He locale** (➔ § 16.3) markiert sein (c); und manchmal steht die **Partikel** אֵת auch vor adverbialem Nomen (d).

Zu adverbialen Nomina im **Nominalsatz** ➔ § 44.3.

50.3 Präpositionale Ergänzungen

Das verbale Satzglied kann auch durch Nomina mit Präpositionen erweitert sein. Über die vielfältigen Bedeutungen der einzelnen Präpositionen gibt das Lexikon Auskunft.[1] *In diesem Paragraphen werden nur die syntaktisch auffälligsten Verwendungsweisen dargestellt.*

[1] Nach Lucien Tesnière (Strukturale Syntax, Stuttgart: Klett, 1980) und Harald Weinrich (Textgrammatik der deutschen Sprache, Mannheim; Leipzig; Wien; Zürich: Dudenverlag, 1993) gehören Präpositionen sehr wohl in die Syntax, und zwar in das Kapitel über „Junktionen", weil sie - ähnlich wie Konjunktionen, Relativpronomen oder Constructus-Verbindungen - Redeteile auf spezifische Weise miteinander verbinden. Für die hebräische Grammatik ist dieses Kapitel aber noch nicht systematisch bearbeitet worden.

Präposition ל

Die häufigste Präposition ל[1] bezeichnet eine allgemeine und unspezifizierte Beziehung zwischen Vorgängen, Sachen und Partnern: „**in Bezug auf**“.

וַיִּקַּח אַבְרָהָם צֹאן וּבָקָר וַיִּתֵּן לַאֲבִימֶלֶךְ (Gen 21,27)	a	Abraham nahm Klein- und Großvieh und gab (es) Abimelech.
וַיְהִי־לִי שׁוֹר וַחֲמוֹר צֹאן וְעֶבֶד וְשִׁפְחָה (Gen 32,6)	b	(Mir wurde) Ich bekam Rinder und Esel, Kleinvieh, Sklaven und Sklavinnen.
גַּם־לְרֵעֵהוּ יִשָּׂנֵא רָשׁ וְאֹהֲבֵי עָשִׁיר רַבִּים׃ (Prov 14,20)	c	Sogar von seinem Freund wird ein Armer gehasst; Aber die den Reichen lieben, sind zahlreich.
וַיֹּאמֶר יְהוָה אֶל־אַבְרָם לֶךְ־לְךָ מֵאַרְצְךָ (Gen 12,1)	d	JHWH sprach zu Abram: „Geh du (in deinem eigenen Interesse) aus deinem Land ...“

Dativ

Die Präposition ל wird vom Verb aus gebraucht, um das entferntere Objekt anzuzeigen, für das einige andere Sprachen, darunter das Deutsche, den **Dativ** zur Verfügung haben (➔ engl. „he gave it **to** Abimelech“).

ל kann den bezeichnen (b), dem etwas zukommt oder **gehört**, den **Besitzer**.[2] Auch die handelnde Person im **Passivsatz** (c) (deutsch „von“) kann durch ל angezeigt sein.

Auffallend ist ל mit einem Suffix der 2. Person nach Imperativen (d): Dieser sogenannte „**Dativus ethicus**“ bedeutet eine besondere innere Beziehung und also Betonung der aufgeforderten Person und ist kaum übersetzbar.

Zu ל als Ersatz einer Constructus-Verbindung[3] ➔ §§ 45.2 und § 47.1.

[1] Sie kommt in der Bibel ca. 20 700 mal vor.

[2] Wie lateinisch oder deutsch regionalsprachlich der „Dativus possessoris“: „Das ist mir.“

[3] Auch eine Constructus-Verbindung drückt ja eine sehr allgemeine und unspezifische Beziehung aus.

Andere Präpositionen

(Jes 7,8)	וּבְעוֹד שִׁשִּׁים וְחָמֵשׁ שָׁנָה יֵחַת אֶפְרַיִם מֵעָם׃	e	Doch innerhalb von 65 Jahren wird Ephraim zerstört, (weg vom Volk) dass es kein Volk mehr ist.
(Gen 1,4)	וַיַּבְדֵּל אֱלֹהִים בֵּין הָאוֹר וּבֵין הַחֹשֶׁךְ׃	f	Und Gott schied zwischen dem Licht und der Finsternis.

Präposition מִן

Die Präposition מִן kann als Präposition der **Trennung** („weg von") den Wert einer **Negation** haben (e).[1]

Präposition בֵּין

Die Präposition בֵּין „**zwischen**" wird meist vor dem zweiten Nomen **wiederholt** (f). Anstelle des zweiten בֵּין kann auch לְ oder לְבֵין stehen.

Zu präpositionalen Attributen ➔ § 47.1, zu Präpositionen beim Infinitiv ➔ § 49.3, zur Verbindung von Präpositionen und der Relativpartikel אֲשֶׁר ➔ § 53.4.

50.4 Absoluter Infinitiv (Infinitivus absolutus)

Das verbale Satzglied kann durch den absoluten Infinitiv desselben oder eines anderen Verbs erweitert sein.

(Jes 1,17	לִמְדוּ הֵיטֵב דִּרְשׁוּ מִשְׁפָּט	a	Lernt Gutes-Tun! Sucht Recht!
(Num 6, 23 f)	כֹּה תְבָרֲכוּ אֶת־בְּנֵי יִשְׂרָאֵל אָמוֹר לָהֶם׃ יְבָרֶכְךָ יְהוָה וְיִשְׁמְרֶךָ׃	b	So segnet ihr die Israeliten: (Sagen zu ihnen) indem ihr zu ihnen sagt: „Es segne dich JHWH und behüte dich".

Der absolute Infinitiv kann als **Objekt** bei einem Verb stehen (a). Meist bezeichnet er eine **Umstandsbestimmung** (b) und kann wiederum durch andere nominale Satzglieder erweitert sein (b).

[1] Zu מִן als Negation beim Infinitiv ➔ § 49.3. Zu מִן „mehr als" in Vergleichen ➔ § 47.1.

Figura etymologica

וְעַתָּה יָדַעְתִּי כִּי מָלֹךְ תִּמְלֹךְ (1 Sam 24,21)	c	Jetzt aber, wahrhaftig, weiß ich, dass du bestimmt König wirst.
שִׁמְעוּ שָׁמוֹעַ בְּרֹגֶז קֹלוֹ וְהֶגֶה מִפִּיו יֵצֵא׃ (Ijob 37,2)	d	Hört! Hört! das Donnern seiner Stimme und das Tosen, das aus seinem Mund hervorgeht.
אֹמְרִים אָמוֹר לִמְנַאֲצַי דִּבֶּר יְהוָה שָׁלוֹם יִהְיֶה לָכֶם (Jer 23,17)	e	Sie sagen immerfort zu denen, die mich verachten: JHWH hat geredet: es wird euch gut gehen.
טָרֹף טֹרַף יוֹסֵף׃ (Gen 37,33)	f	Zerrissen (Qal), zerrissen (Pu'al) ist Josef!

Sehr oft ist der absolute Infinitiv in einer „Figura etymologica" verwendet: Zu einer **finiten** Verbform oder einem Partizip tritt der absolute Infinitiv **desselben Verbs**. Dadurch erhält das Verb in dem Satz besonderen **Nachdruck**.

Der absolute Infinitiv kann vor (c, f) oder hinter (d, e) dem zugehörigen finiten Verb oder Partizip (e) stehen. Bei Formen der **abgeleiteten Stämme** kann der absolute Infinitiv des **Grundstamms** stehen (f).

Doppelausdrücke

וַיֵּצֵא הָעֹרֵב יָצוֹא וָשׁוֹב עַד־יְבֹשֶׁת הַמַּיִם מֵעַל הָאָרֶץ׃ (Gen 8,7)	g	Der Rabe (flog fort - fortfliegen und zurückkehren) flog hin und her, bis das Wasser auf der Erde abgetrocknet war.
וַיָּשֻׁבוּ הַמַּיִם ... הָלוֹךְ וָשׁוֹב (Gen 8,3)	h	Da ging das Wasser zurück - gehen und zurückkehren -. = Da ging das Wasser immer mehr zurück.
וְהִנֵּה מִשָּׁם אִישׁ יוֹצֵא ... וּשְׁמוֹ שִׁמְעִי בֶּן־גֵּרָא יֹצֵא יָצוֹא וּמְקַלֵּל׃ (2 Sam 16,5)	i	Da kam ein Mann heraus ..., der hieß Simei Ben Gera; (herauskommen herauskommend und fluchend) - während er herauskam, stieß er immerfort Flüche aus.

Zwei Vorgänge in einem

Eine Figura etymologica kann durch den absoluten Infinitiv eines **zweiten Verbs** erweitert sein. Dadurch wird ausgedrückt, dass zwei Vorgänge **eng** miteinander **verknüpft** sind (g - i).

Oft tritt in solchen Fügungen הלך als **modales Verb** auf und drückt Fortdauer, Wiederholung oder **Steigerung** aus (h). Die Stelle eines der beiden Infinitive kann auch durch eine andere Verbform eingenommen werden (k).

Zur Verwendung des absoluten Infinitivs als **selbständiger** Satzteil ➔ § 49.2.

50.5 Infinitiv (Infinitivus constructus) und finite Formen relativer Verben

Der Infinitiv (Infinitivus constructus) kann ein verbales Prädikat ergänzen.

וַתֹּאמֶר שָׂרָה צְחֹק עָשָׂה לִי אֱלֹהִים (Gen 21,6)	a	Sara sagte: (ein) Lachen hat mir Gott bereitet.

Ein Infinitiv kann als **Objekt** ohne Präposition zum Verb treten (a).

Relative Verben

וַיֹּאמֶר יִצְחָק אֶל־בְּנוֹ מַה־זֶּה מִהַרְתָּ בְּנִי לִמְצֹא (Gen 27,20)	b	Isaak sagte zu seinem Sohn: „Wie (denn bist du geeilt zu finden) hast du denn so schnell etwas gefunden, mein Sohn?“
הַיּוֹם הַזֶּה אָחֵל תֵּת פַּחְדְּךָ וְיִרְאָתְךָ עַל־פְּנֵי הָעַמִּים (Dt 2,25)	c	(Heute fange ich an: legen) Von heute an lege ich Schrecken und Furcht vor dir auf die Völker.
וַיְיַחֶל עוֹד שִׁבְעַת יָמִים אֲחֵרִים וַיֹּסֶף שַׁלַּח אֶת־הַיּוֹנָה מִן־הַתֵּבָה׃ (Gen 8,10)	d	Dann wartete er noch sieben weitere Tage; dann (fuhr er fort: loslassen) ließ er noch einmal die Taube aus der Arche losfliegen.

Relative Verben sind solche, die die **Art** und **Weise** eines **Vorgangs** beschreiben wie z.B.: חלל (Hi) „anfangen“, חדל „aufhören“, יסף (Hi) „fortfahren / noch mehr tun / noch einmal tun“, שׁוב „wiederholen / noch einmal tun“, שׁכם (Hi) „früh / eifrig tun“, מהר (Pi) „eilen / schnell tun“ (die **Lexika** weisen Einzelheiten nach). Diese Verben haben oft einen **Infinitiv** mit (b) oder ohne ל (c, d) als Objekt, manchmal (e) auch eine finite Verbform.

Übersetzung

Das **relative** Verb hat die **allgemeinere**, das „abhängige“ Verb die speziellere Bedeutung. Darum wird in der deutschen Übersetzung das „abhängige“ (der Infinitiv) zum Hauptverb, das **relative** Verb zum **Adverb** („noch mehr“, „noch einmal“, „schnell“).

Relative Verben in einem Text

(15) וַיְהִי־הוּא טֶרֶם כִּלָּה לְדַבֵּר וְהִנֵּה רִבְקָה יֹצֵאת ... וְכַדָּהּ עַל־שִׁכְמָהּ׃	e	Da - noch ehe er zuende geredet hatte, kam Rebekka heraus, ... mit dem[1] Krug auf der[1] Schulter.
(16) וְהַנַּעֲרָה טֹבַת מַרְאֶה מְאֹד בְּתוּלָה וְאִישׁ לֹא יְדָעָהּ וַתֵּרֶד הָעַיְנָה וַתְּמַלֵּא כַדָּהּ וַתָּעַל׃		Das Mädchen war über die Maßen schön, eine Jungfrau, die noch von keinem Mann erkannt war. Sie stieg hinab zur Quelle, füllte ihren Krug und kam herauf.
(17) וַיָּרָץ הָעֶבֶד לִקְרָאתָהּ וַיֹּאמֶר הַגְמִיאִינִי נָא מְעַט־מַיִם מִכַּדֵּךְ׃		Da trat der Knecht schnell auf sie zu und sagte: „Lass mich bitte etwas Wasser aus deinem Krug trinken!“
(18) וַתֹּאמֶר שְׁתֵה אֲדֹנִי וַתְּמַהֵר וַתֹּרֶד כַּדָּהּ עַל־יָדָהּ וַתַּשְׁקֵהוּ׃ (19) וַתְּכַל לְהַשְׁקֹתוֹ וַתֹּאמֶר גַּם לִגְמַלֶּיךָ אֶשְׁאָב עַד אִם־כִּלּוּ לִשְׁתֹּת׃		Sie sagte: „Trink, Herr!“ und nahm schnell den Krug herunter auf die Hand und gab ihm zu trinken. Sie ließ ihn sich satt trinken, dann sagte sie: „Auch für deine Kamele will ich Wasser schöpfen, bis sie sich satt getrunken haben.“
(20) וַתְּמַהֵר וַתְּעַר כַּדָּהּ אֶל־הַשֹּׁקֶת וַתָּרָץ עוֹד אֶל־הַבְּאֵר לִשְׁאֹב וַתִּשְׁאַב לְכָל־גְּמַלָּיו׃ (Gen 24,15-20)		Und schnell goss sie ihren Krug aus in die Tränkrinne, lief wieder zum Brunnen, um zu schöpfen, und schöpfte Wasser für alle seine Kamele.

[1] Im Unterschied zum Hebräischen (und Englischen) werden im Deutschen Körperteile und nahe am Körper getragene Gegenstände nicht mit dem Possessivpronomen verbunden, also nicht: „ihren Krug auf ihrer Schulter".

Die relativen Verben können statt durch einen Infinitiv auch durch ein **zweites** Verb in der gleichen **finiten Form** erweitert werden. Der Text (e) zeigt nebeneinander beide Möglichkeiten.

Textbedeutung

Der Textausschnitt (aus der Erzählung von der Brautwerbung für Isaak) zeigt außerdem die **textliche** und **stilistische** Leistung des grammatischen Phänomens „relative Verben": Die Fügung „כלה + Infinitiv" dient der **Textgliederung** (15 und 19). Die Fügung „מהר + Narrativ" zusammen mit dem nicht relativen Verb רוץ (2 x) bestimmt das **Erzähltempo**: Durch die Häufung der Narrativ-Formen mit dem Merkmal „schnell" entsteht der Eindruck emsiger Geschäftigkeit bei einer eigentlich alltäglichen, unspektakulären Beschäftigung.

Zu **erweiterten** Infinitiv-Konstruktionen, vor allem zu Infinitiven mit **Präpositionen**, → § 49.3.

51 Kennzeichnung der Aussage-Absicht (Modus)

Außer dem Imperativ (➔ § 48.8) und einigen restlichen Jussiv-Formen (➔ § 51.4) hat das hebräische Verbalsystem keine eigenen Verbformen (Modi), um die Aussageabsicht zu kennzeichnen. Wenn Modalitäten überhaupt durch syntaktische Zeichen ausgedrückt werden sollen, stehen Partikeln zur Verfügung. Auch die Satzstellung spielt eine Rolle.

Darüber hinaus wird die Aufmerksamkeit des Hörers gelenkt durch Hinweise, die auf der **Bedeutungsebene** des Textes liegen (➔ auch § 52.2). Hierher gehören auch Verben modaler Bedeutung wie zum Beispiel יכל „können" sowie relative Verben (➔ § 50.5).

Kein Konjunktiv

Syntaktische Zeichen für die modalen Kategorien „**wirklich** / **unwirklich** / **möglich**" (Realis / Irrealis / Potentialis) kennt die hebräische Sprache nicht, auch keinen „**Konjunktiv**" als syntaktisches Zeichen der inneren Abhängigkeit.

51.1 Bekräftigung

וַיֹּאמֶר יְהוָה זַעֲקַת סְדֹם וַעֲמֹרָה כִּי־רָבָּה וְחַטָּאתָם כִּי כָבְדָה מְאֹד׃ (Gen 18,20)	Da sprach JHWH: „Das Geschrei über Sodom und Gomorrha, - fürwahr - es ist groß; und ihre Sünde, - fürwahr - sie ist sehr schwer."

Partikeln

Eine wichtige bekräftigende Partikel ist כִּי **„ja / fürwahr / So ist's"** (➔ § 53.3). Zu weiteren bekräftigenden Adverbien und Partikeln wie z.B. אַף „sogar", הֵן „siehe" usw. ist das **Lexikon** hinzuzuziehen.

Auch die Verbindung eines finiten Verbs mit einem **absoluten Infinitiv** (➔ § 50.4) hat bekräftigende Wirkung.

Zur **rhetorischen Frage** als Aussage mit bekräftigendem Sinn ➔ § 51.3.

51.2 Verneinung

Verbalsatz

וַיֹּאמֶר אֲבִימֶלֶךְ לֹא יָדַעְתִּי מִי עָשָׂה אֶת־הַדָּבָר הַזֶּה וְגַם־אַתָּה לֹא הִגַּדְתָּ לִּי וְגַם אָנֹכִי לֹא שָׁמַעְתִּי בִּלְתִּי הַיּוֹם׃ (Gen 21, 26)	a	Abimelech sagte: „Ich weiß nicht, wer das getan hat; und auch du hast es mir nicht berichtet, und auch ich habe nicht davon gehört (außer) bis heute.“
וְאַתָּה בֶן־אָדָם אַל־תִּירָא מֵהֶם וּמִדִּבְרֵיהֶם אַל־תִּירָא (Ez 2,6)	b	Du aber, Menschenkind, fürchte dich nicht vor ihnen, und auch vor ihren Reden fürchte dich nicht!

לֹא und אַל

Mit den Partikeln לֹא und אַל werden **verbale Prädikate** in Verbal- und Zusammengesetzten Nominalsätzen verneint (a, b). Dabei ist אַל auf abwehrende Sätze beschränkt (wie lat. "ne"). Mit אַל verneinte Sätze stehen anstelle von **verneinten Imperativen** (b), die im Hebräischen nicht möglich sind.

Nominalsatz

וַאֲנַחְנוּ יַחְדָּו אֵין־זָר אִתָּנוּ בַּבַּיִת זוּלָתִי שְׁתַּיִם־אֲנַחְנוּ בַּבָּיִת׃ (1 Kön 3,18)	c	Wir aber (waren) zusammen; kein Fremder (war) bei uns im Haus; nur wir beide (waren) im Haus.
וַיֹּאמֶר מוֹשֶׁה אֶל־יְהוָה בִּי אֲדֹנָי לֹא אִישׁ דְּבָרִים אָנֹכִי (Ex 4,10)	d	Mose sagte zu JHWH: „Ach, Herr, (ein Nicht-Wort-Mensch bin ich) Ich bin keiner, der gut reden kann.“[1]
וְזֶה דְּבַר הָרֹצֵחַ אֲשֶׁר יָנוּס שָׁמָּה וָחָי אֲשֶׁר יַכֶּה אֶת־רֵעֵהוּ בִּבְלִי־דַעַת וְהוּא לֹא־שֹׂנֵא לוֹ מִתְּמֹל שִׁלְשֹׁם׃ ... הוּא יָנוּס אֶל־אַחַת הֶעָרִים הָאֵלֶּה וָחָי׃ (Dtn 19,4 f)	e	Dies aber ist die Bestimmung für den Totschläger, der dorthin flieht, um am Leben zu bleiben: Wer einen anderen schlägt ohne Vorsatz und nicht mit ihm verfeindet war von früher her, ... der soll in eine dieser Städte fliehen und so am Leben bleiben.

[1] So die „Einheitsübersetzung“, „Gute Nachricht“: „Ich habe noch nie gut reden können“.

Partikel אַיִן / אֵין

Mit der Partikel אַיִן / אֵין „Nichtvorhandensein / Es gibt nicht" werden einzelne **Nomina** und Nominalsätze verneint (c).

Infinitiv

Auch im **Nominalsatz** kann לֹא auftreten. Es verneint dann nicht das Vorhandensein einer Sache oder Person, sondern deren **Begriff** (d). Vor dem Partizip (e: לֹא שֹׂנֵא) kann לֹא stehen, **nicht** aber vor dem **Infinitiv** (e: בְּלִי דַעַת). Häufig ist auch לְבִלְתִּי als Verneinung des Infinitivs (➔ § 49.3).

Doppelte Negation

וָאֹמַר עַד־מָתַי אֲדֹנָי וַיֹּאמֶר עַד אֲשֶׁר אִם־שָׁאוּ עָרִים מֵאֵין יוֹשֵׁב וּבָתִּים מֵאֵין אָדָם וְהָאֲדָמָה תִּשָּׁאֶה שְׁמָמָה׃ (Jes 6,11)	f	Ich sagte: „Wie lange, Herr?" Er sagte: „Bis dass verwüstet sind die Städte, ohne (keine) Bewohner, und die Häuser ohne (keine) Menschen, und das Land als öde Wüste daliegt."
הַצִּילֵנִי נָא מִיַּד אָחִי מִיַּד עֵשָׂו כִּי־יָרֵא אָנֹכִי אֹתוֹ פֶּן־יָבוֹא וְהִכַּנִי אֵם עַל־בָּנִים׃ (Gen 32,12)	g	Ach, rette mich vor meinem Bruder Esau! Ich fürchte mich doch vor ihm, dass er (nicht etwa) kommt und uns totschlägt, Mutter samt Kindern.

Mehrere Negationen (f: מִן und אֵין) heben sich nicht auf, sondern **verstärken** einander. Darum kann nach einem **Verb**, das schon einen **negativen** Begriff enthält, wie z.B. ירא „fürchten", im abhängigen Satz **noch mal** eine Negation stehen (g: פֶּן)[1].

Weitere Partikeln

Über weitere, **seltenere** Verneinungspartikeln wie z.B. בַּל, בְּלִי, אֶפֶס gibt das **Lexikon** Auskunft. Zu dem negativen Adverb טֶרֶם **„noch nicht"**➔ § 48.4, zur negativen Bedeutung von מִן ➔ §§ 49.3 und 50.3. Zum negativen **Schwursatz** mit אִם ➔ § 53.5.

---

[1] Zu פֶּן ➔ auch unten § 51.4.

51.3 Frage

וַיֹּאמֶר יְהוָה אֶל־קַיִן אֵי הֶבֶל אָחִיךָ וַיֹּאמֶר לֹא יָדַעְתִּי הֲשֹׁמֵר אָחִי אָנֹכִי׃ (Gen 4,9)	a	JHWH sagte zu Kain: „Wo ist Abel, dein Bruder?“ Er sagte: „Ich weiß es nicht. Bin ich der Hüter meines Bruders?“
וַיִּשְׁלַח מַלְאָכִים וַיֹּאמֶר אֲלֵיהֶם לְכוּ דִרְשׁוּ בְּבַעַל זְבוּב אֱלֹהֵי עֶקְרוֹן אִם־אֶחְיֶה מֵחָלְיִי זֶה׃ (2 Kön 1,2)	b	Dann schickte er Boten aus und sagte zu ihnen: „Geht, befragt Baal-Sebub, den Gott von Ekron, ob ich von dieser meiner Krankheit genese.“
וַיֹּאמֶר אֲלֵיהֶם עֲלוּ זֶה בַּנֶּגֶב וַעֲלִיתֶם אֶת־הָהָר׃ וּרְאִיתֶם אֶת־הָאָרֶץ מַה־הִוא וְאֶת־הָעָם הַיֹּשֵׁב עָלֶיהָ הֶחָזָק הוּא הֲרָפֶה הַמְעַט הוּא אִם־רָב׃ (Num 13,17 f)	c	Und er sagte zu ihnen: „Zieht hier hinauf ins Südland und steigt dann aufs Gebirge und seht das Land an: wie es ist, und das Volk, das darin wohnt, ob es stark ist oder schwach, ob es spärlich ist oder zahlreich.“
וַיֹּאמֶר אָכִישׁ אֶל־עֲבָדָיו הִנֵּה תִרְאוּ אִישׁ מִשְׁתַּגֵּעַ לָמָּה תָּבִיאוּ אֹתוֹ עֵלָי׃ חֲסַר מְשֻׁגָּעִים אָנִי כִּי הֲבֵאתֶם אֶת־זֶה (1 Sam 21,15 f)	d	Akisch sagte zu seinen Leuten: „Ihr seht doch: Ein Verrückter! Warum bringt ihr ihn zu mir herein? (Ich habe wohl) Habe ich etwa Mangel an Verrückten, dass ihr hier den hergebracht habt?“

Wort- und Satzfragen

Wort-Fragen[1] erkennt man am einleitenden **Fragewort** wie z.B. אֵי „wo“ (a), מַה „was /wie? (c), מִי „wer“ oder לָמָּה „warum“ (d). Satz-Fragen erkennt man im allgemeinen am einleitenden הֲ (a), dem **He interrogativum** (zur Form ➔ § 13.3). Im deutschen Fragesatz stehen häufig Modalverben (a: „Soll ich meines Bruders Hüter sein?“) oder Konjunktive, die das Element der Unsicherheit hervorheben. Das sind Eigenheiten der deutschen Sprache, die im Hebräischen keine Entsprechung haben.

[1] Wort-Fragen fordern als Antwort ein Wort, Satz-Fragen einen Satz oder ja / nein.

Indirekte Fragen, Doppelfragen

Abhängige Fragesätze (b, c) **unterscheiden sich** formal **nicht** von unabhängigen. Als Einleitung tritt neben הֲ (c) häufig אִם auf (b). Doppelfragen (c) werden durch הֲ ... הֲ oder durch הֲ ... אִם eingeleitet (c).[1] Der **Frage**-Charakter eines Satzes kann auch **unbezeichnet** bleiben (d), wo er sich aus dem Zusammenhang ergibt.

Antworten

וַיֹּאמֶר לָהֶם הֲיְדַעְתֶּם אֶת־לָבָן בֶּן־נָחוֹר וַיֹּאמְרוּ יָדָעְנוּ׃ וַיֹּאמֶר לָהֶם הֲשָׁלוֹם לוֹ וַיֹּאמְרוּ שָׁלוֹם (Gen 29,5 f)	e	(Jakob) sagte zu ihnen: „Kennt ihr Laban Ben Nachor?“ Sie sagten: (Wir kennen) „Ja.“ Und er sagte zu ihnen: (Hat er Wohlergehen) „Geht es ihm gut?“ Sie sagten: (Wohlergehen) „Ja.“
וַיֹּאמְרוּ לוֹ אַנְשֵׁי גִלְעָד הַאֶפְרָתִי אַתָּה וַיֹּאמֶר לֹא׃ (Ri 12,5)	f	Dann sagten die Männer von Gilead zu ihm: „Bist du ein Ephraimit?“ Und er sagte: „Nein.“
וַיֹּאמֶר דָּוִד אֶל־אַבְנֵר הֲלוֹא אִישׁ אַתָּה וּמִי כָמוֹךָ בְּיִשְׂרָאֵל וְלָמָּה לֹא שָׁמַרְתָּ אֶל־אֲדֹנֶיךָ הַמֶּלֶךְ (1 Sam 26,15)	g	David sagte zu Abner: (Bist du nicht) „Du bist doch ein Mann, und (wer) niemand ist dir gleich in Israel! Warum hast du nicht achtgegeben auf deinen Herrn, den König?“
וַיֵּצֵא בַּיּוֹם הַשֵּׁנִי וְהִנֵּה שְׁנֵי־אֲנָשִׁים עִבְרִים נִצִּים וַיֹּאמֶר לָרָשָׁע לָמָּה תַכֶּה רֵעֶךָ׃ וַיֹּאמֶר מִי שָׂמְךָ לְאִישׁ שַׂר וְשֹׁפֵט עָלֵינוּ (Ex 2,13 f)	h	Und als er am folgenden Tag hinausging, kam er zufällig dazu, wie zwei hebräische Männer sich stritten. Er sagte zu dem, der im Unrecht war: „Warum schlägst du deinen Genossen?“ Der sagte: „Wer hat dich zum Führer und Richter über uns eingesetzt?“

Antwortsätze sind **elliptisch**: Als Antwort wird nur das **Leitwort** der Frage wiederholt und alles andere weggelassen (e). Bei verneinender Antwort kann die Ellipse (wie im Deutschen) so weit gehen, dass nur die Negation לֹא oder אֵין übrigbleibt (f).

[1] Zu אִם vor einfacher, direkter Frage → § 53.5.

Rhetorische Fragen

Das **He interrogativum** הֲ zusammen mit der **Negation** לֹא leitet rhetorische Fragen ein, die eigentlich eine bekräftigte **Behauptung** darstellen (g). Rhetorische Fragen mit לָמָּה sind meist keine Fragen nach den Motiven, sondern haben den Charakter eines **Vorwurfs**. Sie spielen z.B. vor **Gericht** eine Rolle (h), wenn der Ankläger oder Richter dem **Angeklagten** sein Delikt vorhält.[1]

(Zu rhetorischen Fragen ➔ auch § 52.4, Textbeispiel d)

51.4 Wunsch - Absicht - Aufforderung

Neben dem Imperativ (➔ § 48.8) hat das Hebräische nur noch Restbestände an Verbformen, die den Wunsch- oder Aufforderungscharakter eines Satzes bezeichnen können.[2]

Jussiv

וַיֹּאמֶר אֱלֹהִים יְהִי אוֹר וַיְהִי אוֹר׃ (Gen 1,3)	a	Da sprach Gott: „Es werde Licht!“ Und es wurde Licht.
תָּשֶׁת־חֹשֶׁךְ וִיהִי לָיְלָה בּוֹ־תִרְמֹשׂ כָּל־חַיְתוֹ־יָעַר׃ (Ps 104,20)	b	Du lässt Finsternis entstehen, so wird Nacht. Darin regt sich alles Waldgetier.

Jussiv am Satzanfang

Jussiv-Formen stehen fast ausschließlich in Aufforderungssätzen (a). Sie können in der Poesie auch in einfachen Aussagesätzen vorkommen, also keine Jussiv-Bedeutung haben (b); vielleicht stehen sie auch aus metrischen Gründen.

Wichtig ist aber, dass die Jussiv-Formen immer am **Satzanfang** auftreten. Das ist in der Tat ein wichtiges Indiz für die Aussageabsicht eines Textes.

---

[1] Sonst könnte man (Beispiel h) kaum verstehen, wie heftig der Angesprochene auf eine so „harmlose“ Frage reagiert.

[2] Die „Jussiv“-Formen sind nur im Hif'il (➔ § 32.2), als Kurzformen der Verben Lamed-He (➔ § 39.3) und bei den Hohlen Wurzeln (➔ § 41.3) von anderen PK-Formen zu unterscheiden.

וַיֹּאמֶר שַׁלְּחוּנִי לַאדֹנִי׃	c	Er sagte: „Entlasst mich zu meinem Herrn!“
וַיֹּאמֶר אָחִיהָ וְאִמָּהּ תֵּשֵׁב הַנַּעֲרָה אִתָּנוּ יָמִים אוֹ עָשׂוֹר אַחַר תֵּלֵךְ׃ (Gen 24,55)		Es sagten ihr Bruder und ihre Mutter: „Es <u>bleibe</u> das Mädchen noch ein paar Tage, etwa zehn, bei uns; dann <u>kann</u> sie <u>ja</u> reisen.“

Wenn im Dialog die finite **Imperfekt**-Form an der **Spitze** des Satzes steht (Verbalsatz), handelt es sich um einen volitiven Satz: Der **Sprecher will** etwas.[1]

Wenn die Imperfekt-Form nicht am Satzanfang steht, handelt es sich um einen **Sprechakt** anderer Art. Zum Beispiel ist in Text (c) der letzte Satz: אַחַר תֵּלֵךְ „dann mag sie gehen“ (Elberfelder Bibel) oder „dann sollst du ziehen“ (Luther) eben keine Aufforderung, sondern ein **Zugeständnis**: „Danach kann sie unseretwegen abreisen (wenn's denn sein muss)!“

in der Poesie

הַלְלוּ יָהּ	d	Lobt JAH!
שִׁירוּ לַיהוָה שִׁיר חָדָשׁ תְּהִלָּתוֹ בִּקְהַל חֲסִידִים׃		Singt JHWH ein neues Lied - sein Lob in der Gemeinde der Frommen!
יִשְׂמַח יִשְׂרָאֵל בְּעֹשָׂיו בְּנֵי צִיּוֹן יָגִילוּ בְמַלְכָּם׃		Es freue sich Israel seines Schöpfers! Die Leute von Zion <u>sollen</u> jubeln über ihren König!
יְהַלְלוּ שְׁמוֹ בְמָחוֹל בְּתֹף וְכִנּוֹר יְזַמְּרוּ־לוֹ׃ (Ps 149,1 ff)		Sie <u>sollen</u> seinen Namen preisen im Reigentanz, mit Pauke und Leier ihm singen!

Die Stellungsregel für jussivisches Imperfekt gilt für die **Prosa** (c); sie gilt auch in hohem Maße für **poetische Texte** (d). Dort wird man jedoch auch stark mit rhetorischen Figuren wie Chiasmus oder Parallelismus rechnen müssen.[1]

---

[1] Auf diese Bedeutung der Satzstellung hat Alviero Niccacci hingewiesen („A Neglected Point of Hebrew Syntax: Yiqtol and Position in the Sentence“, Liber Annuus XXXVII - 1987, Studium Biblicum Franciscanum, Jerusalem, S. 7-19). Von ihm habe ich den Ausdruck „volitiv“ übernommen.

Modus im Dialog

e	וַיַּרְא וַיָּרָץ לִקְרָאתָם מִפֶּתַח הָאֹהֶל	Als er das sah, lief er ihnen entgegen vom Zelteingang aus und warf
	וַיִּשְׁתַּחוּ אָרְצָה׃	sich zu Boden. Dann sagte er:
	וַיֹּאמַר	
1	אֲדֹנָי אִם־נָא מָצָאתִי חֵן בְּעֵינֶיךָ	„Herr! Möchte ich doch Gnade gefunden haben vor deinen Augen!
2	אַל־נָא תַעֲבֹר מֵעַל עַבְדֶּךָ׃	Geh bitte nicht an deinem Knecht vorüber!
3	יֻקַּח־נָא מְעַט־מַיִם	Man soll ein wenig Wasser bringen,
4	וְרַחֲצוּ רַגְלֵיכֶם	damit ihr euch die Füße wascht (ipt)
5	וְהִשָּׁעֲנוּ תַּחַת הָעֵץ׃	und euch ausruht (ipt) unter dem Baum.
6	וְאֶקְחָה פַת־לֶחֶם	Dann will ich einen Bissen Brot holen,
7	וְסַעֲדוּ לִבְּכֶם	dass ihr euch stärkt (ipt).
8	אַחַר תַּעֲבֹרוּ	Dann mögt ihr weiterziehen (impf),
9	כִּי־עַל־כֵּן עֲבַרְתֶּם עַל־עַבְדְּכֶם	denn dazu seid ihr doch bei eurem Knecht vorbeigekommen.“
10	וַיֹּאמְרוּ	Da sagten sie:
	כֵּן תַּעֲשֶׂה כַּאֲשֶׁר דִּבַּרְתָּ׃	„Du darfst es so machen (impf), wie du gesagt hast.“

(Gen 18,2 ff)

Partikeln:

Der Dialog-Abschnitt aus der Erzählung Gen 18 (e) zeigt viele **Beispiele** dafür, wie die Redeabsicht durch Partikeln ausgedrückt werden kann:

־נָא
אִם
אַל

Die Partikel ־נָא bezeichnet - zusammen mit אִם (1) - einen **Wunsch** oder - zusammen mit dem Imperfekt eines Verbs - eine **Bitte** (2) oder **Absicht** (3).

Die Negation אַל (2) würde auch ohne ־נָא eine **verneinte Aufforderung** ausdrücken, die mit ־נָא zu einer Bitte wird.

הָ

Das He cohortativum (הָ) an einer Verbform der 1. Person (6) drückt eine **Selbstaufforderung** des Sprechers aus: „ich will“.

[1] Niccaccis Annahme, dass man generell den auf den volitiven Satz folgenden oder ihm vorausgehenden Zusammengesetzten Nominalsatz (X - yiqtol) *auch* jussivisch verstehen müsse, kann ich nicht übernehmen.

Satzstellung

Die Aussageabsicht der unbezeichneten Imperfektformen תַּעֲבֹרוּ (8) und תַּעֲשֶׂה (10) ist durch **Satzstellung** und Kontext gesichert. Die Verbformen stehen nicht an der Spitze des Satzes, also liegt keine Willensäußerung vor. Vielmehr wird eine **Erlaubnis** erteilt oder eine **Möglichkeit** eingeräumt. Nur in der **deutschen** Übersetzung[1] brauchen wir dafür eine zusätzliche Charakterisierung durch modale Ausdrücke („dürfen / mögen / können").

Imperative mit einleitendem וְ (4,5,7) setzen die auffordernden Sätze fort (**Finalsätze** ➔ § 53.1).

Weitere Partikeln

וַיֹּאמְרוּ אֲלֵהֶם כָּל־הָעֵדָה לוּ־מַתְנוּ בְּאֶרֶץ מִצְרַיִם אוֹ בַּמִּדְבָּר הַזֶּה לוּ־מָתְנוּ׃ (Nu 14,2)	f	Und die ganze Gemeinde sagte zu ihnen: „Wären wir doch gestorben im Land Ägypten oder hier in der Wüste! Wären wir doch gestorben!"
בַּבֹּקֶר תֹּאמַר מִי־יִתֵּן עֶרֶב וּבָעֶרֶב תֹּאמַר מִי־יִתֵּן בֹּקֶר (Dtn 28,67)	g	Am Morgen sagst du: „(Wer gibt) Wäre es doch Abend!" Und am Abend sagst du: „(Wer gibt) Wäre es doch Morgen!"
וְעַתָּה אֱסֹף אֶת־יֶתֶר הָעָם וַחֲנֵה עַל־הָעִיר וְלָכְדָהּ פֶּן־אֶלְכֹּד אֲנִי אֶת־הָעִיר וְנִקְרָא שְׁמִי עָלֶיהָ׃ (2 Sam 12,28)	h	Und nun nimm den Rest des Heeres und belagere die Stadt und nimm sie ein, damit nicht ich die Stadt einnehme und mein Name über ihr ausgerufen wird.

לוּ — Auch לוּ „wenn" leitet einen, meist **unerfüllbaren**, Wunschsatz ein (f). Nur im Deutschen wird (durch Konjunktiv II) ausgedrückt, ob der Wunsch „real" oder „irreal" ist.

מִי יִתֵּן — Der Fragesatz מִי יִתֵּן „wer gibt?" (g) leitet als erstarrte Formel einen **Wunschsatz** ein.

פֶּן — Die Negation פֶּן „damit nicht / sonst" kann einen **negativen Absichtssatz** einleiten (h).

[1] Das Deutsche hat hier in seinen Modalverben einen Überschuss an Ausdrucksmitteln, die in der Übersetzung gelegentlich angewendet werden müssen. Das Tempus „Imperfekt" spezifiziert hier die Aussageabsicht gerade nicht.

Modus im Kontext

i
וְאִם רַע בְּעֵינֵיכֶם לַעֲבֹד אֶת־יְהוָה
בַּחֲרוּ לָכֶם הַיּוֹם אֶת־מִי תַעֲבֹדוּן
אִם אֶת־אֱלֹהִים אֲשֶׁר עָבְדוּ אֲבוֹתֵיכֶם
אֲשֶׁר בְּעֵבֶר הַנָּהָר
וְאִם אֶת־אֱלֹהֵי הָאֱמֹרִי
אֲשֶׁר אַתֶּם יֹשְׁבִים בְּאַרְצָם
וְאָנֹכִי וּבֵיתִי נַעֲבֹד אֶת־יְהוָה׃
(Jos 24,15)

Wenn ihr es aber ablehnt, JHWH zu dienen, so entscheidet euch heute, wem ihr dienen wollt: (ob) den Göttern, denen eure Väter gedient haben, die jenseits des Euphrat (lebten), oder (ob) den Göttern der Amoriter, in deren Land ihr lebt!

Ich jedenfalls und mein Haus, wir wollen JHWH dienen.

j
וַיְדַבֵּר יְהוָה אֶל־מֹשֶׁה לֵּאמֹר׃ דַּבֵּר אֶל־
כָּל־עֲדַת בְּנֵי־יִשְׂרָאֵל וְאָמַרְתָּ אֲלֵהֶם
קְדֹשִׁים תִּהְיוּ
כִּי קָדוֹשׁ אֲנִי יְהוָה אֱלֹהֵיכֶם׃
אִישׁ אִמּוֹ וְאָבִיו תִּירָאוּ וְאֶת־שַׁבְּתֹתַי
תִּשְׁמֹרוּ אֲנִי יְהוָה אֱלֹהֵיכֶם׃
(Lev 19,1 ff)

JHWH redete mit Mose folgendes: Rede mit der ganzen Gemeinde der Israeliten und sage ihnen: „Heilig sollt ihr sein, denn heilig bin ich, JHWH, euer Gott.
Ihr sollt jeder seine Mutter und seinen Vater fürchten, und meine Sabbate sollt ihr halten! Ich bin JHWH, euer Gott."

k
לֹא תִּרְצָח׃ לֹא תִּנְאָף׃ לֹא תִּגְנֹב׃
(Ex 20,13 ff)

Du sollst nicht töten!
Du sollst nicht ehebrechen!
Du sollst nicht stehlen!

Verbbedeutungen

Oft ist die Aussageabsicht eines Textes oder eines Satzes in einem konkreten Text durch den sprachlichen oder situativen **Kontext** hinreichend deutlich. Die Entscheidung des Hörers über den Modus eines verbalen Prädikats kann gelenkt sein durch die **Bedeutung** voraufgehender **Verben**: Zum Beispiel enthält die Aufforderung „entscheidet euch!" in Jos 24 (i) schon das Element des „Wollens" für die folgende Frage: אֶת־מִי תַעֲבֹדוּן und für den abschließenden Satz: וְאָנֹכִי וּבֵיתִי נַעֲבֹד אֶת־יְהוָה .

Gattungen

Bestimmte Gattungen, wie z.B. die Forderungen des apodiktischen **Rechts**, (j) sind so fest mit einer Sprechsituation verbunden, dass dadurch über die Aussageabsicht vorentschieden ist. In apodiktischen Rechtssätzen können deshalb auch **Verbote** mit לֹא statt mit אַל eingeleitet sein (k) [1].

[1] Man kann solche Sätze auch als - eben apodiktische - Indikative verstehen: „Du tötest nicht!!" (usw). Dass ein Jahrhunderte lang führendes deutsches Schulbuch, der Katechismus, mit „Du **sollst** nicht" übersetzen würde, konnte Mose nicht voraussehen.

52 Orientierung im Sinngefüge von Texten - Verweisungen im Text

Texte entstehen nicht durch einfache Aneinanderreihung von Wörtern und Sätzen. Sie sind über die Satzgrenzen hinaus durch ein Geflecht vielfältiger Verweisungen als sinn-einheitliches Ganzes strukturiert.[1] *Der Hörer (Leser) wird an jeder Stelle des kontinuierlich verlaufenden Textes darüber orientiert, wie er die einzelnen Zeichen und ihre Bedeutungen miteinander und mit der Sprechsituation zu verknüpfen hat.*

In diesem Paragraphen wird dargestellt, wie und wodurch in hebräischen Texten verwiesen wird.

52.1 Verweisungen

Verweisrichtung

Verwiesen wird innerhalb des Textes nach **rückwärts** (anaphorisch)[2] auf schon Erwähntes und dem Hörer / Leser Bekanntes,
nach **vorwärts** (kataphorisch) auf zu erwartendes Neues
und aus dem Text heraus (deiktisch) auf die Kommunikations**situation** selbst.

Zeichen

Als Zeichen mit Verweisfunktion lassen sich zusammenfassen:

aneinander anschließbare Wort- und Text**bedeutungen** (➔ § 52.2),
Pronomina, Suffixe und als Pronomina gebrauchte Nomina (➔ § 52.3 und 4),
deiktische Partikeln und Konjugations-Morpheme (➔ § 52.4),
der **Artikel** und determinierte Nominalgruppen (➔ § 52.5).

---

[1] „Textgrammatik“ ist das Stichwort für eine grammatische Beschreibung der Sprache, die über die Satzgrenzen hinausgeht und zu erfassen versucht, wie sich Texte konstituieren, was sie zusammenhält und wie sie sich abgrenzen lassen. Pronomina z.B. und andere Partikeln lassen sich in ihrer Funktion nur textlinguistisch beschreiben.

[2] „anaphorisch“ von griech.: αναφερειν (anapherein) „hinauftragen“, nämlich auf der Seite, wo man liest, nach oben in einen Bereich, den man schon gelesen hat, „kataphorisch“ von καταφερειν „hinabtragen“, „deiktisch“ von δεικνυμι (deiknymi) „zeigen“.

52.2 Die Bedeutungsebene eines Textes

semantische Ebene

*Die **Gesamtheit** der Verb- und Nomen-Bedeutungen, die in einem Text vorkommen, bildet seine Bedeutungsebene (semantische Ebene).*

Der Hörer (Leser) prüft neu auftretende Wörter daraufhin, wie ihre Bedeutungen (und **welche** ihrer meist vielfältigen **Bedeutungen**) an die Bedeutungen der anderen Mitglieder des Kontextes **anschließbar** sind.

וַיְהִי־אִישׁ מֵהַר־אֶפְרָיִם וּשְׁמוֹ מִיכָיְהוּ׃ וַיֹּאמֶר לְאִמּוֹ אֶלֶף וּמֵאָה הַכֶּסֶף אֲשֶׁר לֻקַּח־לָךְ וְאַתְּי אָלִית וְגַם אָמַרְתְּ בְּאָזְנַי הִנֵּה הַכֶּסֶף אִתִּי אֲנִי לְקַחְתִּיו וְעַתָּה אֲשִׁיבֶנּוּ לָךְ׃	a	Es war ein Mann vom Gebirge Efraim namens Micha, der sagte zu seiner Mutter: „Die 1100 Silberschekel, die man dir gestohlen hat - Du hast ja deswegen einen Fluch ausgestoßen und es auch in meiner Gegenwart gesagt -, Da! Das Geld! Ich hab's. Ich selbst hatte es gestohlen, und jetzt werde ich es dir zurückgeben.“ [1]
וַתֹּאמֶר אִמּוֹ בָּרוּךְ בְּנִי לַיהוָה׃		Da sagte seine Mutter: „Gesegnet sei mein Sohn von JHWH!“
וַיָּשֶׁב אֶת־אֶלֶף־וּמֵאָה הַכֶּסֶף לְאִמּוֹ וַתֹּאמֶר אִמּוֹ הַקְדֵּשׁ הִקְדַּשְׁתִּי אֶת־הַכֶּסֶף לַיהוָה מִיָּדִי לִבְנִי לַעֲשׂוֹת פֶּסֶל וּמַסֵּכָה		Und er gab die 1100 Silberschekel seiner Mutter zurück, und seine Mutter sagte: „Hiermit weihe ich das Geld (feierlich) für JHWH. - Aus meiner Hand für meinen Sohn! - damit man ein Schnitz- und Gussbild anfertigt.“
וַיָּשֶׁב אֶת־הַכֶּסֶף לְאִמּוֹ וַתִּקַּח אִמּוֹ מָאתַיִם כֶּסֶף		So gab er das Geld seiner Mutter zurück, und seine Mutter nahm 200 Silberschekel und gab sie dem

[1] Textkritische Fragen, wieso man also z.B. diesen Satz vom Ende des Verses 3b hierher versetzen soll, bleiben hier unerörtert.

וַתִּתְּנֵהוּ לַצּוֹרֵף וַיַּעֲשֵׂהוּ פֶּסֶל וּמַסֵּכָה וַיְהִי בְּבֵית מִיכָיְהוּ׃	Goldschmied. Der machte daraus ein Schnitz- und Gussbild, und das blieb im Hause Michas.
וְהָאִישׁ מִיכָה לוֹ בֵּית אֱלֹהִים וַיַּעַשׂ אֵפוֹד וּתְרָפִים וַיְמַלֵּא אֶת־יַד אַחַד מִבָּנָיו וַיְהִי־לוֹ לְכֹהֵן׃	Dem Mann Micha, dem gehörte nämlich ein Gotteshaus. Er machte ein Ephod und Teraphim und (füllte die Hand) zahlte einem seiner Söhne ein Gehalt, dass er ihm als Priester diente.
(Ri 17, 1-5)	

Im zitierten Text, dem Anfang einer längeren Erzählung, wird zu Beginn (Verse 2 u. 3) die semantische **Ebene erstellt** durch die Verben: לקח „nehmen", אלה „fluchen", ברך „segnen", die Nomina: אֵם „Mutter" und בֵּן „Sohn", כֶּסֶף „Geld/Silber" und den Gottesnamen יהוה .

In den darauf folgenden Sätzen wird diese semantische Ebene **bestätigt** und **ausgeweitet** durch: נתן „geben", הִקְדִּישׁ „heiligen", פֶּסֶל „Schnitzbild", מַסֵּכָה „Gussbild" und צוֹרֵף „Goldschmied".

Wortbedeutungen

Dem Hörer / Leser ist nun z.B. verwehrt, von den **neuen Wörtern** etwa שׁוב (Hi) als „wehren / Bescheid geben" oder gar als eine Form von ישׁב „sich niederlassen" misszuverstehen oder von den neuen Nomina z.B. מַסֵּכָה die Bedeutung „Decke" zuzuweisen.

Textbedeutung

Und was die Bedeutung des **ganzen Textes** betrifft: Was als Familien- und Geldgeschichte begann, entpuppt sich schon hier als eine Religions- und Heiligtumsgeschichte.

Diskrepanzen

Wörter, deren Bedeutungen **nicht** oder kaum zur semantischen Ebene eines Textes **passen**, haben für den Hörer / Leser einen besonders hohen **Aufmerksamkeitswert**. Aus solchen Fügungen gewinnt die **Poesie** stilistische Wirkungen:

יְהוָה אֱלֹהֵינוּ מָה־אַדִּיר שִׁמְךָ בְּכָל־הָאָרֶץ אֲשֶׁר נָתַתָּה הוֹדְךָ עַל־הַשָּׁמָיִם׃	b	JHWH, unser Herrscher, wie herrlich ist dein Name in aller Welt! Der du deinen Glanz gelegt hast auf den Himmel!
מִפִּי עוֹלְלִים וְיֹנְקִים יִסַּדְתָּ עֹז לְמַעַן צוֹרְרֶיךָ		Aus dem Mund von Kindern und Säuglingen hast du ein Bollwerk erbaut um deiner Feinde willen,

לְהַשְׁבִּית אוֹיֵב וּמִתְנַקֵּם׃	um ein Ende zu bereiten dem Feind und dem Rächer
כִּי־אֶרְאֶה שָׁמֶיךָ מַעֲשֵׂי אֶצְבְּעֹתֶיךָ יָרֵחַ וְכוֹכָבִים אֲשֶׁר כּוֹנָנְתָּה׃	Wenn ich schaue den Himmel, deiner Finger Werk, Mond und Sterne, die du hingesetzt ...
(Ps 8, 2-4)	

mehrere Ebenen

In den Eingangssätzen von Psalm 8 ist die semantische Ebene charakterisiert **einerseits** durch אָדוֹן „Herrscher", אַדִּיר „herrlich", כָּל־הָאָרֶץ „alle Welt", נתן „geben", יסד „gründen", כון „festmachen" (Bereich: Schöpfer und **Schöpfung**), **anderseits** durch: עֹז „Bollwerk", צרר „bedrängen", אוֹיֵב „Feind" (Bereich: **Kampf**). Dazwischen stehen die Wörter מִפִּי עוֹלְלִים וְיֹנְקִים „aus dem Mund von Kleinkindern und Säuglingen" **unvermittelt**.

Poesie

Der **Hörer / Leser**, durch die semantische Diskrepanz aufmerksam geworden, muss den Punkt aufsuchen, in dem die Aussage über diese Nominalgruppe an die semantische(n) Ebene(n) des Textes anschließbar ist. Die Poesie lässt dem Hörer ziemliche Freiheit, solche **Anknüpfungspunkte** zu finden oder zu erfinden.

52.3 Rückwärts (anaphorisch) verweisende Elemente

Pronomina und Suffixe

Pronomina und Suffixe der ***dritten Person*** *verweisen im Text rückwärts (anaphorisch[1]) auf vorher erwähnte Personen oder Sachen, mit denen ein Pronomen jeweils in* ***Genus*** *und* ***Numerus*** *übereinstimmt (****kongruent*** *ist).*

וַיְהִי־אִישׁ מֵהַר־אֶפְרָיִם וּשְׁמוֹ מִיכָיְהוּ׃ → וַיֹּאמֶר לְאִמּוֹ → אֶלֶף וּמֵאָה הַכֶּסֶף אֲשֶׁר לֻקַּח־לָךְ וְאַתִּי אָלִית וְגַם אָמַרְתְּ בְּאָזְנַי הִנֵּה הַכֶּסֶף אִתִּי אֲנִי לְקַחְתִּיו →	a	Es war ein Mann vom Gebirge Efraim, sein Name: Micha, der sagte zu seiner Mutter: „Die 1100 Silberschekel, die man dir gestohlen hat - Du hast ja deswegen einen Fluch ausgestoßen und es auch in meiner Gegenwart gesagt -, Da! Das Geld! Ich hab's.

[1] von griechisch: αναφερειν (anapherein) „hinauftragen", nämlich auf der Seite, wo man liest.

וְעַתָּה אֲשִׁיבֶנּוּ לָךְ׃ →	Ich selbst hatte <u>es</u> gestohlen, und jetzt werde ich <u>es</u> dir zurückgeben.“
וַתֹּאמֶר אִמּוֹ בָּרוּךְ בְּנִי לַיהוָה׃ →	Da sagte <u>seine</u> Mutter: „Gesegnet sei mein Sohn von JHWH!“
וַיָּשֶׁב אֶת־אֶלֶף־וּמֵאָה הַכֶּסֶף לְאִמּוֹ → וַתֹּאמֶר אִמּוֹ → הַקְדֵּשׁ הִקְדַּשְׁתִּי אֶת־הַכֶּסֶף לַיהוָה מִיָּדִי לִבְנִי לַעֲשׂוֹת פֶּסֶל וּמַסֵּכָה	Und er gab die 1100 Silberschekel <u>seiner</u> Mutter zurück, und <u>seine</u> Mutter sagte: „Hiermit weihe ich das Geld feierlich für JHWH. - Aus meiner Hand für meinen Sohn! - damit man ein Schnitz- und Gussbild anfertigt.“
וַיָּשֶׁב אֶת־הַכֶּסֶף לְאִמּוֹ → וַתִּקַּח אִמּוֹ מָאתַיִם כֶּסֶף → וַתִּתְּנֵהוּ לַצּוֹרֵף וַיַּעֲשֵׂהוּ פֶּסֶל וּמַסֵּכָה → → וַיְהִי בְּבֵית מִיכָיְהוּ׃ →	So gab er das Geld <u>seiner</u> Mutter zurück, und <u>seine</u> Mutter nahm 200 Schekel Silber und gab <u>es</u> dem Goldschmied. Der machte <u>daraus</u> ein Schnitz- und Gussbild, und das blieb im Hause <u>Michas</u>.
וְהָאִישׁ מִיכָה לוֹ בֵּית אֱלֹהִים → → → וַיַּעַשׂ אֵפוֹד וּתְרָפִים וַיְמַלֵּא אֶת־יַד אַחַד מִבָּנָיו → וַיְהִי־לוֹ לְכֹהֵן׃ →	<u>Dem Mann</u> <u>Micha</u>, <u>dem</u> gehörte nämlich ein Gotteshaus. Er machte ein Ephod und Teraphim und zahlte einem <u>seiner</u> Söhne ein Gehalt, dass er <u>ihm</u> als Priester diente.

(Ri 17, 1-5)

Der hier nochmals zitierte Erzählungsanfang zeigt beispielhaft, welch hohen Anteil pronominale Elemente an einem Text haben: Von 82 Wörtern sind 23, also fast **30 %, Pronomina** bzw. Wörter mit Pronominalsuffix. Von diesen sind wiederum 14, also mehr als die Hälfte, Suffixe der 3. Person.

Pronominalisierung

In unserem Beispiel verweisen alle Suffixe der **3. Person**, maskulinum, soweit sie an Nomina angefügt sind, auf אִישׁ **„ein Mann“** (1. Zeile). Alle Suffixe der 3. Person, maskulinum, angefügt an Verbformen, verweisen zurück auf das Nomen הַכֶּסֶף **„das Silber“** (5. bzw. 3. Zeile). Diese Verteilung ist durch die Bedeutungen der Verben gegeben: לקח „nehmen“ und שׁוּב (Hi) „zurückgeben“ sind vorwiegend an Nomina mit dem Bedeutungsmerkmal „nicht menschlich“ anschließbar. (➔ § 52.2).

Alle Elemente, die das Nomen אִישׁ (Zeile 1) wieder aufnehmen, bilden die **Reihe** (ausnahmsweise von links nach rechts zu lesen): אִמּוֹ ← אִמּוֹ ← אִמּוֹ ← אִמּוֹ ← שְׁמוֹ ← אִישׁ
.לוֹ ← בָּנָיו ← לוֹ ← הָאִישׁ מִיכָה ← מִיכָיְהוּ ← אִמּוֹ ←

Beziehungswort

Das Merkmal der **Kongruenz** genügt nicht, um das Beziehungswort auszumachen, auf das ein Pronomen zurückverweist. Es würde für das letzte לוֹ dieser Reihe z.B. auch für אַחַד מִבָּנָיו „einer seiner Söhne“ und für בֵּית אֱלֹהִים „Gotteshaus“ zutreffen. Das Beziehungswort אִישׁ hat aber im Verlauf des Textes weitere **Bedeutungen angesammelt**, und auf die alle wird verwiesen. So bedeutet לוֹ in der letzten Zeile unseres Textbeispiels „ihm“ im Sinne von: „dem Mann vom Gebirge Ephraim namens Micha, der mit seiner Mutter das und das verhandelt hat, die und die Kultgeräte besorgt und einen Sohn im ihm gehörenden Heiligtum angestellt hat.“

Erst, wenn die **Verträglichkeit** mit der ganzen bisher angewachsenen Bedeutung **geprüft** ist, wird das verweisende Pronomen dem richtigen Beziehungswort zugewiesen. Dies vollbringt das Gedächtnis des Hörers / Lesers in der Regel **automatisch**.

Re-Nominalisierung

Darum dürfen aber die **Abstände** zwischen dem Beziehungswort und dem anaphorischen Pronomen nicht zu groß werden. Das Beziehungswort kann im Text mehrmals wieder auftreten (hier z.B. הָאִישׁ mit Artikel, ➔ § 52.5). Eine solche **Re-Nominalisierung** ist für die **Gliederung** eines Textes wichtig; z.B. markiert sie in Ri 17,5 das Ende des einleitenden Textabschnitts. Darum sollten **Übersetzungen** vorsichtig damit umgehen und in die Verweisstruktur eines Textes nicht ohne Not eingreifen.

Weitere Anaphora

וַיִּסַּע מִשָּׁם אַבְרָהָם אַרְצָה הַנֶּגֶב ≈≈≈≈> וַיֵּשֶׁב בֵּין־קָדֵשׁ וּבֵין שׁוּר וַיָּגָר בִּגְרָר׃	b	Und Abraham zog von dort weiter ins Südland, ließ sich zwischen Kadesch und Gerar nieder und lebte als Schutzbürger in Gerar.
וַיֹּאמֶר אַבְרָהָם אֶל־שָׂרָה אִשְׁתּוֹ → ====		Und Abraham sagte von Sara, seiner Frau:

אֲחֹתִי הִוא וַיִּשְׁלַח אֲבִימֶלֶךְ מֶלֶךְ גְּרָר ==> וַיִּקַּח אֶת־שָׂרָה׃ ====	„Sie ist meine Schwester.“ Und Abimelech, der König von Gerar, sandte hin und ließ Sara holen.
וַיָּבֹא אֱלֹהִים אֶל־אֲבִימֶלֶךְ בַּחֲלוֹם הַלָּיְלָה וַיֹּאמֶר לוֹ הִנְּךָ מֵת עַל־הָאִשָּׁה אֲשֶׁר־ ====> לָקַחְתָּ וְהִוא בְּעֻלַת בָּעַל׃ ==>	Und Gott kam zu Abimelech im Traum in der Nacht und sagte zu ihm: „Jetzt bist du des Todes wegen der Frau, die du genommen hast; die ist nämlich verheiratet.“
וַאֲבִימֶלֶךְ לֹא קָרַב אֵלֶיהָ וַיֹּאמַר => הֲגוֹי גַּם־צַדִּיק תַּהֲרֹג׃ הֲלֹא הוּא אָמַר־לִי → אֲחֹתִי הִוא וְהִיא־גַם־הִוא אָמְרָה =========> ==> אָחִי הוּא → בְּתָם־לְבָבִי וּבְנִקְיֹן כַּפַּי עָשִׂיתִי זֹּאת׃ ≈≈≈>	Abimelech aber hatte sich ihr noch nicht genähert. Er sagte: „Willst du auch ein schuldloses Volk umbringen? Hat nicht er zu mir gesagt: 'Sie ist meine Schwester'? Und sie - auch sie hat gesagt:: 'Mein Bruder ist er'. In der Unschuld meines Herzens und mit reinen Händen habe ich dies getan.“
וַיֹּאמֶר אֵלָיו הָאֱלֹהִים בַּחֲלֹם גַּם אָנֹכִי יָדַעְתִּי כִּי בְתָם־לְבָבְךָ עָשִׂיתָ זֹּאת ≈≈≈> וָאֶחְשֹׂךְ גַּם־אָנֹכִי אוֹתְךָ מֵחֲטוֹ־לִי עַל־כֵּן לֹא־נְתַתִּיךָ לִנְגֹּעַ אֵלֶיהָ׃ => ≈≈≈≈>	Da sprach Gott zu ihm im Traum: „Auch ich weiß, dass du das in der Unschuld deines Herzens getan hast; darum auch habe ich dich abgehalten, gegen mich zu sündigen. Deshalb habe ich nicht zugelassen, dass du sie berührtest.
וְעַתָּה הָשֵׁב אֵשֶׁת־הָאִישׁ כִּי־נָבִיא הוּא → → ===> וְיִתְפַּלֵּל בַּעַדְךָ וֶחְיֵה וְאִם־אֵינְךָ מֵשִׁיב דַּע כִּי־מוֹת תָּמוּת אַתָּה וְכָל־אֲשֶׁר־לָךְ׃	Und nun: Gib die Frau des Mannes zurück, denn er ist ein Prophet, dass er für dich betet, damit du am Leben bleibst. Wenn du sie aber nicht zurückgibst, so wisse: Du bist des Todes, du und alles, was dein ist.“

וַיַּשְׁכֵּם אֲבִימֶלֶךְ בַּבֹּקֶר וַיִּקְרָא לְכָל עֲבָדָיו וַיְדַבֵּר אֶת־כָּל־הַדְּבָרִים הָאֵלֶּה ≈≈≈≈≈≈≈≈≈≈≈≈≈≈≈≈≈≈≈≈≈> בְּאָזְנֵיהֶם וַיִּירְאוּ הָאֲנָשִׁים מְאֹד׃ (Gen 20,1-8)	Und Abimelech machte sich früh auf am Morgen, rief alle seine Knechte und erzählte alle diese Dinge in ihrer Gegenwart. Und die Männer fürchteten sich sehr.

Reihen

Im hier zitierten Abschnitt aus Genesis 20 bilden die anaphorischen Verweisformen **zwei Reihen**: Auf אַבְרָהָם verweisen die einfach → unterstrichenen Elemente (3 m s), auf שָׂרָה die doppelt ==> unterstrichenen Elemente (3 f s). Auch hier treten die Beziehungswörter in Gestalt eines determinierten allgemeineren Nomens (הָאִישׁ - הָאִשָּׁה) nach mehreren Pronomina wieder auf.

Neben den Verweisformen für „Abraham", „Sarah", „Abimelech" und „seine Knechte" treten im oben zitierten Text weitere anaphorisch verweisende Elemente auf (≈≈>), für die **kein einzelnes Wort** im Text als Beziehungswort auszumachen ist:

Adverbien

מִשָּׁם „von **dort**" verweist zurück auf Kapitel 18, Vers 33: וְאַבְרָהָם שָׁב לִמְקֹמוֹ „Abram aber kehrte nach Hause zurück" und dies wiederum auf 18,1: בְּאֵלֹנֵי מַמְרֵא „im Hain Mamre".

עַל־כֵּן „**deshalb**" verweist auf den ganzen vorigen Satz von גַּם אָנֹכִי יָדַעְתִּי bis לִי.

זאת, דָּבָר u.a.

זֹאת „**dies**" und כָּל־הַדְּבָרִים הָאֵלֶּה „**alle diese Dinge**" verweisen auf die Inhalte umfangreicher Textstücke, die sich kaum exakt abgrenzen lassen.

Das feminine Pronomen **זאת** , in der selbständigen Form wie auch als Feminin-Suffix הָ-, kann zurück verweisen auf ganze Sätze und **Textteile** (➔ auch § 52.6, Textbeispiel f). Häufig werden in dieser Funktion הַדָּבָר „es", הַדָּבָר הַזֶּה „dies" gebraucht oder auch der Plural כָּל־הַדְּבָרִים הָאֵלֶּה „all dies". Auch Adverbien wie שָׁם „dort", אָז „damals", בַּיָּמִים הָהֵם „zu der Zeit", כֵּן „so" kommen in anaphorischer Funktion vor.

52.4 Auf die Sprechsituation verweisende (deiktische) Elemente

Zur Orientierung in der Sprechsituation dienen vor allem die Person- und Tempusmorpheme der Verben. Darüber hinaus stehen zunächst die Pronomina und Suffixe der 1. und 2. Person zur Verfügung, um auf die an der

Kommunikation Beteiligten hinzuzeigen[1] *und so die Aussagen auf die Kommunikationssituation zu beziehen.*

1. und 2. Person

Die Personmorpheme der **1. Person** beziehen das Verb auf den (die) **Sprechenden**, die Personmorpheme der **2. Person** auf den (die) **Angesprochenen**.

Tempusmorpheme weisen den Hörer an, sich der besprechenden Rede gemäß (engagiert) oder der erzählenden Rede gemäß (distanziert) zu verhalten (➔ § 48).

Die Pronomina und Suffixe der 1. und 2. Person stehen hauptsächlich in **besprechenden** Texten (Dialog, Ankündigung, Predigt, Gesetz, Gebet usw.). In den **Erzählungen** sind sie mit ein Indiz dafür, dass die Erzählung des Erzählers zur Rede der erzählten Personen übergeht. (➔ § 48.3 und 48 4, ➔ als Textbeispiel auch § 52.7.)

Sonstige deiktische Partikeln

וַיַּשְׁכִּימוּ בַבֹּקֶר וַיִּשָּׁבְעוּ אִישׁ לְאָחִיו .... וַיְהִי בַּיּוֹם הַהוּא וַיָּבֹאוּ עַבְדֵי יִצְחָק וַיַּגִּדוּ לוֹ עַל־אֹדוֹת הַבְּאֵר אֲשֶׁר חָפָרוּ ... וַיִּקְרָא אֹתָהּ שִׁבְעָה עַל־כֵּן שֵׁם־הָעִיר בְּאֵר שֶׁבַע עַד הַיּוֹם הַזֶּה׃ (Gen 26,31 f)	a	Sie machten sich früh am Morgen auf und leisteten einander den Schwur. ... Und es geschah an dem(selben) Tag, daß die Knechte Isaaks kamen und ihm von dem Brunnen berichteten, den sie gegraben hatten. ... und er nannte ihn[2] „Schibah" (Schwur). Darum heißt die Stadt „Beerscheba" bis zu diesem (heutigen) Tag.
הוֹרֵד אוֹתָם אֶל־הַמַּיִם וְאֶצְרְפֶנּוּ לְךָ שָׁם וְהָיָה אֲשֶׁר אֹמַר אֵלֶיךָ זֶה יֵלֵךְ אִתָּךְ הוּא יֵלֵךְ אִתָּךְ	b	Führe sie hinab zum Wasser, damit ich sie dort für dich sichte! Von wem ich dann zu dir sage: „Hier, der geht mit dir", der geht mit dir.

[1] Griechisch: δεικνυμι (deiknymi) „zeigen".

[2] בְּאֵר ist femininum.

וְכֹל אֲשֶׁר־אֹמַר אֵלֶיךָ זֶה לֹא־יֵלֵךְ עִמָּךְ הוּא לֹא יֵלֵךְ׃ (Ri 7,4)		Und jeder, von dem ich zu dir sage: „Der hier geht nicht mit dir“, der geht nicht (mit).
הַגִּידָה־נָּא לִי אֵיפֹה הֵם רֹעִים׃ וַיֹּאמֶר הָאִישׁ נָסְעוּ מִזֶּה כִּי שָׁמַעְתִּי אֹמְרִים נֵלְכָה דֹּתָיְנָה (Gen 37,16 f)	c	„Sage mir bitte, wo sie weiden.“ Und der Mann sagte: „Sie sind weiter gezogen von hier. Ich habe sie nämlich sagen hören: Wir wollen nach Dotan gehen.
וַיָּבֹא יוֹאָב אֶל־הַמֶּלֶךְ וַיֹּאמֶר מֶה עָשִׂיתָה הִנֵּה־בָא אַבְנֵר אֵלֶיךָ לָמָּה־זֶּה שִׁלַּחְתּוֹ וַיֵּלֶךְ הָלוֹךְ׃ (2 Sam 3,24)	d	Joab ging zum König hinein und sagte: („Was hast du getan? Siehe, gekommen ist Abner zu dir; warum nur hast du ihn entlassen, dass er gegangen ist - einfach so!“) „Wie konntest du nur! Es ist nicht zu fassen! Da kommt Abner zu dir, und du Trottel lässt ihn laufen, und er geht einfach so weg!“
כֹּה אָמַר יְהוָה הַשָּׁמַיִם כִּסְאִי וְהָאָרֶץ הֲדֹם רַגְלָי אֵי־זֶה בַיִת אֲשֶׁר תִּבְנוּ־לִי וְאֵי־זֶה מָקוֹם מְנוּחָתִי׃ וְאֶת־כָּל־אֵלֶּה יָדִי עָשָׂתָה וְלִי הָיוּ כָל־אֵלֶּה נְאֻם יְהוָה וְאֶל־זֶה אַבִּיט אֶל־עָנִי וּנְכֵה־רוּחַ וְחָרֵד עַל־דְּבָרִי׃ (Jes 66,1 f)	e	So hat JHWH gesprochen: „Der Himmel ist mein Thron und die Erde der Schemel meiner Füße. Wo ist denn ein Haus, das ihr mir bauen könntet, und wo ist denn ein Ort für mein Ausruhen? Aber all dies hier: meine Hand hat es gemacht und mir gehört all dies hier - Spruch JHWHs. Aber auf den blicke ich: auf den Elenden, den mit geschlagenem Geist, der vor meinem Wort zittert.“

זֶה und הוּא

Das wichtigste deiktische Pronomen ist זֶה. Während הוּא **anaphorisch** verweist (a: הַיּוֹם הַהוּא „Der Tag, von dem die Rede war"), zeigt זֶה auf die **Sprechsituation** selbst (a: הַיּוֹם הַזֶּה „dieser Tag hier und jetzt, heute") oder den **unmittelbar** Anwesenden (b: „der hier").

Fragesätze

זֶה kann auch die Kommunikationssituation selbst und ihren **Ort** bezeichnen: „jetzt, hier" (c). Diese Funktion hat es gemeinsam mit Adverbien wie עַתָּה „jetzt"[1], הִנֵּה „siehe!", פֹּה, הֵנָּה „hier". Als deiktische Partikel erscheint זֶה auch **nach Fragewörtern** (d, e). Es bezieht die Frage direkt auf die Sprechsituation und fordert dringend Antwort (deutsch: „Wo denn?", „was denn bloß?") Rhetorische Fragen mit זֹאת (d) enthalten meist einen **schweren Vorwurf**.

anaphorisches זֶה ?

In Jes 66,1 (e) **scheint** כָּל־אֵלֶּה **rückwärts** (anaphorisch) zu verweisen, nämlich auf הַשָּׁמַיִם und הָאָרֶץ am Textanfang. Es liegt aber näher, auch hier eine Geste des Zeigens (**Deixis**) zu sehen: „hier dies, was Sprecher und Hörer gleichzeitig vor Augen haben". Ebenso kann man אֶל־זֶה (e, vorletzte Zeile) **nicht nur voraus** verweisend (kataphorisch[2] ➔ § 52.6) verstehen: „auf den, von dem gilt, dass er demütig ist". Auch hier ist das deiktische Verständnis **nicht ausgeschlossen**: „auf den, der hier unter meinen Zuhörern ist und ...".

Im Einzelfall sind bei זֶה (אֵלֶּה, זֹאת) **zunächst** die Möglichkeiten der Deixis zu erwägen. Allerdings ist damit zu rechnen, dass - vor allem in **späteren** Texten - ein Unterschied zwischen זֶה und anderen Pronomina nicht mehr empfunden wurde und זֶה auch in anaphorischer oder kataphorischer Funktion gebraucht ist.

---

[1] Zu וְעַתָּה und וְהִנֵּה als makrosyntaktischen Zeichen ➔ § 54.

[2] von griech.: καταφερειν (katapherein) „hinabtragen".

52.5 Der Artikel als verweisendes Zeichen

Der Artikel vor einem Nomen weist den Hörer / Leser an, die Bedeutung des Nomens auf seine Vorinformationen zu beziehen.

Vorinformation

Vorinformationen können gegeben sein: durch den sprachlichen Kontext, durch die Sprechsituation (den situativen Kontext) und durch allgemeine Sach- und Sprachkenntnisse des Hörers / Lesers.

a וַיָּשֻׁבוּ אֵלָיו וְהוּא יֹשֵׁב בִּירִיחוֹ ...
2 וַיֹּאמְרוּ אַנְשֵׁי הָעִיר אֶל־אֱלִישָׁע
3 הִנֵּה־נָא מוֹשַׁב הָעִיר טוֹב כַּאֲשֶׁר אֲדֹנִי
4 רֹאֶה וְהַמַּיִם רָעִים וְהָאָרֶץ מְשַׁכָּלֶת׃
5 וַיֹּאמֶר קְחוּ־לִי צְלֹחִית חֲדָשָׁה וְשִׂימוּ שָׁם
6 מֶלַח וַיִּקְחוּ אֵלָיו׃
7 וַיֵּצֵא אֶל־מוֹצָא הַמַּיִם וַיַּשְׁלֶךְ־שָׁם מֶלַח
8 וַיֹּאמֶר כֹּה אָמַר יְהוָה רִפִּאתִי לַמַּיִם
9 הָאֵלֶּה לֹא־יִהְיֶה מִשָּׁם עוֹד מָוֶת
10 וּמְשַׁכָּלֶת׃
11 וַיֵּרָפְאוּ הַמַּיִם עַד הַיּוֹם הַזֶּה
12 כִּדְבַר אֱלִישָׁע אֲשֶׁר דִּבֵּר׃

(2 Kön 2,18-22)

Sie kehrten zu ihm zurück, als er noch in Jericho war ...
Und die Leute der Stadt sagten zu Elischa: „Gewiss doch, die Lage der Stadt ist schön, wie du, Herr, siehst. Aber das Wasser ist schlecht, und die Erde verursacht Fehlgeburten." Er sagte: „Bringt mir eine neue Schale und tut Salz hinein!" Und sie holten (es) ihm. Dann ging er hinaus an die Quelle des Wassers, warf dort Salz hinein und sagte: „So hat JHWH gesprochen: Hiermit mache ich dieses Wasser gesund. Es kommt von dort kein Tod und keine Fehlgeburt mehr." Und das Wasser wurde gesund bis auf den heutigen Tag nach dem Wort Elischas, das er geredet hatte.

sprachlicher Kontext

Der sprachliche Kontext liefert die Vorinformation im Fall von הָעִיר (a, 2 und 3): Mit „Stadt“ ist gemeint die im Kontext der vorangehenden Erzählung genannten Stadt „Jericho“ (Zeile 1). Im folgenden Text (b, Zeilen 5 und 7) verweist der Artikel bei und „beim ersten Mal“ auf das Kapitel vorher (Gen 12), in dem vom ersten Altarbau erzählt wurde. Die Vorinformation für הַמַּיִם „das Wasser“ (a, Zeile 7, 8 und 10) findet der Hörer / Leser im Kontext derselben Erzählung (Zeile 4).

Situation

Im Dialog (a, Zeilen 3-4, 8-10) bietet die **Sprechsituation** selbst die Vorinformationen. הָעִיר, הַמַּיִם, הָאָרֶץ: das sind Dinge, die den Gesprächspartnern **unmittelbar gegenwärtig** sind: die Stadt, in der sie sich befinden, das Wasser, das sie trinken müssen, die Erde, auf der sie stehen. Auf dies alles könnten sie mit dem Finger hinweisen.

הַיּוֹם הַזֶּה (a, 11) verweist auf den Tag, an dem die Geschichte erzählt oder wieder erzählt wird, auf die Kommunikations-Situation des **Erzählers**.

b וַיַּעַל אַבְרָם מִמִּצְרַיִם הוּא וְאִשְׁתּוֹ וְכָל־
2 אֲשֶׁר־לוֹ וְלוֹט עִמּוֹ הַנֶּגְבָּה׃
3 וְאַבְרָם כָּבֵד מְאֹד בַּמִּקְנֶה בַּכֶּסֶף
4 וּבַזָּהָב׃ וַיֵּלֶךְ לְמַסָּעָיו מִנֶּגֶב וְעַד־בֵּית־
5 אֵל עַד־הַמָּקוֹם אֲשֶׁר־הָיָה שָׁם אָהֳלֹה
6 בַּתְּחִלָּה בֵּין בֵּית־אֵל וּבֵין הָעָי׃ אֶל־
7 מְקוֹם הַמִּזְבֵּחַ אֲשֶׁר־עָשָׂה שָׁם בָּרִאשֹׁנָה

Dann zog Abram hinauf aus Ägypten - er und seine Frau und Lot mit ihm - in das Südland.
Abram aber war sehr reich an (dem) Vieh, an (dem) Silber und an (dem) Gold.
Er zog von Ort zu Ort vom Süden bis Bet-El, bis zu dem Ort, an dem sein Zelt beim ersten Mal gestanden hatte, zwischen Bet-El und Ai, an die Stelle des Altars, den er dort beim ersten Mal gebaut hatte.

(Gen 13,1-4)

Sach- und Sprachkenntnis

Auf seine **allgemeinen** Sach- und **Sprachkenntnisse** wird der Hörer / Leser verwiesen, wenn eine konkrete Vorinformation weder im sprachlichen Kontext noch in der Sprechsituation auszumachen ist.

הַנֶּגֶב „der Süden“ (b, Zeile 2) ist das allen Hörern bekannte Land im Süden Palästinas. Mit הַמִּקְנֶה „das Vieh“, הַכֶּסֶף „das Silber“, הַזָּהָב „das Gold“ (b, Zeile 3) wird der Hörer, dem **spezielle** Vorinformationen in Text und Situation **nicht** geboten worden sind, angewiesen, allein *die* Vorkenntnisse zu aktivieren, die ihm die Kenntnis seiner Sprache bietet, in der die Wörter die Gattungen „Vieh / Silber / Gold“ meinen.[1]

Artikel vor אֲשֶׁר

Nicht rückwärts, sondern **vorwärts** verweisend (kataphorisch) funktioniert der Artikel in der Kombination: Artikel + Nomen + אֲשֶׁר-Satz (b, Zeile 5). Ebenso, wie im Deutschen, Englischen und anderen Sprachen stellt erst die **Kombination** mit dem **Relativsatz** *die* Information her, die der Hörer braucht, um die Bedeutung des betreffenden Nomens richtig zu verstehen.[2]

Das Gleiche ist der Fall in der Kombination: Artikel + Nomen + **Partizip** als Apposition (➔ unten, Text f: הַנַּעַר נֹשֵׂא כֵלָיו „der Bursche, sein Waffenträger“ = „*der* Bursche, der seine Waffen trug“).

zusätzliche Elemente

Da der hebräische Artikel selbst nicht anzeigt, ob auf Kontext, Situation oder Sprache verwiesen wird, können **zusätzliche rückwärts** verweisende (z.B. הַיּוֹם הַהוּא) oder **deiktische** Elemente (z.B. a, Zeilen 8 - 10 : לַמַּיִם הָאֵלֶּה oder הַיּוֹם הַזֶּה) zu einem Nomen mit Artikel hinzutreten.

Suffixformen

Kein Artikel aber steht vor Nomina mit Suffixen. Das anaphorisch verweisende Pronominalsuffix übernimmt die Funktion des Artikels mit: (➔ b, Zeile 1: אִשְׁתּוֹ „seine Frau“).

Eigennamen

Eigennamen, die nur brauchbar sind, wenn der Träger des **Namens** dem Hörer **bekannt** ist, setzen immer Vorinformation voraus. Darum brauchen sie nicht noch zusätzlich einen Artikel.[3]

---

[1] Bei solchen Gattungsbezeichnungen hat die deutsche Sprache die Möglichkeit, sowohl den anaphorischen („bestimmten“) Artikel („das Vieh“ etc.) zu setzen als auch den Null-Artikel („Vieh / Silber / Gold“). Ausgeschlossen ist in solchen Fällen im Deutschen immer der kataphorische („unbestimmte“) Artikel. (Zur Syntax des Artikels in der deutschen Sprache ➔ Harald Weinrich, Textgrammatik der deutschen Sprache, Mannheim; Leipzig; Wien; Zürich: Dudenverlag, 1993)

[2] Einen solchen, auf einen Relativsatz bezogenen Artikel pflegen wir im Deutschen zu betonen. Darum wurde „*die*“ durch Kursivdruck hervorgehoben. ➔ auch im Text des vorigen Absatzes: *die* Vorkenntnisse, die ...“.

[3] Der Artikelgebrauch im Fall von Eigennamen ist aber nicht einheitlich. Einerseits können Bezeichnungen von Dingen und Wesen, die es nur einmal gibt, ohne Artikel wie Eigennamen behandelt sein (יָרֵחַ „der Mond“, שֶׁמֶשׁ „die Sonne“), anderseits können vor allem geographische Namen durch den Artikel als „der bekannte Ort“ ausgewiesen sein (z.B. נֶגֶב „Süden“ neben הַנֶּגֶב „das - bekannte - Südland“). Einige Namen wie הַיַּרְדֵּן oder הָעַי (Gen 13,3) stehen immer mit Artikel.

Constructus-Verbindung

Wegen der **engen Verbindung** von Nomina, die in einer Constructus-Verbindung stehen, leistet der Artikel vor dem letzten Nomen den Rückverweis für die voraufgehenden Nomina mit.

Darum bekommen auch Nomina im Status constructus vor Eigennamen und vor Suffix-Formen **keinen Artikel**, wohl aber ihre deutschen Äquivalente (➔ oben a, letzte Zeile: כִּדְבַר אֱלִישָׁע „nach dem Wort Elisas").

indeterminierte Nomina

Nomina, bei denen ein **Verweis** auf Vorinformationen **fehlt**, signalisieren dem Hörer / Leser eine **neue,** für den Fortgang des Kommunikationsaktes wichtige **Information**. Im Deutschen steht bei ihnen der kataphorische, der sogenannte „**unbestimmte**" Artikel (➔ § 52.6).

In der Erzählung aus 2 Kön 2,19-22 (➔ oben Text a) sind die Nomina ohne Artikel die **Stichwörter,** die für die Erzählung **wichtig** sind. Aus ihnen könnte man die Geschichte wieder rekonstruieren: טוֹב „gut" - רֹאֶה „einer, der sieht", רָעִים „ungesund", מְשַׁכֶּלֶת „Fehlgeburten verursachend", צְלֹחִית חֲדָשָׁה „eine neue Schale", מֶלַח „Salz", מָוֶת וּמְשַׁכָּלֶת „Tod und Fehlgeburt".

Solche „indeterminierten[1]" Nomina treten vor allem als **Prädikate** in Nominalsätzen auf, wo sie jeweils eine neue Information vermitteln (➔ § 44.3).

In der **Poesie**, die ja eine lockerere semantische und syntaktische Struktur hat, ist der Artikel viel **sparsamer** verwendet als in der Prosa, zum Teil wohl auch aus metrischen Gründen.

Besonderheiten

הָלוֹךְ הָלְכוּ הָעֵצִים לִמְשֹׁחַ עֲלֵיהֶם מֶלֶךְ וַיֹּאמְרוּ לַזַּיִת מָלְכָה עָלֵינוּ׃ (Ri 9,8)	c	Einmal gingen die Bäume hin, um einen König über sich zu salben. Und sie sagten zu dem Ölbaum: „Sei du König über uns!"
וַיְדַבֵּר שְׁמוּאֵל אֶל־הָעָם אֵת מִשְׁפַּט הַמְּלוּכָה וַיִּכְתֹּב בַּסֵּפֶר וַיַּנַּח לִפְנֵי יְהוָה (1 Sam 10,25)	d	So legte Samuel dem Volk das Recht des Königtums dar; dann schrieb er es in ein Buch und legte es vor JHWH nieder.
וַתִּקַּח יָעֵל אֵשֶׁת־חֶבֶר אֶת־יְתַד הָאֹהֶל	e	Da ergriff Jael, die Frau Hebers, einen Zeltpflock, nahm dann einen

[1] Zur Problematik des Begriffs „Determination" ➔ § 44.3, Anmerkung

וַתָּשֶׂם אֶת־הַמַּקֶּבֶת בְּיָדָהּ וַתָּבוֹא אֵלָיו בַּלָּאט וַתִּתְקַע אֶת־הַיָּתֵד בְּרַקָּתוֹ וַתִּצְנַח בָּאָרֶץ (Ri 4,21)		Hammer zur Hand, ging heimlich hinein zu ihm (in <u>der</u> Heimlichkeit) und schlug ihm <u>den</u> Pflock durch die Schläfe, dass er in <u>den</u> Erdboden eindrang.
וַיְהִי הַיּוֹם וַיֹּאמֶר יוֹנָתָן בֶּן־שָׁאוּל אֶל־הַנַּעַר נֹשֵׂא כֵלָיו לְכָה וְנַעְבְּרָה אֶל־מַצַּב פְּלִשְׁתִּים אֲשֶׁר מֵעֵבֶר הַלָּז (1 Sa 14,1)	f	(Und es geschah an dem Tag) <u>Eines</u> Tages sagte Jonatan, der Sohn Sauls, zu dem Burschen, seinem Waffenträger: „Auf! Wir wollen losgehen auf den philistäischen Vorposten, der da drüben steht!"
וְדָוִד הוּא הַקָּטָן וּשְׁלֹשָׁה הַגְּדֹלִים הָלְכוּ אַחֲרֵי שָׁאוּל׃ (1 Sam 17,14)	g	David aber war der Jüngste, während die drei Ältesten Saul (in den Krieg) folgten.

Sach- und Sprachkenntnis

Der Artikel verweist im Hebräischen viel häufiger auf allgemeine Sach- und Sprachkenntnisse als im Deutschen.

Wie im Deutschen wird der Artikel in bestimmten literarischen Gattungen, z.B. der **Fabel** (c), verwendet, wo die **Akteure** („die Bäume", „der Ölbaum") als **Typen** auftreten.

Häufiger als im Deutschen, wo man sich auch „**an den Tisch**" setzt oder „**mit dem Auto**" fährt, findet man im Hebräischen Wendungen wie (d): כתב בַּסֵּפֶר „in **ein** Buch schreiben": Rückverweis auf allgemeine Sprachkenntnis plus Anschließbarkeit an das Verb „schreiben".

Auffällig ist der Artikelgebrauch im Textbeispiel e: Der Artikel in בָּאָרֶץ „in <u>den</u> Erdboden" und in בַּלָּט „in <u>der</u> Heimlichkeit" ist auch nach deutschem Sprachempfinden Verweis auf **allgemeine** Vorkenntnisse. Anders beim ersten Vorkommen von הַיָּתֵד „der Pflock" und bei הַמַּקֶּבֶת „der Hammer". Wir richten im Deutschen den Blick auf die - für die Gesamtinformation wichtigen, bisher unerwähnten konkreten **Einzeldinge** und setzen darum keinen anaphorischen, sondern den kataphorischen „unbestimmten" Artikel.

Eigenartig ist der Gebrauch des Artikels in der Wendung: וַיְהִי הַיּוֹם „**eines** Tages" (f). Offenbar ist hier der Artikel kataphorisch verwendet (ähnlich wie vor אֲשֶׁר): „der Tag, von dem ich im folgenden erzählen werde (zu Erzählungs-Einleitern ➔ § 54).

Ein Individuum kann durch ein **Eigenschaftswort** mit Artikel aus einer Gruppe herausgehoben werden. Dafür können wir in der deutschen Übersetzung den **Superlativ** verwenden (g).

52.6 Vorwärts (kataphorisch) verweisende Elemente

Was gibt's Neues?

Weniger häufig als die rückwärts (anaphorisch) verweisenden oder die auf die Situation zeigenden (deiktischen) Elemente sind solche Wörter, die vorausweisen (kataphorisch) auf im Text **Folgendes** und so die **Aufmerksamkeit** des Hörers auf Neues ausrichten.

וְכִי יִשְׁאָלְךָ הָעָם הַזֶּה אוֹ־הַנָּבִיא אוֹ־כֹהֵן לֵאמֹר מַה־מַשָּׂה יְהוָה ← ← וְאָמַרְתָּ אֲלֵיהֶם אַתֶּם הַמַּשָּׂא וְנָטַשְׁתִּי אֶתְכֶם נְאֻם יְהוָה׃ וְהַנָּבִיא וְהַכֹּהֵן וְהָעָם אֲשֶׁר יֹאמַר מַשָּׂא יְהוָה וּפָקַדְתִּי עַל־ הָאִישׁ הַהוּא וְעַל־בֵּיתוֹ׃ כֹּה תֹאמְרוּ אִישׁ ← אֶל־רֵעֵהוּ וְאִישׁ אֶל־אָחִיו מֶה־עָנָה יְהוָה ← וּמַה־דִּבֶּר יְהוָה׃ ← (Jer 23,33-35)	a	Wenn sie dich aber fragen: dieses Volk oder der Prophet oder Priester, <u>folgendermaßen</u>: „<u>Was</u> ist die Last JHWHs?" dann sage zu ihnen: „Ihr seid die Last; also will ich euch abwerfen - Spruch JHWHs." Der Prophet aber und der Priester und das Volk: wer von der Last JHWHs redet, den will ich heimsuchen: diesen Mann und sein Haus. <u>So</u> sollt ihr sagen (jeder zu seinem Freund und jeder zu seinem Bruder) zueinander: „<u>Was</u> hat JHWH geantwortet?" und: „<u>Was</u> hat JHWH verkündigt?"

Adverbien

Kataphorisch verweisen Adverbien wie כֹּה „**so**" und der adverbial gebrauchte Infinitiv von אמר mit לְ, לֵאמֹר: „**folgendermaßen: / nämlich:**".

Fragen

Auch die **Fragewörter** (מַה „was?" מִי "wer?" אֵי „wo?" usw.) verweisen auf Folgendes. Sie erklären bestimmte **Vorinformationen** für **unzureichend** und fordern, als Antwort, eine Ergänzung.

„unbestimmte“ Pronomina

וְשַׂמְתִּי אֶת־זַרְעֲךָ כַּעֲפַר הָאָרֶץ אֲשֶׁר אִם־יוּכַל אִישׁ לִמְנוֹת אֶת־עֲפַר הָאָרֶץ גַּם־זַרְעֲךָ יִמָּנֶה׃ (Gen 13,16)	b	Dann mache ich deinen Samen wie den Staub der Erde, so daß, wenn jemand den Staub der Erde zählen könnte, auch dein Same gezählt würde.
אִישׁ אִמּוֹ וְאָבִיו תִּירָאוּ וְאֶת־שַׁבְּתֹתַי תִּשְׁמֹרוּ (Lev 19,3)	c	Jeder seine Mutter und seinen Vater (ehrt ihr) sollt ihr ehren und meine Sabbate halten.
הִנֵּה לֹא־יַעֲשֶׂה אָבִי דָּבָר גָּדוֹל אוֹ דָּבָר קָטֹן וְלֹא יִגְלֶה אֶת־אָזְנִי (1 Sam 20,2)	d	Wisse! Nie tut mein Vater etwas Großes oder etwas Kleines (nichts Großes oder Kleines), ohne es mir zu sagen.
כִּי־יִתֵּן אִישׁ אֶל־רֵעֵהוּ כֶּסֶף אוֹ־כֵלִים לִשְׁמֹר וְגֻנַּב מִבֵּית הָאִישׁ אִם־יִמָּצֵא הַגַּנָּב יְשַׁלֵּם שְׁנָיִם׃ (Ex 22,6)	e	Gesetzt den Fall, jemand gibt (seinem Nächsten) einem anderen Geld oder Sachen zum Aufbewahren, und es wird aus des Mannes (dessen) Haus gestohlen: Wenn der Dieb gefunden wird, soll er doppelt Ersatz leisten.
וַיַּעַל נָחָשׁ הָעַמּוֹנִי וַיִּחַן עַל־יָבֵשׁ גִּלְעָד וַיֹּאמְרוּ כָּל־אַנְשֵׁי יָבֵישׁ אֶל־נָחָשׁ כְּרָת־ לָנוּ בְרִית וְנַעַבְדֶךָּ׃ וַיֹּאמֶר אֲלֵיהֶם נָחָשׁ הָעַמּוֹנִי בְּזֹאת אֶכְרֹת לָכֶם בִּנְקוֹר לָכֶם כָּל־עֵין יָמִין וְשַׂמְתִּיהָ חֶרְפָּה עַל־כָּל־ יִשְׂרָאֵל׃ (1 Sam 11,1f)	f	Nachasch, der Ammoniter, zog herauf und belagerte Jabesch in Gilead. Und es sagten alle Männer von Jabesch zu Nachasch: „Schließe einen Vertrag mit uns, dann wollen wir dir dienen.“ Aber der Ammoniter Nachasch sprach zu ihnen: „Unter der Bedingung schließe ich mit euch ab, dass ich euch allen das rechte Auge aussteche und das als Schande über Israel bringe.“

דָּבָר, אִישׁ usw.

„**Unbestimmte**“ Artikel (wie „ein / eine“) und „unbestimmte“ Pronomina (wie „etwas / jemand“) hat das Hebräische nicht. Stattdessen werden Wörter mit sehr **weitem Bedeutungsumfang** verwendet wie דָּבָר „Sache“, אֶחָד „einer“, נֶפֶשׁ „Lebendiges“, אִישׁ „Mann“ u.a..

Mit Artikel würden diese Wörter ein spezielles Nomen (anaphorisch) wieder aufnehmen. **Ohne Artikel** geben sie aufgrund ihrer Allgemeinheit keine neue, wichtige Information, sondern eröffnen einen **Informationsrahmen**, der im Fortgang des Textes mit neuer, konkreterer Information gefüllt wird. Für die deutsche **Übersetzung** stehen die kataphorischen Pronomina zur Verfügung. So kann אִישׁ mit „jemand““ (b) oder „jeder“ (c), דָּבָר mit „etwas“ (d), in negativen Sätzen entsprechend mit „niemand“ bzw. „nichts“ wiedergegeben werden.

Die Kombination רֵעֵהוּ ... אִישׁ oder אָחִיו ... אִישׁ „einer ... ein anderer“ wird vorausverweisend (e), im Anschluß an den Plural eines Verbs aber auch zurückverweisend gebraucht (➔ oben, Textbeispiel a: „**einander**“).

זֶה

Auch זֶה (זֹאת, אֵלֶּה) kann als **vorwärts** (kataphorisch) verweisendes Element auftreten (f). Bedingung für die richtige Auffassung der Verweisungsrichtung ist einmal das Fehlen von konkreten Beziehungselementen im rückwärtigen **Kontext** oder in der **Sprechsituation**, anderseits Satzbetonung und **Stimmführung**, die die Schrift nicht wiedergeben kann.

52.7 Analyse eines Textes

Dem Text Ri 17, 1-5 (➔ oben zu § 52.3) sind hier Zeichen beigegeben, die die verweisenden Elemente und ihre Verweisungsrichtung zeigen. Es bezeichnen: → anaphorische, ↓ deiktische, ← kataphorische Elemente, === indeterminierte Nomina.

וַיְהִי אִישׁ מֵהַר־אֶפְרָיִם וּשְׁמוֹ מִיכָיְהוּ׃ וַיֹּאמֶר לְאִמּוֹ

אֶלֶף וּמֵאָה הַכֶּסֶף אֲשֶׁר לֻקַּח־לָךְ↓ וְאַתְּ↓ אָלִית↓ וְגַם אָמַרְתְּ↓ בְּאָזְנַי↓

הִנֵּה↓־הַכֶּסֶף אִתִּי↓ אֲנִי↓ לְקַחְתִּיו↓ וְעַתָּה↓ אֲשִׁיבֶנּוּ לָךְ↓׃

וַתֹּאמֶר אִמּוֹ

בָּרוּךְ בְּנִי↓ לַיהוָה׃

וַיָּשֶׁב אֶת־אֶלֶף וּמֵאָה הַכֶּסֶף לְאִמּוֹ וַתֹּאמֶר אִמּוֹ

הַקְדֵּשׁ הִקְדַּשְׁתִּי↓ אֶת הַכֶּסֶף לַיהוָה מִיָּדִי↓ לִבְנִי↓ לַעֲשׂוֹת פֶּסֶל וּמַסֵּכָה׃

וַיָּשֶׁב אֶת־הַכֶּסֶף לְאִמּוֹ וַתִּקַּח אִמּוֹ מָאתַיִם כֶּסֶף וַתִּתְּנֵהוּ לַצּוֹרֵף

וַיַּעֲשֵׂהוּ פֶּסֶל וּמַסֵּכָה וַיְהִי בְּבֵית מִיכָיְהוּ׃ וְהָאִישׁ מִיכָה לוֹ בֵּית אֱלֹהִים

וַיַּעַשׂ אֵפוֹד וּתְרָפִים וַיְמַלֵּא אֶת־יַד אַחַד מִבָּנָיו וַיְהִי־לוֹ לְכֹהֵן׃

53 Orientierung im Sinngefüge von Texten - Gliedernde Partikeln

53.1 Die Konjunktion וְ (Waw copulativum)

Die Konjunktion וְ ist in ihrer Bedeutung am wenigsten spezifiziert. Sie hat einen viel weiteren Bedeutungsumfang als deutsches „und".

וַיִּקַּח אַבְרָם וְנָחוֹר נָשִׁים שֵׁם אֵשֶׁת־אַבְרָם שָׂרָי (Gen 11,29) וְשֵׁם אֵשֶׁת־נָחוֹר מִלְכָּה	a	Und es nahmen sich Abram und Nachor Frauen: Die Frau Abrams hieß Sarai, <u>und</u> die Frau Nachors hieß Milka.
וְדָוִד הוּא הַקָּטָן וּשְׁלֹשָׁה הַגְּדֹלִים הָלְכוּ אַחֲרֵי שָׁאוּל׃ (1 Sam 17,14)	b	(&) David - er war der Jüngste, (&) die drei Ältesten - sie folgten Saul. David <u>aber</u> war der Jüngste, <u>während</u> die drei Ältesten Saul folgten.

Ebenso, wie deutsches „und" kann auch וְ **gleichartige** Textteile (Wörter, Wortgruppen, Sätze) einfach **reihend** verbinden (a).

Meist aber ist der weitere Bedeutungsumfang von וְ zu bedenken, vor allem, wenn die durch וְ verbundenen Aussagen **nicht gleichartig** sind (b) oder gar zueinander in **Gegensatz** stehen. Besonders zwischen Sätzen muss die Bedeutung von וְ vom **Inhalt** der Sätze her bestimmt werden.

Faustregel

Als Faustregel gilt: **וְ vor Verb verbindet; וְ vor Nicht-Verb trennt.**

Waw vor Nominalsätzen

Die unspezifische Verbindung durch וְ ist vor allem dann gebräuchlich, wenn **Nominalsätze** in ein Gefüge von **Verbalsätzen** eingebettet sind.

וַיִּבְרַח הֲדַד הוּא וַאֲנָשִׁים אֲדֹמִיִּים מֵעַבְדֵי אָבִיו וַהֲדַד נַעַר קָטָֽן׃ (1 Kön 11,17)	c	Da floh Hadad (VS), er und edomitische Männer vom Gefolge seines Vaters. (&) Hadad war ein kleiner Junge (NS). ... als Hadad noch ein kleiner Junge war.
וַיָּבֹאוּ בֵּית־אִשָּׁה זוֹנָה וּשְׁמָהּ רָחָב וַיִּשְׁכְּבוּ־שָֽׁמָּה׃ (Jos 2,1)	d	Und sie kamen ins Haus einer Hure (VS), (&) ihr Name war Rahab (NS). ... die Rahab hieß, und blieben dort.
הָֽבָה־לָּנוּ עֶזְרָת מִצָּר וְשָׁוְא תְּשׁוּעַת אָדָֽם׃ (Ps 60,13)	e	Schaffe uns Hilfe gegen den Feind! (&) Denn vergeblich ist Menschenhilfe. (oder: ... weil Menschenhilfe vergeblich ist.)
כֵּן דֵּעָה חָכְמָה לְנַפְשֶׁךָ אִם מָצָאתָ וְיֵשׁ אַחֲרִית וְתִקְוָתְךָ לֹא תִכָּרֵֽת׃ (Prov 24,14)	f	So ist Wissen, ist Weisheit für dein Leben: Hast du sie gefunden (VS), (& es gibt) so gibt es Zukunft, und deine Hoffnung wird nicht zuschanden.

zeitlicher Hintergrund

Es ist immer die syntaktische Funktion (➔ § 44) und das **inhaltliche** Verhältnis der Verbal- und Nominalsätze zueinander zu beachten: Der Nominalsatz kann als Hintergrundsatz einen Zustand beschreiben, der **vor** oder **während** der Handlung besteht (c): Deutsche Übersetzung mit „während / als / nachdem“.

Beschreibung

Der Nominalsatz kann eine erläuternde Angabe über **Personen** oder **Sachen** des Vordersatzes machen (d): Deutsche Übersetzung mit „wie / als“ oder als Relativsatz.

Kommentar

Der Nominalsatz kann eine **Begründung** enthalten (e); deutsch: „denn / weil“ oder auch (seltener) eine **Folge** angeben, vor allem nach einem voraufgehenden „Wenn“-Satz (f); deutsch: „so / dann / dass“.

Waw vor Verbalsätzen

(Gen 12,1f)	לֶךְ־לְךָ מֵאַרְצְךָ ... וְאֶעֶשְׂךָ לְגוֹי גָּדוֹל וַאֲבָרֶכְךָ וַאֲגַדְּלָה שְׁמֶךָ וֶהְיֵה בְּרָכָה׃	g	Geh du aus deinem Land ... , so (<u>dann</u> / dass) will ich dich zum großen Volk machen und dich segnen und deinen Namen groß machen, <u>damit</u> du ein Segen wirst.
(Num 23,19)	לֹא אִישׁ אֵל וִיכַזֵּב וּבֶן־אָדָם וְיִתְנֶחָם הַהוּא אָמַר וְלֹא יַעֲשֶׂה וְדִבֶּר וְלֹא יְקִימֶנָּה׃	h	Nicht ein Mensch ist Gott, <u>dass</u> er löge, oder ein Menschenkind, <u>dass</u> er (etwas) bereute; hat er gesprochen, ohne <u>dass</u> er handelt, oder geredet, ohne <u>dass</u> er es wahr macht?

final oder konsekutiv

Die folgernde Funktion des Elements Waw als Tempuszeichen (in Perfectum consecutivum und Narrativ) ist in § 48 besprochen worden. Die **folgernde** Funktion des Elements Waw zeigt sich auch vor Verbalsätzen mit **Imperfekt** oder **Imperativ**, vor allem nach subjektiv bestimmten Vordersätzen mit **Aufforderung** (g), **Frage** oder **Verneinung** (h). In diesen Fällen hat der mit Waw angeschlossene Nachsatz konsekutiven oder finalen Sinn (deutsch: „dass / so dass / damit").

53.2 Die Einleitungsformeln וַיְהִי und וְהָיָה

Als Einleitungsformeln stehen diese Verbformen, wenn eine (meist temporale) Umstandsbestimmung oder ein Adverbialsatz einem „Hauptsatz" vorangestellt ist. Der „Hauptsatz" beginnt meist mit dem gleichen Tempus (Narrativ oder Perfectum consecutivum) oder mit einem copulativen Waw.

וַיְהִי

וַיְהִי כַּאֲשֶׁר הִקְרִיב לָבוֹא מִצְרָיְמָה וַיֹּאמֶר אֶל־שָׂרַי אִשְׁתּוֹ הִנֵּה־נָא יָדַעְתִּי כִּי אִשָּׁה יְפַת־מַרְאֶה אָתְּ׃ וְהָיָה כִּי־יִרְאוּ אֹתָךְ הַמִּצְרִים וְאָמְרוּ אִשְׁתּוֹ זֹאת וְהָרְגוּ אֹתִי וְאֹתָךְ יְחַיּוּ׃ אִמְרִי־נָא אֲחֹתִי אָתְּ ...	a	(Und es geschah) Als er näher an Ägypten herankam, sagte er zu seiner Frau Sarai: „Gib nur acht: Ich weiß, dass du eine sehr schöne Frau bist. (So wird es geschehen:) Wenn dich die Ägypter sehen, dann werden sie sagen: 'Das ist seine Frau!' Dann bringen sie mich um, aber dich lassen sie leben.Sag doch, du seiest meine Schwester!"
וַיְהִי כְּבוֹא אַבְרָם מִצְרָיְמָה וַיִּרְאוּ הַמִּצְרִים אֶת־הָאִשָּׁה כִּי־יָפָה הִיא מְאֹד׃ (Gen 12,11 ff)		(Und es geschah beim Kommen) Als nun Abram in Ägypten ankam, da sahen die Ägypter, dass die Frau sehr schön war.
וַיְהִי אַחַר הַדְּבָרִים הָאֵלֶּה וְהָאֱלֹהִים נִסָּה אֶת־אַבְרָהָם וַיֹּאמֶר ... (Gen 22,1)	b	(Und es geschah) Nach diesen Begebenheiten - (&) Gott versuchte Abraham - da sprach er: ...
וַיְהִי הֵם יֹשְׁבִים אֶל־הַשֻּׁלְחָן וַיְהִי דְּבַר־יְהוָה אֶל־הַנָּבִיא (1 Kön 13,20)	c	(Und es geschah: Sie sitzend bei Tisch) Als sie eben bei Tisch saßen, da erging das Wort JHWHs an den Propheten.

Zeitbestimmung

In erzählendem Kontext steht sehr oft nach einleitendem וַיְהִי eine Zeitbestimmung. Eine solche vorgeschobene Zeitbestimmung kann formuliert sein:

als Nebensatz (a, erste Zeile),
als Infinitiv mit Präposition (a, drittletzte Zeile) - meist mit בְּ oder כְּ,
als Nominalgruppe mit Präposition (b)
oder als Nominalsatz (c).

Wenn nach dem וַיְהִי nicht mit Narrativ, sondern z.B. (wie in Text b) mit einem Nominalsatz fortgefahren wird, ist die eigentliche Erzählebene noch nicht erreicht. Die muss mit einem Narrativ beginnen (➔ § 54.2).

וְהָיָה

וְהָיָה כִּי־תָבוֹא אֶל־הָאָרֶץ אֲשֶׁר יְהוָה אֱלֹהֶיךָ נֹתֵן לְךָ נַחֲלָה וִירִשְׁתָּהּ וְיָשַׁבְתָּ בָּהּ׃ וְלָקַחְתָּ מֵרֵאשִׁית כָּל־פְּרִי הָאֲדָמָה ... (Dtn 26,1 f)	d	(So wird es sein) wenn du hineinkommst in das Land, das JHWH, dein Gott, dir gibt als Erbteil, und es in Besitz nimmst und darin wohnst, dann wirst du nehmen von den Erstlingen jeder Feldfrucht ...
וְהָיָה בַּיּוֹם הַהוּא שֹׁרֶשׁ יִשַׁי אֲשֶׁר עֹמֵד לְנֵס עַמִּים אֵלָיו גּוֹיִם יִדְרֹשׁוּ וְהָיְתָה מְנֻחָתוֹ כָּבוֹד׃ (Jes 11,10)	e	(So wird es sein) an dem Tag - die Wurzel Isais, die dasteht als Panier der Völker, zu ihr werden die Heiden fragend kommen; - dann wird seine Ruhestatt herrlich sein.

vor „Wenn“-Sätzen

In den Dialogpartien der Erzählungen und in anderen besprechenden Texten begegnet die וְהָיָה-Einleitung. Sie kann vor einem vorangestellten **Bedingungssatz** mit אִם oder כִּי oder einem **temporalen** „Wenn“-Satz stehen (a, Zeile 4 und d).

Wo beginnt der „Hauptsatz“?

Nach einem Vordersatz mit וְהָיָה beginnt der **Nachsatz** in der Regel mit einem **Perfectum consecutivum** (a). Das ist nicht immer das erste Perfectum consecutivum, das auftritt (d). Wo der Nachsatz einsetzt, muss aus dem Inhalt der Sätze hervorgehen. Es können auch Verbalsätze mit Imperfekt oder Imperativ als „Hauptsätze“ auftreten. Ein **Nominalsatz** - mit oder ohne Waw - gehört in der Regel noch zum **Vorfeld** und nicht zum „Hauptsatz“ (e).

In Prophetentexten, besonders in Jesaja 1 - 39, bei Jeremia und Sacharja, findet man oft die Einleitungsformel וְהָיָה בַּיּוֹם הַהוּא „So geschieht es an jenem Tag“ (e).

Zur textgliedernden Funktion dieser Formeln als makrosyntaktische Zeichen ➔ § 54.

53.3 Die Partikel כִּי

*כִּי weist **bekräftigend** auf eine Tatsache hin; das ist die Grundfunktion.*

Grundbedeutung: „ja / fürwahr“

וַיִּקְרָא אֲבִימֶלֶךְ לְיִצְחָק וַיֹּאמֶר אַךְ הִנֵּה אִשְׁתְּךָ הִיא וְאֵיךְ אָמַרְתָּ אֲחֹתִי הִיא וַיֹּאמֶר אֵלָיו יִצְחָק כִּי אָמַרְתִּי פֶּן־אָמוּת עָלֶיהָ׃ (Gen 26,9)	a	Abimelech ließ Isaak rufen und sagte: „Das ist doch deine Frau! Wieso hast du gesagt: ‘Meine Schwester ist sie.’“? Und Isaak sagte zu ihm: „<u>Ja</u>, ich habe es gesagt, damit ich nicht ihretwegen sterben muss.“
וַתְּכַחֵשׁ שָׂרָה לֵאמֹר לֹא צָחַקְתִּי כִּי יָרֵאָה וַיֹּאמֶר לֹא כִּי צָחָקְתְּ׃ (Gen 18,15)	b	Sara stritt es ab: „Ich habe nicht gelacht.“ <u>Denn</u> sie fürchtete sich. Darauf sagte er: „Nein! Du hast <u>doch</u> gelacht.“
וַיֹּאמֶר הִנֶּה נָּא אֲדֹנַי סוּרוּ נָא אֶל־בֵּית עַבְדְּכֶם וְלִינוּ ... וַיֹּאמְרוּ לֹּא כִּי בָרְחוֹב נָלִין׃ (Gen 19,2)	c	Er sagte: „Ach bitte, meine Herren, kehrt doch ein im Haus eures Sklaven, und bleibt über Nacht ... !“ Sie sagten: „Nein! <u>vielmehr</u> schlafen wir im Freien.“
וַתֹּאמַרְנָה־לָּהּ כִּי־אִתָּךְ נָשׁוּב לְעַמֵּךְ׃ (Rut 1,10)	d	Sie sagten zu ihr: „<u>Fürwahr</u>! Mit dir kehren wir zu deinem Volk zurück.“

Schwursatz

וַיֹּאמֶר [דָּוִד] אֶל־נָתָן חַי־יְהוָה כִּי בֶן־מָוֶת הָאִישׁ הָעֹשֶׂה זֹאת׃ (2 Sam 12,5)	e	Und (David) sagte zu Natan: „Beim Leben JHWHs - <u>Fürwahr</u>! Des Todes ist der Mann, der das getan hat.“

Wenn כִּי nach einem **negativen** Satz steht (b, c), braucht man in der deutschen Übersetzung eine adversative Partikel: „doch / sondern“. Zum ersten כִּי im Textbeispiel b ➔ unten zu h.

Als bekräftigende Partikel kann כִּי eine wörtliche Rede einleiten (d). Auch im **Schwursatz** (e) dient כִּי zur Bekräftigung. (Zum Schwursatz mit אִם ➔ § 53.5.)

Subjekt- und Objektsätze

(Gen 37,26)	וַיֹּאמֶר יְהוּדָה אֶל־אֶחָיו מַה־בֶּצַע כִּי נַהֲרֹג אֶת־אָחִינוּ	f	Juda sagte zu seinen Brüdern: (Was ist Gewinn?) „Was haben wir davon, dass wir unsern Bruder töten?“
(Gen 1,10)	וַיַּרְא אֱלֹהִים כִּי־טוֹב׃	g	Und Gott sah: Ja, es war gut. (= dass es gut war)

Wenn der mit כִּי eingeleitete Nachsatz als Subjekt (f) oder Objekt (g) zum Vordersatz zu verstehen ist, kann כִּי als **Konjunktion** aufgefasst und im Deutschen ein abhängiger „**Dass**“-Satz gebildet werden.

Adverbialsätze

(Gen 3,14)	וַיֹּאמֶר אֱלֹהִים אֶל־הַנָּחָשׁ כִּי עָשִׂיתָ זֹּאת אָרוּר אַתָּה	h	Gott sagte zur Schlange: (Ja, du hast dies getan) „Weil du dies getan hast, bist du verflucht.“
(Ps 6,3)	חָנֵּנִי יְהוָה כִּי אֻמְלַל אָנִי	i	Erbarme dich mein, JHWH, (ja, betrübt bin ich) denn ich bin betrübt.
(Hos 11,1)	כִּי נַעַר יִשְׂרָאֵל וָאֹהֲבֵהוּ	j	(Ja, ein Junge war Israel) Als Israel jung war, gewann ich es lieb.
(Ex 21,2)	כִּי תִקְנֶה עֶבֶד עִבְרִי שֵׁשׁ שָׁנִים יַעֲבֹד	k	(Das ist so: Du kaufst ...) Wenn du einen hebräischen Sklaven kaufst: - sechs Jahre bleibt er Sklave!

Die Tatsache, auf die כִּי hinweist, kann als **adverbiale** Erläuterung dienen, und es ist der **Inhalt** des כִּי-Satzes daraufhin zu prüfen, ob er

Begründung

eine Begründung enthält (b, h, i); deutsch: **Kausalsatz** mit „da / weil“ oder Satz mit „denn“; - ein solcher כִּי-Satz kann auch voranstehen (h).

Zeitangabe
Bedingung

Der כִּי-Satz kann auch eine Zeitangabe machen (j); deutsch: **Temporalsatz** mit „wenn / als / nachdem“ oder eine Bedingung einführen (k); deutsch: **Bedingungssatz** mit „falls / wenn“.

Für das erste Verständnis des Zusammenhangs ist immer die Grundbedeutung: Bekräftigung („**ja / fürwahr / so ist's**“) anwendbar.

53.4 Die Partikel אֲשֶׁר

*אֲשֶׁר weist auf eine **Tatsache** hin, die mit dem Vorhergehenden in sehr **enger Verbindung** steht (deutsch: „nämlich, dass / die Tatsache, dass / wie“).*

Grundfunktion: „Die Tatsache, dass“

וְדִבַּרְתִּי מִשְׁפָּטַי אוֹתָם עַל כָּל־רָעָתָם אֲשֶׁר עֲזָבוּנִי וַיְקַטְּרוּ לֵאלֹהִים אֲחֵרִים (Jer 1,16)	a	Und ich werde meine Urteile über sie sprechen wegen all ihrer Bosheit, nämlich, dass sie mich verlassen und anderen Göttern geräuchert haben.

Darum steht אֲשֶׁר fast ausschließlich **im Nachsatz**. Wenn der אֲשֶׁר-Satz dem „Hauptsatz“ vorausgeht (➔ unten Textbeispiel k), so ist das vermutlich eine **Ausweitung** des Gebrauchs auf Fälle, die sonst von anderen Konjunktionen (כִּי oder אִם) wahrgenommen werden.

Relativsatz

זֹאת הָרָעָה | אֲשֶׁר | עָשָׂה הֲדָד (1 Kön 11,25)	b	Dies ist das Böse / אֲשֶׁר / Hadad hat es getan. = Dies ist das Böse, das Hadad getan hat.
וַיֵּלֶךְ אַבְרָם אֶל־הַמָּקוֹם | אֲשֶׁר | הָיָה שָׁם אָהֳלוֹ (Gen 13,2)	c	Abram ging an den Ort / אֲשֶׁר / es war dort sein Zelt. = Abram ging an den Ort, wo sein Zelt gewesen war.

Am häufigsten ist der Gebrauch von אֲשֶׁר vor **Relativsätzen**. Dabei ist אֲשֶׁר kein Relativpronomen. Es zeigt die Verbindung zweier Sätze an, stellt diese aber nicht dar, es **verweist nicht**, wie im Deutschen, direkt auf ein Nomen **zurück**. Der auf אֲשֶׁר folgende Satz ist grundsätzlich als ein **selbständiger** Satz aufzufassen. Ein אֲשֶׁר-Satz als Erläuterung (Attribut) zu einem Nomen des voraufgehenden Satzes wird durch einen deutschen Relativsatz wiedergegeben. Im **Normalfall** tritt das deutsche Relativpronomen an die Stelle des אֲשֶׁר (b).

Im Attributsatz kann durch ein Adverb oder ein **Pronomen** oder **Suffix** auf das Beziehungswort **zurückverwiesen** werden (c: שָׁם verweist zurück auf הַמָּקוֹם.) Dann muss der Rückverweis in der deutschen Übersetzung ins Relativum aufgenommen werden und darf **nicht zweimal** auftreten.

In der gleichen Funktion wie אֲשֶׁר kann auch das Relativum שֶׁ (➔ § 13.2) gebraucht werden.

אֲשֶׁר mit Präpositionen

אֵינֶנּוּ גָדוֹל בַּבַּיִת הַזֶּה מִמֶּנִּי וְלֹא־חָשַׂךְ מִמֶּנִּי מְאוּמָה כִּי אִם־אוֹתָךְ בַּאֲשֶׁר אַתְּ־אִשְׁתּוֹ (Gen 39,9)	d	Er ist nicht mächtiger in diesem Haus als ich, und er hat mir nichts vorenthalten außer dir, (wegen der Tatsache, dass) <u>weil</u> du seine Frau bist.
וַיְהִי כַּאֲשֶׁר הִקְרִיב לָבוֹא מִצְרָיְמָה וַיֹּאמֶר אֶל־שָׂרַי אִשְׁתּוֹ ... (Gen 12,11)	e	(Und es geschah gemäß der Tatsache, dass) <u>Als</u> er näher an Ägypten herankam, sagte er zu Sarai, seiner Frau: ...
וַיֹּאמְרוּ כֵּן תַּעֲשֶׂה כַּאֲשֶׁר דִּבַּרְתָּ׃ (Gen 18,5)	f	Sie sagten: „So magst du tun, (wie die Tatsache, dass) <u>wie</u> du es vorgeschlagen hast.“
מֵאֲשֶׁר יָקַרְתָּ בְעֵינַי נִכְבַּדְתָּ וַאֲנִי אֲהַבְתִּיךָ וְאֶתֵּן אָדָם תַּחְתֶּיךָ (Jes 43,4)	g	(Von der Tatsache her, dass) <u>Da</u> du teuer bist in meinen Augen, wert geachtet, ich dich auch lieb habe, so will ich Länder für dich hingeben.

Durch die Verbindung mit einer Präposition wird אֲשֶׁר zur Konjunktion. Die **Bedeutung** der Konjunktion ergibt sich aus der Bedeutung der **Präposition** (d - g).

אֲשֶׁר als Konjunktion

וַיָּמָת בֶּן־הָאִשָּׁה הַזֹּאת לָיְלָה אֲשֶׁר שָׁכְבָה עָלָיו׃ (1 Kön 3,19)	h	Es starb der Sohn dieser Frau in der Nacht, <u>weil</u> sie sich auf ihn gelegt hatte.
הִנֵּה נָתַתִּי לְךָ לֵב חָכָם וְנָבוֹן אֲשֶׁר כָּמוֹךָ לֹא הָיָה לְפָנֶיךָ וְאַחֲרֶיךָ לֹא יָקוּם כָּמוֹךָ׃ (1 Kön 3,12)	i	Siehe, hiermit gebe ich dir ein (so) weises und verständiges Herz, <u>dass</u> es wie dich keinen vor dir gegeben hat und nach dir keiner wie du auftreten wird.

וְשָׁמַרְתָּ֙ אֶת־חֻקָּ֤יו ... אֲשֶׁר֙ יִיטַ֣ב לְךָ֔ וּלְבָנֶ֖יךָ אַחֲרֶ֑יךָ (Dtn 4,40)	j	... und sollst seine Satzungen halten, ... damit es dir und deinen Söhnen nach dir gut geht.

Auch ohne Präpositionen kann אֲשֶׁר als Konjunktion gebraucht sein, und zwar begründend (h), als Folge- (i) oder als Absichtssatz (j).

וַיֹּ֛אמֶר אֶל־בְּנֵ֥י יִשְׂרָאֵ֖ל לֵאמֹ֑ר אֲשֶׁר֩ יִשְׁאָל֨וּן בְּנֵיכֶ֤ם מָחָר֙ אֶת־אֲבוֹתָ֔ם לֵאמֹ֕ר מָ֖ה הָאֲבָנִ֥ים הָאֵֽלֶּה (Jos 4,21 f) ... וְהוֹדַעְתֶּ֖ם אֶת־בְּנֵיכֶ֣ם לֵאמֹ֑ר	k	Er sagte zu den Israeliten: „Wenn in Zukunft eure Söhne ihre Väter fragen: 'Was bedeuten diese Steine?', so sollt ihr sie folgendermaßen belehren: ..."
וַיַּ֣רְא שָׁא֔וּל אֲשֶׁר־ה֖וּא מַשְׂכִּ֣יל מְאֹ֑ד (1 Sam 18,15)	l	Da sah Saul, dass jener viel Glück hatte.
וַיֹּ֨אמֶר שָׁא֜וּל אֶל־שְׁמוּאֵ֗ל אֲשֶׁ֤ר שָׁמַ֙עְתִּי֙ בְּק֣וֹל יְהוָ֔ה וָאֵלֵ֕ךְ בַּדֶּ֖רֶךְ (1 Sam 15,20) אֲשֶׁר־שְׁלָחַ֣נִי יְהוָ֑ה	m	Saul sagte zu Samuel: „( ) Ich habe auf die Stimme JHWHs gehört und bin den Weg gegangen, auf den JHWH mich geschickt hatte."

Seltener kann אֲשֶׁר - neben כִּי - konditional (k) deutsch: „wenn", vor Objektsatz (l) deutsch: „dass" und vor direkter Rede (m) gebraucht werden.

Faustregeln

Relativsatz: Hilfsübersetzung „ ... **wovon gilt**, dass".

Konjunktionalsatz: Hilfsübersetzung „ ... wobei das **Faktum** besteht, dass". Aus dem inhaltlichen Verhältnis der Sätze ergibt es sich, welche deutsche Konjunktion zu wählen ist.

53.5 Die Partikel אִם

Grundbedeutung: Voraussetzung

Mit אִם wird auf eine Voraussetzung hingewiesen.

(Prov 9,12)	אִם חָכַמְתָּ חָכַמְתָּ לָּךְ וְלַצְתָּ לְבַדְּךָ תִשָּׂא׃	a	Wenn du weise bist, bist du weise für dich selbst; aber als Spötter trägst du's allein.
(Gen 13,16)	אִם יוּכַל אִישׁ לִמְנוֹת אֶת־עֲפַר הָאָרֶץ גַּם־זַרְעֲךָ יִמָּנֶה׃	b	(Angenommen, jemand kann den Staub der Erde zählen: - auch dein Same wird gezählt) Wenn jemand den Staub der Erde zählen könnte, dann könnte man auch deinen Samen zählen.
(Ijob 9,15)	אִם צָדַקְתִּי לֹא אֶעֱנֶה לִמְשֹׁפְטִי אֶתְחַנָּן׃	c	Wenn ich (auch) im Recht wäre, ich könnte nicht antworten. Zu meinem Richter müßte ich flehen.
(Ps 81,9)	יִשְׂרָאֵל אִם־תִּשְׁמַע־לִי׃	d	Israel! Wenn du (doch) auf mich hörtest!

Bedingung

Die Voraussetzung kann als Bedingung gelten (a, b) deutsch: „**wenn**“. Ob die Bedingung **real** (a) oder **irreal** (b) gemeint ist, kann nur aus dem **Zusammenhang** erschlossen werden (➔ § 51).

Gegensatz

Die Voraussetzung kann im Gegensatz stehen (c) zum Inhalt des folgenden Satzes (**konzessiv**); deutsch „**obwohl** / wenn auch“.

Wunsch- und Fragesätze

Die Voraussetzung kann schließlich auch allein stehen und als Wunsch gemeint sein (d); deutsch: „**wenn doch** / wenn nur“.
Eine **hypothetische** Voraussetzung kann auch als **Frage** gemeint sein (e - g).

(2 Kön 1,2)	וַיִּשְׁלַח מַלְאָכִים וַיֹּאמֶר אֲלֵהֶם לְכוּ דִרְשׁוּ בְּבַעַל זְבוּב אֱלֹהֵי עֶקְרוֹן אִם־אֶחְיֶה מֵחֳלִי זֶה׃	e	Er schickte Boten aus und sagte zu ihnen: „Geht, befragt Baal-Sebub, den Gott von Ekron, (angenommen, ich werde ...) ob ich gesund werde von diesem meinem Leiden.“

(Jos 5,13)	וַיֵּלֶךְ יְהוֹשֻׁעַ אֵלָיו וַיֹּאמֶר לוֹ הֲלָנוּ אַתָּה אִם־לְצָרֵינוּ׃	f	Josua ging auf ihn zu und fragte ihn: „Gehörst du zu uns? (einmal angenommen:) oder zu unseren Feinden?“
(Gen 38,17)	וַיֹּאמֶר אָנֹכִי אֲשַׁלַּח לְךָ גְּדִי־עִזִּים מִן־ הַצֹּאן וַתֹּאמֶר אִם־תִּתֵּן עֵרָבוֹן עַד שָׁלְחֶךָ׃	g	Er sagte: „Ich selbst schicke dir ein Ziegenböckchen aus der Herde.“ Sie sagte: (Angenommen, du gibst ... / Wie wäre es, wenn du ...) „Gibst du mir ein Pfand, bis du es schickst?“

Es kommen vor: **Indirekte** Fragesätze (e) deutsch. „ob“, אִם vor dem zweiten Glied einer **Doppelfrage** (f) deutsch: „oder“, und elliptische Sätze, bei denen das erste Glied einer Doppelfrage nicht artikuliert ist (g): אִם vor einem einfachen **direkten** Fragesatz. (Zum Fragesatz → auch § 51.3.)

Schwursätze

(1 Sam 3,17)	כֹּה יַעֲשֶׂה לְּךָ אֱלֹהִים וְכֹה יוֹסִיף אִם־תְּכַחֵד מִמֶּנִּי דָּבָר מִכָּל־הַדָּבָר אֲשֶׁר־דִּבֶּר אֵלֶיךָ׃	h	Gott tut dir dies und das. (wenn du mir irgendetwas verhehlen solltest) Verhehle mir nichts von der ganzen Rede, die er dir gehalten hat!
(Gen 42,15)	חֵי פַרְעֹה אִם תֵּצְאוּ מִזֶּה	i	Beim Leben Pharaos: (Ich will verflucht sein, wenn ...) Ihr kommt nicht hier heraus!

mit אִם negativ

Eine **hypothetische** Voraussetzung wird auch im **Schwur** gemacht (h). Wenn eine Selbstverfluchung **verschwiegen** wird, weil sie sich aus der Redeform des Schwurs von selbst versteht (i), muss dieser **elliptische** Schwursatz mit אִם als ein **negativer** Satz aufgefasst werden. Ein positiver Schwursatz wird entsprechend mit אִם לֹא eingeleitet.

Faustregel

Zur Übersetzung: In den allermeisten Fällen entspricht der Gebrauch von אִם deutschem **„wenn“**. In den Fällen von Frage- und Schwursätzen kann man jeweils an anderen Zeichen im sprachlichen Kontext erkennen, ob es sich um Fragen oder Schwüre handelt.

54 Orientierung im Sinngefüge von Texten - Makrosyntaktische Signale

Makrosyntaktische Signale sind Wörter und Wendungen, mit denen die Großgliederung von Texten markiert wird. [1] *Sprecher setzen solche Signale ein, um Hörer auf Anfang, Übergänge, Höhepunkte und Schluß der Rede aufmerksam zu machen.*

Wenn auch eigentlich die gesprochene Sprache (Umgangssprache) der Bereich solcher makrosyntaktischen Zeichen ist, kann man ihre Wirkungsweise doch auch noch in der literarisch geformten Sprachform der Hebräischen Bibel beobachten, vor allem in besprechenden Kontexten.

54.1 Eröffnungs- und Übergangssignale im Dialog

וְהִנֵּה, הִנֵּה, הֵן, וְעַתָּה

וַיֹּאמֶר אַבְרָם הֵן לִי לֹא נָתַתָּה זָרַע וְהִנֵּה בֶן־בֵּיתִי יוֹרֵשׁ אֹתִי׃ (Gen 15,3)	a	Abram sagte: „Siehe, mir hast du keine Nachkommen gegeben. (Und siehe) Also wird mich nun einer vom Gesinde beerben.“
וַיֹּאמֶר יְהוָה אֱלֹהִים הֵן הָאָדָם הָיָה כְּאַחַד מִמֶּנּוּ לָדַעַת טוֹב וָרָע וְעַתָּה פֶּן־יִשְׁלַח יָדוֹ וְלָקַח גַּם מֵעֵץ הַחַיִּים וְאָכַל וָחַי לְעֹלָם׃ (Gen 3,22)	b	Da sagte JHWH Gott: „(Siehe) Jetzt ist ja der Mensch geworden wie unsereiner, dass er weiß, was gut und böse ist. (Und jetzt) Doch soll er nicht auch noch die Hand ausstrecken und vom Baum des Lebens pflücken und essen und unsterblich werden!“

[1] Solche Wendungen sind in der deutschen Umgangssprache z.B.: „also“, „so!“, „also, wie gesagt“, „also wissen Sie!“, „nicht wahr?“, „nein, wirklich!“, „pass auf!“; hinzu kommen Pausen, Satzbetonung und Stimmführung.

וַיֹּאמֶר [יִצְחָק] הִנֵּה־נָא זָקַנְתִּי לֹא יָדַעְתִּי יוֹם מוֹתִי׃ וְעַתָּה שָׂא־נָא כֵלֶיךָ תֶּלְיְךָ וְקַשְׁתֶּךָ וְצֵא הַשָּׂדֶה וְצוּדָה לִּי צָיִד׃ (Gen 27,2 f)	c	(Isaak) sagte: (Siehe doch) „Also weißt du, ich bin alt; ich weiß nicht, wann ich sterben muss. (Und jetzt) Nun gib acht! Nimm deine Jagdgeräte, deinen Köcher und Bogen, geh hinaus aufs Feld und jage mir ein Wild!“

Eröffnung

Als Eröffnungssignal markiert הֵן bzw. הִנֵּה den **Auftakt** der Rede;[1] danach leitet bald וְהִנֵּה (a) oder וְעַתָּה (b, c) zum **Hauptpunkt** der Rede über. Der semantische Charakter eines „Zeitadverbs“ ist bei עַתָּה in diesen Fällen kaum noch deutlich.

וַיִּשְׁלַח מֹשֶׁה מַלְאָכִים מִקָּדֵשׁ אֶל־מֶלֶךְ אֱדוֹם כֹּה אָמַר אָחִיךָ יִשְׂרָאֵל אַתָּה יָדַעְתָּ אֵת כָּל־הַתְּלָאָה אֲשֶׁר מְצָאָתְנוּ׃ וַיֵּרְדוּ אֲבֹתֵינוּ מִצְרַיְמָה וַנֵּשֶׁב בְּמִצְרַיִם ... וַיֹּצִאֵנוּ [יי] מִמִּצְרָיִם ... וְהִנֵּה אֲנַחְנוּ בְקָדֵשׁ עִיר קְצֵה גְבוּלֶךָ׃ נַעְבְּרָה־נָּא בְאַרְצֶךָ (Num 20,14 ff)	d	Mose schickte Boten aus Kadesch zum König von Edom: „So spricht dein Bruder Israel: Du kennst selbst alle Leiden, die uns betroffen haben: Es zogen unsere Väter hinab nach Ägypten, und wir lebten in Ägypten, ... und (JHWH) führte uns aus Ägypten hinaus. ... (Und siehe) Also: Wir sind jetzt in Kadesch, einer Stadt am Rande deines Gebiets. Nun möchten wir gerne durch dein Land ziehen.“
וַיֵּצֵא הָרוּחַ וַיַּעֲמֹד לִפְנֵי יְהוָה וַיֹּאמֶר אֲנִי אֲפַתֶּנּוּ וַיֹּאמֶר יְהוָה אֵלָיו בַּמָּה׃ וַיֹּאמֶר אֵצֵא וְהָיִיתִי רוּחַ שֶׁקֶר בְּפִי כָּל־ נְבִיאָיו וַיֹּאמֶר תְּפַתֶּה וְגַם־תּוּכָל צֵא וַעֲשֵׂה־כֵן׃	e	Da trat der Geist vor , stellte sich vor JHWH und sagte: „Ich will ihn betören.“ JHWH sagte zu ihm: „Womit?“ Er sagte: „Ich gehe hin und werde zum Lügengeist im Mund aller seiner Propheten.“ Und er sagte: „Du sollst ihn betören, und

[1] הִנֵּה wird im Lexikon von Köhler / Baumgartner, 2. Auflage zutreffend als „meist unterbrechender Aufmerksamkeitserreger“ beschrieben.

וְעַתָּה הִנֵּה נָתַן יְהוָה רוּחַ שֶׁקֶר בְּפִי כָּל־ נְבִיאֶיךָ אֵלֶּה וַיהוָה דִּבֶּר עָלֶיךָ רָעָה׃ (1 Kön 22,21-23)		es wird dir auch gelingen. Geh und tu's!" (Und jetzt, siehe) <u>Also, damit ihr es wisst</u>: JHWH hat allen deinen Propheten hier einen Lügengeist in den Mund gelegt. Wo doch JHWH Unheil über dich angesagt hat.
וַיֹּאמֶר אֲלֵיהֶם יוֹסֵף אַל־תִּירָאוּ כִּי הֲתַחַת אֱלֹהִים אָנִי׃ וְאַתֶּם חֲשַׁבְתֶּם עָלַי רָעָה אֱלֹהִים חֲשָׁבָהּ לְטוֹבָה לְמַעַן עֲשֹׂה כַּיּוֹם הַזֶּה לְהַחֲיוֹת עַם־רָב׃ וְעַתָּה אַל־תִּירָאוּ אָנֹכִי אֲכַלְכֵּל אֶתְכֶם וְאֶת־טַפְּכֶם וַיְנַחֵם אוֹתָם וַיְדַבֵּר עַל־לִבָּם׃ (Gen 50, 19-21)	f	Josef sagte zu ihnen: „Fürchtet euch nicht! Nein! Bin ich denn etwa an Gottes Statt? Zwar: Ihr habt Böses mit mir vorgehabt; Gott hatte vor, es gut zu machen, um zu tun, was jetzt zutage liegt, nämlich ein großes Volk am Leben zu erhalten. <u>Also bitte!</u> Fürchtet euch nicht! Ich selbst bin es, der eure Frauen und Kinder versorgt." So tröstete er sie und redete ihnen zu Herzen.

Übergang

Als Übergangssignal erscheint וְהִנֵּה (wie וְעַתָּה), wenn die Rede nach einer **Unterbrechung** auf ihr eigentliches **Ziel** zusteuert (d). Dabei können וְעַתָּה und וְהִנֵּה auch **zusammen** auftreten und dienen z.B. in 1 Kön 22 (e) dazu, eine soeben abgeschlossene Erzählung mit besonderem **Nachdruck** auf die **Situation** anzuwenden und zu deuten. Auf וְעַתָּה als Eröffnungs- und Übergangssignal folgt meist eine Aufforderung (f, ➔ auch oben, Texte b und c).

Die Einleitungsformel וְהָיָה (➔ § 53.2) hat nur selten makrosyntaktische Funktion. Meist dient sie zur Gliederung kleinerer Einheiten, z.B. zweier Sätze.

שִׁמְעוּ דְבַר־יְהוָה קְצִינֵי סְדֹם הַאֲזִינוּ תּוֹרַת אֱלֹהֵינוּ עַם עֲמֹרָה׃ (Jes 1,10)	g	Hört JHWHs Wort, Sodom-Fürsten! Horcht auf die Weisung Gottes, Gomorrha-Volk!

Der Imperativ von שׁמע steht als Appell zur Aufmerksamkeit und Gattungsmerkmal vor dem prophetischen Scheltwort (g - ein Beispiel für prosaische Verwendung ➔ § 48.6, Text c).

Rede-Eröffnungen

אָז תָּבֹאנָה שְׁתַּיִם נָשִׁים זֹנוֹת אֶל־הַמֶּלֶךְ וַתַּעֲמֹדְנָה לְפָנָיו׃ וַתֹּאמֶר הָאִשָּׁה הָאַחַת בִּי אֲדֹנִי אֲנִי וְהָאִשָּׁה הַזֹּאת יֹשְׁבֹת בְּבַיִת אֶחָד וָאֵלֵד עִמָּהּ בַּבָּיִת׃ ... (1 Kön 3,16 f)	h	Einmal kamen zwei Huren zum König und traten vor ihn. Die eine Frau sagte: „(Ach, mein Herr) Mit Verlaub, Majestät, ich und diese Frau hier, wir wohnen in einem Haus, und ich bekam ein Kind bei ihr im Haus."
וַיִּשְׁלַח שְׁלֹמֹה אֶל־חִירָם לֵאמֹר׃ אַתָּה יָדַעְתָּ אֶת־דָּוִד אָבִי כִּי לֹא יָכֹל לִבְנוֹת בַּיִת לְשֵׁם יְהוָה אֱלֹהָיו מִפְּנֵי הַמִּלְחָמָה אֲשֶׁר סְבָבֻהוּ עַד תֵּת־יְהוָה אֹתָם תַּחַת כַּפּוֹת רַגְלָי׃ וְעַתָּה הֵנִיחַ יְהוָה אֱלֹהַי לִי מִסָּבִיב אֵין שָׂטָן וְאֵין פֶּגַע רָע׃ וְהִנְנִי אֹמֵר לִבְנוֹת בַּיִת לְשֵׁם יְהוָה אֱלֹהָי כַּאֲשֶׁר דִּבֶּר יְהוָה אֶל־דָּוִד אָבִי ... וְעַתָּה צַוֵּה וְיִכְרְתוּ־לִי אֲרָזִים מִן־ הַלְּבָנוֹן (1 Kön 5,16 ff)	i	Salomo schickte an Hiram folgende Botschaft: „Du weißt (ja wohl), dass mein Vater David dem Namen seines Gottes JHWH kein Haus hat bauen können wegen des (ständigen) Kampfes, in den sie ihn von allen Seiten verwickelt hatten, bis JHWH sie mir unter die Füße legte. Nun aber hat mir mein Gott JHWH ringsum Ruhe verschafft. Es gibt keinen Widersacher mehr und keine Schwierigkeit. (Und siehe, ich) Wisse also, dass ich mich mit dem Gedanken trage, dem Namen meines Gottes JHWH ein Haus zu bauen, wie JHWH es meinem Vater David befohlen hatte. ... (Und nun) Also bitte: Gib Befehl, dass man mir Zedern vom Libanon schlägt."

In die Kategorie der Eröffnungssignale gehört auch die Floskel בִּי אֲדֹנִי, die eine Rede an einen Höhergestellten einleitet und die Unterwerfung des Sprechers anzeigt (h).

Als Eröffnungssignal kann auch der Nominalsatz (ZNS) אַתָּה יָדַעְתָּ verwendet werden (i), wenn der Sprecher zu einer Orientierung über den Informationsstand des Partners ausholt.

Im Übrigen zeigt der Textabschnitt aus 1 Kön 5 (i) noch einmal die Verwendung von וְהִנֵּה und וְעַתָּה als Übergangssignale. In Zeile 6 (... וְעַתָּה הֵנִיחַ) dagegen scheint וְעַתָּה noch mehr den Charakter eines Zeitadverbs zu haben.

54.2 Anfänge von Erzählungen

Es gibt im Biblischen Hebräisch vier Typen von Erzählungs-Eröffnungen:

וַיֵּלֶךְ אִישׁ מִבֵּית לֵוִי וַיִּקַּח אֶת־בַּת־לֵוִי׃ וַתַּהַר הָאִשָּׁה וַתֵּלֶד בֵּן ... (Ex 2,1 f)	a	Es ging ein Mann vom Haus Levi und nahm die Tochter Levis. Und die Frau wurde schwanger und gebar einen Sohn ...
וּמֹשֶׁה הָיָה רֹעֶה אֶת־צֹאן יִתְרוֹ ... וַיִּנְהַג אֶת־הַצֹּאן אַחַר הַמִּדְבָּר (Ex 3,1) וַיָּבֹא אֶל־הַר הָאֱלֹהִים חֹרֵבָה׃	b	(&) Mose war Hüter des Viehs von Jitro... Er trieb das Vieh durch die Wüste und kam zum Gottesberg Horeb.
בָּעֵת הַהִיא חָלָה אֲבִיָּה בֶן־יָרָבְעָם׃ וַיֹּאמֶר יָרָבְעָם לְאִשְׁתּוֹ ... (1 Kön 14,1 f)	c	Zu der Zeit wurde Abijah, der Sohn Jerobeams, krank. (als zu der Zeit [einmal] A., der Sohn J.s, krank wurde,) Da sagte Jerobeam zu seiner Frau: ...
וַיְהִי בָּעֵת הַהִיא וַיֵּרֶד יְהוּדָה מֵאֵת אֶחָיו וַיֵּט עַד־אִישׁ עֲדֻלָּמִי וּשְׁמוֹ חִירָה׃ (Gen 38,1)	d	(Und es geschah) Zu der Zeit einmal (dass ... ging) ging Juda hinab, weg von seiner Familie, und schloss sich einem Mann aus Adullam namens Hirah an...
וַיְהִי מִיָּמִים רַבִּים אַחֲרֵי אֲשֶׁר־הֵנִיחַ יְהוָה לְיִשְׂרָאֵל מִכָּל־ אֹיְבֵיהֶם מִסָּבִיב וִיהוֹשֻׁעַ זָקֵן בָּא בַּיָּמִים׃ וַיִּקְרָא יְהוֹשֻׁעַ (Jos 23,1 f) לְכָל־יִשְׂרָאֵל	e	(Und es geschah) Nach langer Zeit, nachdem JHWH Israel Ruhe verschafft hatte von allen seinen Feinden ringsum, - Josua aber war alt geworden und in die Jahre gekommen - rief Josua ganz Israel ...

1. mitten hinein

1. Typ: וַיֵּלֶךְ אִישׁ oder: 0 - Narrativ - Narrativ ... (a)

Die Erzählung kommt ohne Vorrede direkt zur Sache. Ein **Wechsel** in der Konstellation der Handlungsträger ist Bedingung, wird aber nicht markiert. Meist stehen **Ortsangaben**, nie Zeitangaben. Die **ersten Verben** sind häufig Verben der Ortsveränderung oder Kommunikationsverben (wie z.B. אמר oder דבר).

2. Hintergrund

2. Typ: וּמֹשֶׁה הָיָה oder: Waw - {Z}NS - Narrativ ...(b)[1]

Der (einfache oder zusammengesetzte) Nominalsatz **markiert** den **Wechsel** in der Konstellation der Handlungsträger und schildert Personen oder **Hintergrundverhältnisse**. Dabei ist einleitendes **Waw obligatorisch**. Die Haupt-Handlung der Erzählung beginnt mit dem (gewöhnlich ersten) Narrativ. Zeitangaben kommen nicht vor.

3. Zu der Zeit ...

3. Typ: בָּעֵת הַהִיא חָלָה אֲבִיָּה oder: Zeitangabe - Perfekt-X - Narrativ ...(c)[2]

Eine Zeitbestimmung eröffnet. Dann wird in dem Verbalsatz mit Perfekt-Prädikat ein **erster Schritt** in die Erzählung hinein getan: eine **Vor-Handlung**, die dem Haupt-Erzählstrang noch vor- und untergeordnet ist. Dieser beginnt dann erst mit Narrativ.

4. Und es begab sich ...

4. Typ: וַיְהִי בָּעֵת הַהִיא oder: וַיְהִי - Zeitangabe - {X} - Narrativ ...(d)

Dies ist das bekannteste Muster:[3] „**Es begab sich aber zu der Zeit.**" Durch וַיְהִי und eine meist sehr **vage** Zeitangabe werden Anfang und Zeitkonstellation markiert. Der (meist erste) Narrativ eröffnet die eigentliche Erzählung. Ein **Wechsel** in der Konstellation der Handlungsträger ist obligatorisch, bleibt aber unmarkiert. Ortsangaben sind selten.

Zwischen dem Erzähl-Eröffnungs-Signal וַיְהִי und dem die Erzählung wirklich eröffnenden Narrativ können nach einer Zeitangabe noch {Z}NS oder Perfekt-X **eingeschoben** sein und die Funktionen von Typ 2 und Typ 3 einbringen (e). Durch Kombination der verschiedenen syntaktischen **Muster** können unterschiedlich komplexe **Einleitungs-Gefüge** gebildet werden (vgl. z.B. 2 Sam 1 und Ez 1).

---

[1] Geschweifte Klammern bedeuten: Das Element ist nicht obligatorisch.

[2] „X" bedeutet: „irgendein sprachliches Zeichen". Zu Typ 3 gehört übrigens auch der Anfang von Gen 1: בְּרֵאשִׁית בָּרָא אֱלֹהִים ... וַיֹּאמֶר אֱלֹהִים.

[3] Es ist auch das häufigste, mehr als ein Drittel aller Erzählungen beginnen so.

Gelegentlich treten auch ganz andere Eröffnungssignale auf, wie z.B. אָז in 1 Kön 3,16 (➔ § 48.5 und § 54.1, Textbeispiel h) oder eine figura etymologica mit dem absoluten Infinitiv (➔ § 52.5 zu Ri 9,8).

Die in diesem Zusammenhang oft genannten Anfänge von Ijob 1,1 (0 - ZNS - Narrativ) und von Jes 6,1 (Zeitangabe - 0 - Narrativ) sind jeweils einmalig und **nicht typisch**.[1]

54.3 Übergangssignale in Erzählungen

וַיְהִי als Übergangssignal

Außer am Anfang einer Erzählung kann וַיְהִי auch als Übergangssignal **innerhalb** einer Erzählung auftreten. Ein Beispiel ist die Episode von Josef und Potifars Frau in Gen 39:[2] Nach einem Rückgriff auf Kapitel 37 und der einleitenden Orts- und Personenkonstellation (V. 1 - 6)[3] wird der **Einstieg** in die Erzählung in Vers 7 mit וַיְהִי אַחַר הַדְּבָרִים הָאֵלֶּה markiert. Gleichzeitig wird die Frau Potifars als neue Person eingeführt und der Konflikt geknüpft. Mit einem וַיְהִי כְּהַיּוֹם הַזֶּה (V. 11) kündigt sich der **Höhepunkt** der Erzählung an (V.12). Es folgen dann noch mehrere Fälle von וַיְהִי mit Infinitiven, die aber nicht der Großgliederung des Textes dienen, sondern **Temporalsätze** darstellen, die kleinere Textteile gliedern: „Als sie sah", „als er hörte", „als ich meine Stimme erhob", „als sein Herr hörte". Erst das nächste Kapitel, 40, beginnt wieder mit וַיְהִי אַחַר הַדְּבָרִים הָאֵלֶּה und signalisiert damit einen **neuen Anfang**.

Es zeigt sich hier, dass die Zeitangaben nach וַיְהִי umso vager sind, je höher die Gliederungsebene ist; je präziser sie werden, desto enger ist ihr Wirkungsbereich.

וְהִנֵּה als Übergangssignal

וְהִנֵּה tritt überraschend **oft** als Übergangssignal im **erzählenden** Kontext[4] auf, obwohl es eigentlich deiktische Funktionen hat (➔ § 52.4).

---

[1] Ausführliche Erörterung der Erzählungs-Anfänge in meinem Aufsatz: „Und es begab sich ..." in der Zeitschrift Biblische Notizen, 70 (1993), S.62 - 87.

[2] Sie kann hier nicht in ganzer Länge zitiert werden.

[3] Die Verbform וַיְהִי kommt in den ersten Versen zwar 6 x vor, aber als einfaches Prädikat in Sätzen über Josefs Lebensverhältnisse, nur einmal vor einem untergeordneten Temporalsatz.

[4] In Genesis und Exodus z.B. in ca. 75 % aller Fälle.

וַיָּסֻרוּ שָׁם לָבוֹא בַּגִּבְעָה וַיָּבֹאוּ וַיֵּשְׁבוּ בִּרְחוֹב הָעִיר וְאֵין אִישׁ מְאַסֵּף־אוֹתָם הַבַּיְתָה לָלוּן׃ וְהִנֵּה אִישׁ זָקֵן בָּא מִן־מַעֲשֵׂהוּ מִן־הַשָּׂדֶה בָּעֶרֶב (Ri 19,15 f)	a	Und sie wandten sich dorthin, um ein Nachtquartier in Gibea zu bekommen, kamen herein und hielten auf dem Platz der Stadt. Aber niemand nahm sie in sein Haus auf für die Nacht. Schließlich kam ein alter Mann abends von seiner Feldarbeit.
וַיְהִי בָעֶרֶב וַיִּקַּח [לָבָן] אֶת־לֵאָה בִתּוֹ וַיָּבֵא אֹתָהּ אֵלָיו וַיָּבֹא אֵלֶיהָ׃ ... וַיְהִי בַבֹּקֶר וְהִנֵּה־הִוא לֵאָה (Gen 29,23 und 25)	b	Am Abend nahm (Laban) seine Tochter Lea und führte sie ihm zu, und er schlief mit ihr. ... Am andern Morgen aber - was musste er da sehen - da war's Lea!
וַיִּשָּׂא אַבְרָהָם אֶת־עֵינָיו וַיַּרְא וְהִנֵּה־אַיִל אֶחָד נֶאֱחַז בַּסְּבַךְ בְּקַרְנָיו (Gen 22,13)	c	Abraham (erhob seine Augen) blickte sich um und sah: (stellt euch vor!) ein Widder hatte sich mit den Hörnern im Dickicht verfangen.

Höhepunkte

Als Übergangssignal steht וְהִנֵּה vor Höhepunkten und **Wendepunkten** der Erzählung. Es kann dort geradezu die Funktion von וַיְהִי übernehmen (a).

Seinem ursprünglich **deiktischen** Charakter gemäß leitet וְהִנֵּה Sätze ein, die Wahrnehmungen von Personen aus der Erzählung enthalten (b, c). Durch וְהִנֵּה wird der Hörer / Leser angewiesen, sich das Folgende so vorzustellen, als ob er es mit den **Augen der Personen** aus der Erzählung sähe. Entsprechend häufig begegnet die Kombination וַיַּרְא וְהִנֵּה. In den meisten Fällen folgt auf וְהִנֵּה ein Nominalsatz mit **Partizip**.

Traum-Erzählungen

וַיְהִי מִקֵּץ שְׁנָתַיִם יָמִים וּפַרְעֹה חֹלֵם וְהִנֵּה עֹמֵד עַל־הַיְאֹר׃ וְהִנֵּה מִן־הַיְאֹר עֹלֹת שֶׁבַע פָּרוֹת יְפוֹת מַרְאֶה וּבְרִיאֹת בָּשָׂר וַתִּרְעֶינָה בָּאָחוּ׃	d	Nach Ablauf von zwei vollen Jahren hatte Pharao einen Traum. (Und siehe) Ihm war, als stünde er am Nil. (Und siehe) Er sah, wie aus dem Nil sieben Kühe heraufstiegen, schön anzusehen und wohlgenährt. Die weideten im Riedgras.

וְהִנֵּה שֶׁבַע פָּרוֹת אֲחֵרוֹת עֹלוֹת אַחֲרֵיהֶם מִן־הַיְאֹר רָעוֹת מַרְאֶה ...	(Und siehe) Er sah weiter, wie sieben andere Kühe nach ihnen aus dem Nil heraufstiegen, häßlich anzusehen. ...
וַיִּישָׁן וַיַּחֲלֹם שֵׁנִית וְהִנֵּה שֶׁבַע שִׁבֳּלִים עֹלוֹת ... וַיִּיקַץ פַּרְעֹה וְהִנֵּה חֲלוֹם׃	Dann schlief er wieder ein und träumte noch einmal. (Und siehe) Und zwar sah er sieben Ähren aufwachsen ... Pharao erwachte (und siehe: ein Traum) und merkte, dass es ein Traum gewesen war.
(Gen 41,1 ff)	

Die gehäufte Verwendung von וְהִנֵּה bringt **besprechende** Züge in eine Erzählung hinein. Für das Erzählen von Träumen ist וְהִנֵּה darum geradezu **gattungstypisch** (d, ➔ auch in § 48.6: Gen 37,5 f).

54.4 Schluss-Signale

Es gibt - gleichwohl viel seltener - auch Schluss-Signale, und zwar im Dialog und in der Erzählung.

Dazu gehören Elemente bestimmter **Gattungen**, z.B. נְאֻם יְהוָה „Spruch JHWHs" am Ende[1] von Prophetenworten. Prophetenerzählungen enden oft mit einem Hinweis darauf, dass alles so geschehen ist, wie es JHWH „geredet hatte" (דבר), ➔ unten zu 1 Kön 14,18.

Nominalsätze

Am Ende von Erzählungen oder Erzählungs-Abschnitten treten öfters rahmende **Nominalsätze** auf (➔ § 44.2 zu Gen 2,4). Häufig erfährt der Leser am Ende einer Erzählung, dass bestimmte Gegebenheiten fortdauern עַד הַיּוֹם הַזֶּה „bis auf den heutigen Tag" (➔ § 52.5, Text a, zu 2 Kön 2,22).

[1] In der späteren Prophetie steht נְאֻם יהוה auch sehr oft inmitten der Prophetensprüche.

וַיִּקְבְּרוּ אֹתוֹ וַיִּסְפְּדוּ־לוֹ כָּל־יִשְׂרָאֵל
כִּדְבַר יְהוָה אֲשֶׁר דִּבֶּר בְּיַד־עַבְדּוֹ
אֲחִיָּה הַנָּבִיא׃
וְיֶתֶר דִּבְרֵי יָרָבְעָם ...
הִנָּם כְּתוּבִים עַל־ סֵפֶר דִּבְרֵי הַיָּמִים
לְמַלְכֵי יִשְׂרָאֵל׃

(1 Kön 14, 18 f)

Und sie begruben ihn und betrauerten ihn - ganz Israel - nach dem Wort JHWHs, das er geredet hatte durch seinen Diener Ahija, den Propheten.
Die übrigen Geschichten Jerobeams aber ... sind doch aufgezeichnet im Buch der Annalen der Könige von Israel.

Als Schluss-Signal kann auch ein Satz auf einer **Meta-Ebene** auftreten. Das heißt: Es wird außerhalb einer Erzählung über sie gesprochen, und das soeben oder das sogleich Erzählte wird als eine „**Geschichte**" (hebr. דְּבָרִים) bezeichnet.

Meist aber, vor allem in den Erzählungszyklen von Genesis und Exodus und in den Samuel- und Königsbüchern, ist das Ende einer Erzählung dadurch angesagt, dass eben eine **neue anfängt**.

anhang REGISTER

stichwörter
hebräisch
bibelstellen

Stichwortregister

Hebräische Zeichen und Wörter

Bibelstellen

Wem ich zu danken habe:

Gerd **Esser** (Neuss) und Fernanda **Lavrador-Weier** (Korschenbroich) haben mich bei der Gestaltung des Layouts für dieses Buch beraten.

Tim **Hodenius** (Mönchengladbach) hat mir zur Seite gestanden, wenn es galt, mit den Tücken des Computerprogramms zurecht zu kommen.

Meine Kollegen Hebräischlehrer und -lehrerinnen: Uwe **Cordt** (Kempen), Gisela **Fuchs** (Köln), Angela **Fuhrmann** (Sömmerda), Harald **Hahne** (Düsseldorf), Eva Martina **Kindl** (Bonn), Jens **Kotjatko** (Halle) und Daniel **Naumann** (Chemnitz) haben jeweils in Teilen des Manuskripts Korrektur gelesen und mich in manchen Fragen beraten. Vor allem Alexander B. **Ernst**, mein Nachfolger als Hebräischlehrer an der Kirchlichen Hochschule Wuppertal, hat mir mit seiner Kritik an vielen Stellen weitergeholfen. Meine Frau **Ursula Schneider** hat das ganze Manuskript gelesen und Fehler gefunden, die alle anderen übersehen hatten.

Ich danke Euch allen! Es hat Freude gemacht, mit Euch zusammen zu arbeiten.

Der Autor

Foto: Klaus Harms

1933 bin ich in **Hückeswagen** (Rheinland) geboren, studierte Germanistik und Theologie in Bonn, Heidelberg und Münster, war **Lehrer** an Gymnasien in Remscheid, Köln und Wuppertal, von 1962 bis 1970 Lehrer am Barmer **Missionsseminar**, habe erst 1966 Hebräisch gelernt und dafür eine weitere Lehrbefähigung erworben, gab seit 1968 Hebräischunterricht und war von 1970 bis zur Pensionierung 1995 Dozent (Linguistik und **Lektor** für **Hebräisch**) an der Kirchlichen Hochschule Wuppertal. Die „**Societas Hebraica Amstelodamensis**" in Amsterdam hat mich 1991 zu ihrem Mitglied berufen. Im Februar 2001 verlieh mir die **Kirchliche Hochschule Wuppertal** die Würde eines Doktors der Theologie ehrenhalber. Seit 1959 verheiratet (2 Kinder, 4 Enkel), leben wir im Ruhestand in Mönchengladbach-Neuwerk.